Geschlechtergeschichte

Historische Einführungen

Herausgegeben von Frank Bösch, Angelika Epple, Andreas Gestrich, Inge Marszolek, Barbara Potthast, Susanne Rau, Hedwig Röckelein, Gerd Schwerhoff und Beate Wagner-Hasel

Band 8

Die Historischen Einführungen wenden sich an Studierende aller Semester sowie Examenskandidaten und Doktoranden. Die Bände geben Überblicke über historische Arbeits- und Themenfelder, die in jüngerer Zeit in das Blickfeld der Forschung gerückt sind und die im Studium als Seminarthemen angeboten werden. Der Schwerpunkt liegt dabei auf sozial- und kulturgeschichtlichen Themen und Fragestellungen.

Unter www.historische-einfuehrungen.de finden sich zu jedem Band nützliche Ergänzungen für Studium und Lehre, unter anderem eine umfassende, jährlich aktualisierte Bibliographie sowie zusätzliche schriftliche, Bild- und Audioquellen mit Kommentar. Auf sie verweist dieses Symbol:

Claudia Opitz-Belakhal ist Professorin für Geschichte der Frühen Neuzeit an der Universität Basel.

Claudia Opitz-Belakhal

Geschlechtergeschichte

Campus Verlag
Frankfurt/New York

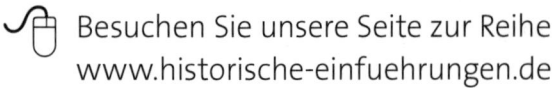 Besuchen Sie unsere Seite zur Reihe:
www.historische-einfuehrungen.de

Bibliografische Information der Deutschen Nationalbibliothek:
Die Deutsche Nationalbibliothek verzeichnet diese Publikation in der
Deutschen Nationalbibliografie. Detaillierte bibliografische Daten
sind im Internet unter http://dnb.d-nb.de abrufbar.
ISBN 978-3-593-39183-0

Das Werk einschließlich aller seiner Teile ist urheberrechtlich geschützt.
Jede Verwertung ist ohne Zustimmung des Verlags unzulässig. Das gilt
insbesondere für Vervielfältigungen, Übersetzungen, Mikroverfilmungen
und die Einspeicherung und Verarbeitung in elektronischen Systemen.
Copyright © 2010 Campus Verlag GmbH, Frankfurt/Main
Umschlaggestaltung: Guido Klütsch, Köln
Umschlagmotiv: Christoph Maren, Der Ball. Holzschnitt, vor 1600,
Albertina, D./. 25 fol. 50–54.
Fotosatz: Fotosatz L. Huhn, Linsengericht
Druck und Bindung: Beltz Druckpartner, Hemsbach
Printed in Germany

Besuchen Sie uns im Internet: www.campus.de

Inhalt

1. Einleitung 7

2. Von der Frauengeschichte zur Geschlechtergeschichte . . 10
   2.1 *Gender* – eine (macht-)analytische Kategorie 11
   2.2 Kritik der Kategorie »Geschlecht«: Erfahrung vs. Diskurs 18
   2.3 Geschlecht als Markierung 22
   2.4 Von *gender* zur *queer theory* 23
   2.5 *Doing gender* – Geschlecht als Praxis 27
   2.6 *Narrating gender* 30
   2.7 *Staging gender* 33
   2.8 Geschlecht als (mehrfach) relationale Kategorie . . . 34

3. Weiblich – männlich? Geschlechterbilder und Geschlechterordnungen im Wandel 39
   3.1 »Natur« und »Kultur« der Geschlechter 40
   3.2 Männliche (Natur-)Wissenschaften? 44
   3.3 Vom Ein- zum Zwei-Geschlechter-Modell 47
   3.4 Universität und Wissenschaften ohne Frauen? . . . 49
   3.5 Geschlechtersymbole und ihre (Be-)Deutungen . . . 52
   3.6 Geschlechtsidentitäten im Wandel 56
   3.7 Kritik des Geschlechterrollen-Konzepts 58

4. Klasse, Stand und Geschlecht 61
   4.1 Frauen als (ausgebeutete) »Klasse«? 62
   4.2 Von der Frauen(erwerbs)arbeit zum »Wirtschaften mit der Geschlechterordnung« 72
   4.3 Geschlechtergeschichte der Ökonomie 79

5. Nation, Ethnizität und Geschlecht 82
    5.1 *Race, class* und *gender* 83
    5.2 Vom Antisemitismus zur jüdisch-deutschen
        Geschichte 85
    5.3 Nation, Nationalismus und Geschlecht 88
    5.4 Ethnizität und Geschlecht in postkolonialen
        Kontexten 93

6. Öffentlich vs. privat? 97
    6.1 Wider die Dichotomie »öffentlich–privat« 98
    6.2 Öffentlichkeit(en) und die »Ordnung der
        Geschlechter« 104
    6.3 Geschichte des (Nicht-)Privaten: Ehe, Haushalt
        und Familie 109
    6.4 Geschichte der Sexualität(en) 116

7. Vom weiblichen Widerstand zur Politik
   der Geschlechter 122
    7.1 Geschichte der Frauenbewegungen und
        des Feminismus 123
    7.2 Kontinuität oder Kontingenz des Feminismus? . . . 126
    7.3 *Querelle des femmes* als (Proto-)Feminismus? 130
    7.4 Weibliche Macht und »Listen der Ohnmacht« . . . 134
    7.5 Politikgeschichte als Geschlechtergeschichte 138
    7.6 Militärwesen, (staatliche) Gewalt und Geschlecht . . 145

8. Das Geschlecht der Geschichte 148
    8.1 Männliche Geschichtsschreibung? 148
    8.2 Verwissenschaftlichung als Vermännlichung
        der Geschichte 164
    8.3 Geschlechtergeschichte und »Allgemeine
        Geschichte« 167

Auswahlbibliographie 178
Inhalt des Quellenteils unter *www.historische-
einfuehrungen.de*. 202
Sachregister 203

1. Einleitung

Die Geschlechtergeschichte hat sich in den 1980er und 1990er Jahren aus der sogenannten »Frauengeschichte« heraus entwickelt. Sie kann mittlerweile auf eine jahrzehntelange, erfolgreiche Entwicklung zurückblicken, die zur Institutionalisierung von entsprechenden Studiengängen und Professuren im In- und Ausland sowie zu einer unübersehbaren Fülle von Einzelstudien und Gesamtdarstellungen geführt hat. Sie versteht sich weniger als eine neue Teildisziplin der Geschichtswissenschaft, sondern ist von ihrer Entstehungsgeschichte her dem Anspruch verpflichtet, »die Geschichte umzuschreiben« – und damit auch die geschichtliche Traditionsbildung und die geschichtswissenschaftliche Methodenlehre in ihrer ganzen Breite zu kritisieren und zu reformieren. Es gibt deshalb praktisch keinen Themenbereich, der von geschlechtergeschichtlichen Forschungen nicht (an-)diskutiert und kritisch durchleuchtet wurde; kein theoretisches Problem, das in der Geschlechtergeschichte nicht mit durchdacht und problematisiert wurde. Dieser Anspruch macht es schwer, mit einem Einführungswerk zu suggerieren, es gäbe einen verbindlichen Wissenskanon der Geschlechtergeschichte.

Zudem ist die Geschlechtergeschichte interdisziplinär angelegt. Sie bezieht Anregungen aus vielen Disziplinen und Theorien – von der Ethnomethodologie bis zur Sprachphilosophie, vom Marxismus bis zur Psychoanalyse. Sie ist der Sozialgeschichte und der »historischen Sozialwissenschaft« eng verbunden, hat sich vor allem aber neueren methodisch-theoretischen Entwicklungen geöffnet, wie etwa der »historischen Anthropologie« oder der »neuen Kulturgeschichte«, und sie hat die dort geführten Debatten teilweise federführend mitbestimmt. Und schließlich ist die Geschlechtergeschichte ein internationales Projekt, dessen nationale Standorte zwar deutlich markiert sind, das aber sehr häufig durch internationale Debatten (insbesondere im angloamerikanischen Raum) angeregt und vorangetrieben wird. Diese Verknüpfung mit vielen Diskussionen und Problemfeldern innerhalb und außerhalb der Geschichtswissenschaft macht es zu einer erheblichen Herausforderung, knapp und informativ in die Geschlechtergeschichte einzuführen, zumal dann, wenn sie gleichzeitig epochenübergreifend angelegt sein soll. Um diese Herausforderung bewältigen zu können, lege ich in dieser Einführung den Akzent auf die methodologischen Debatten, die die verschiedenen Epochen und historischen Teilgebiete in unterschiedlicher Weise betroffen haben oder betreffen. Dabei stellt die deutschsprachige Diskussion einen Schwerpunkt dar, der aber ständig durch den Blick auf angloamerikanische und europäische Diskussionen ergänzt und korrigiert wird. Auch kann und will ich meine wissenschaftliche Heimat in der (europäischen) Geschichte der Frühen Neuzeit nicht verleugnen, die mich immerhin befähigt, über die Grenzen der Moderne hinaus auf das weite Feld der »Vormoderne« zu blicken. Dies macht es möglich, einige (Vor-)Urteile der modernen Geschichtsforschung wie der Frauenbewegung in Frage zu stellen und dagegen neue Forschungsperspektiven aufzuzeigen, wenn auch viele spannende Debatten und Forschungsergebnisse im Bereich der Geschichte des Altertums und des Mittelalters wie aber auch in der Geschichte außereuropäischer Regionen leider nicht berücksichtigt werden konnten.

Im Folgenden werden wichtige Problemstellungen der Geschlechtergeschichte in ihrer Entwicklung und ihren Ergebnissen jeweils knapp präsentiert. Entlang zentraler Begriffe und Konzepte werden Forschungsdiskussionen und Ergebnisse der Geschlechtergeschichte (auch) epochenübergreifend dargestellt. Da alle hier behandelten Teilaspekte einer kritischen geschlechtergeschichtlichen Praxis eng miteinander verbunden sind, ließen sich einige Überschneidungen hie und da nicht vermeiden. Querverweise sollen andererseits sicherstellen, dass Zusammenhänge, die durch die systematische Darstellungsweise auseinanderdividiert werden mussten, nicht verloren gehen. Aufgrund der methodologisch-theoretischen Ausrichtung dieser Einführung finden sich hier keine Überblicke zu Themen wie »Frauen in der Antike« oder »Geschlechterbeziehungen im Mittelalter«, sondern die entsprechenden Forschungsergebnisse sind den systematischen Fragestellungen zugeordnet – was im Übrigen auch für Themen wie »Ehe« oder »Frauenarbeit« und »geschlechtsspezifische Arbeitsteilung« gilt. Hilfestellung bei der Suche nach solchen Themen gibt auch das Schlagwortverzeichnis am Ende des Buches.

Es ist unmöglich, die geschlechtergeschichtliche Forschung in ihrer ganzen Breite angemessen zu präsentieren, und vieles wird hier infolgedessen nur knapp angerissen oder gar nicht berücksichtigt. Dies gilt namentlich für die Erforschung außereuropäischer Kulturen und Ereigniszusammenhänge, aber auch für den gesamten nord- und osteuropäischen Raum, weil mir dafür die sprachlichen Kompetenzen fehlen. Auch die »Männergeschichte«, die meinem Erachten nach ein integraler Bestandteil der Geschlechtergeschichte ist, für die es aber aktuelle Einführungen gibt (vgl. Martschukat/Stieglitz 2008), wird nur knapp abgehandelt; allerdings finden sich in praktisch allen Kapiteln Überlegungen und Darstellungen, die für die Männergeschichte von Bedeutung sind.

Besonderen Dank für die Hilfe bei der technischen Fertigstellung des Buches schulde ich meiner Mitarbeiterin Joelle Meschberger sowie Dr. Tanja Hommen vom Campus Verlag. Für hilfreiche Gespräche und Hinweise danke ich insbesondere meinen Kolleginnen vom Arbeitskreis »Geschlechtergeschichte der Frühen Neuzeit« sowie meinen Kolleginnen und Kollegen und den Studierenden am Historischen Seminar der Universität Basel.

2. Von der Frauengeschichte zur Geschlechtergeschichte

Die Geschlechtergeschichte ging aus der »historischen Frauenforschung« oder »Frauengeschichte« (amerikanisch »*her-story*« – als Gegensatz zu »*history*« als »*his-story*«) hervor, die im Rahmen der Neuen Frauenbewegung zu Beginn der 1970er Jahre entstand und deren Zielen verpflichtet war: Aufdecken der Unterdrückung von Frauen in Vergangenheit und Gegenwart und Aufzeigen von Befreiungspotentialen für die Zukunft (vgl. Opitz-Belatzhal 2008). In dem Maß, wie dank der »Frauengeschichte« Wissenslücken über Frauen in der Geschichte gefüllt wurden, konnte sich der Blick inhaltlich wie vor allem auch methodisch ausweiten. Die ersten Forschungen waren insbesondere der »weiblichen Erfahrung« in der Vergangenheit und, damit verbunden, der Geschichte »frauenspezifischer« Bereiche, wie Familie, Reproduktion, Mutterschaft, aber auch Frauenarbeit und Frauenbewegung usw. gewidmet gewesen. Doch Ende der 1980er und zu Beginn der 1990er Jahre wurde es als zunehmend unbefriedigend empfunden, dass »klassisch männliche« Bereiche, wie etwa Staat und Öffentlichkeit, Politik, Krieg und Militärwesen, bislang kaum berücksichtigt worden waren und damit zentrale Rahmenbedingungen weiblichen Lebens und Handelns unterbelichtet blieben.

Infolgedessen verlagerten sich die Forschungsinteressen der hier engagierten Frauen (und wenigen Männer) in Richtung auf die »Geschlechtergeschichte«. Diese bedeutete nicht nur eine Erweiterung im Hinblick auf die »Männergeschichte«, sondern brachte auch eine grundlegende methodologische Neuorientierung. Diese Neuausrichtung ist mit anderen innerwissenschaftlichen Entwicklungen, zum Beispiel mit der Öffnung der Sozialgeschichte hin zur »neuen Kulturgeschichte« oder der »historischen Anthropologie«, eng verbunden. Die Entwicklung führte damit von einer stark sozialgeschichtlich orientierten »Frauengeschichte«, deren Gegenstand klar definiert (»Frauen als [unterdrückte] soziale Gruppe«) und deren Anliegen deutlich umrissen waren (»Unterdrückung deutlich machen und damit zu ihrer Beendigung beitragen«), hin zur Geschlechtergeschichte. Deren Gegenstand ist viel offener und weiter ausgreifend definiert: Sie untersucht Geschlechterbeziehungen in allen denkbaren historischen Gesellschaften, »geschlechtlich markierte« Herrschaftsverhältnisse und Hierarchien in jeder Epoche, an jedem denkbaren historischen Ort, in jedem historischen (Teil-)Gebiet. Ihr Anliegen reicht vom Nachweis geschlechtlicher Unterdrückung über die Logiken des *gendering* bis hin zur Dekonstruktion von gesellschaftlichen Ein- und Ausgrenzungsprozessen, soweit sie geschlechtlich motiviert oder codiert sind. Sie nähert sich damit all jenen Ansätzen an, die wir heute mit den US-amerikanischen Begriffen *queer*, *diversity* oder *intersectionality* bezeichnen. Im Folgenden seien die wichtigsten Stationen und Ergebnisse dieser Entwicklung knapp dargestellt.

2.1 *Gender* – eine (macht-)analytische Kategorie

Während Joan Kelly-Gadol 1976 noch von den »social relations of the sexes« als zentralem Gegenstand feministischer Geschichtsforschung schreiben konnte (vgl. Kelly-Gadol 1989), dekretierte Gerda Lerner 1984 die Abtrennung des Biologischen vom Sozialen als Selbstverständlichkeit der feministischen Forschung: »Biologisches Geschlecht (*sex*) ist eine Tatsache, gesellschaftliches Geschlecht (*gender*) ist eine historische und kulturbedingte Schöpfung« (Lerner 1984: 406). *Sex* bezog sich demnach auf »physische Attribute«, die anatomisch und physiologisch determiniert gedacht wurden. *Gender* dagegen wurde als die Summe der psychologisch bzw. gesellschaftlich bestimmten Normen und Vorstellungen verstanden. Die Soziologin Ann Oakley sprach von *sex* als einer biologischen Größe, der gegenüber *gender* »a matter of culture« darstelle. *Gender* beziehe sich auf soziale Klassifikationen

Sex and gender

in »männlich« und »weiblich«. *Sex* sei unveränderlich, *gender* hingegen variabel (vgl. Griesebner 2003: 43).

Diese begriffliche Unterscheidung von *sex* und *gender* erschien lange Zeit als plausibler Ansatz, um den realen Geschlechterverhältnissen und der gesellschaftlichen Konstruktion von Weiblichkeit(en) und Männlichkeit(en) auf die Spur zu kommen. Dennoch zeigte die Forschungspraxis, dass die theoretisch postulierte Abtrennung von *sex* und *gender* erhebliche Probleme mit sich brachte. Den empirischen Arbeiten lag nämlich unausgesprochen die Annahme zu Grunde, dass das historisch variable Geschlecht (*gender*) immer und überall an einen von Natur aus eindeutig vergeschlechtlichten Körper gebunden sei und man infolgedessen weibliches und männliches Handeln, weibliche und männliche (Gruppen-)Identität klar unterscheiden könne. Das stärkte zwar einerseits die Einheit der Frauengeschichte, andererseits führte es aber zu einer Fortschreibung des Dualismus von Natur und Kultur, jener »alten Scheidelinie zwischen vermeintlich Vorgegebenem und Gemachtem, Unveränderbarem und Veränderbarem« (Klinger 2000, zit. n. Griesebner 2003: 43; vgl. auch Kap. 3).

> Werden Handlungen von Frauen interpretiert, ohne die vergeschlechtlichenden Konstruktionsprozesse zu analysieren, die ihnen zu Grunde liegen, so bleiben die Ergebnisse darauf beschränkt zu beschreiben, was Frauen historisch jeweils zugestanden (oder auch: angetan) wurde. Ungewollt leisten Historikerinnen und Historiker damit einen Beitrag zur Naturalisierung der Geschlechterdifferenz – und dies zu einer Zeit, da soziobiologische Erklärungen für gesellschaftliche Phänomene und Probleme auf dem Vormarsch sind (vgl. Griesebner 2003; Wiesner-Hanks 2001).

Dagegen hatte schon 1981 Gianna Pomata argumentiert, die in der »Naturalisierung« bzw. »Biologisierung« der weiblichen Lebensbereiche und -erfahrungen eine spezifische Ausgrenzungsstruktur der Geschichtsschreibung erkannte. Frauen waren ihrer Meinung nach »das Primitive im Eigenen«, das durch Biologisierung enthistorisiert wurde (Pomata 1983; ital. Original 1981). Noch schärfer kritisierte 1988 Gisela Bock dieses dichotomische Konzept von *sex* und *gender*. Die Abtrennung einer biologischen von einer sozialen Kategorie bewirke, dass Erstere gegenüber der Letzteren eine scheinbare Objektivität erhalte und damit die Ausgrenzung und Abwertung dessen, was mit »Weiblichkeit« assoziiert werde, noch verstärke. Dass Biologie keineswegs etwas »natürlich« Gegebenes ist, sondern selbst »eine genuin soziale Kategorie mit einem genuin sozialen Sinnzusammenhang«, ist für Bock evident. Zudem sei Biologie vor allem weiblich konnotiert. Auf »biologische« Gegebenheiten werde im allgemeinen nur im Hinblick auf Frauen Bezug genommen. Biologie sei damit keine objektiv-neutrale Kategorie, sondern ein auf Frauen bezogener Wertbegriff, »genauer: eine Metapher für ›Minderwertigkeit‹« (Bock 1988).

Die Auflösung der Trennung von *sex* und *gender* erfolgte dennoch erst Ende der 1980er Jahre, als Joan Scott mit ihrer Definition eine grundlegende Kritik, aber auch neue Anknüpfungspunkte für die Frauen- und Geschlechtergeschichte lieferte. Ihre Neudefinition von *gender* ermöglicht eben jene Analyse der Konstruktion von Geschlecht, die sowohl *sex* wie *gender* umfasst. Auch *sex*, das biologische Geschlecht, wird hier als Effekt eines kulturellen Konstruktionsprozesses verstanden und geht insofern im sozialen Geschlecht (*gender*) auf. In ihrem Aufsatz »Gender: Eine nützliche Kategorie der historischen Analyse« kritisiert Scott die in der feministischen Forschung ihrer Meinung nach zu starke Betonung der Zweigeschlechtlichkeit und deren vermeintliche Unveränderlichkeit. Sie setzt ihr eine Perspektive entgegen, die »die Festschreibung des binären Gegensatzes von Mann und Frau als der einzig möglichen Beziehung« aufhebt (Scott 1994: 48). Dafür schlägt sie eine doppelte Definition von *gender* vor, die eine Öffnung der feministischen (nicht nur) historischen Forschung und ein erhöhtes Maß an Reflexivität ermöglichen soll:

> »*Gender* ist ein konstitutives Element von gesellschaftlichen Beziehungen und gründet auf wahrgenommenen Unterschieden zwischen den Geschlechtern, und *gender* ist eine grundlegende Art und Weise, Machtbeziehungen zu bezeichnen. Veränderungen in der Organisation sozialer Beziehungen entsprechen immer auch Veränderungen in der Repräsentation von Herrschaft, aber die Richtung des Wandels kann variieren« (Scott 1994: 48).

Scott verwirft also die Idee einer »biologischen« oder auch »natürlichen« (Zwei-)Geschlechtlichkeit und betont die Bedeutung der »Wahrnehmung« von Unterschieden. Unterschiede zwischen den Geschlechtern sind nicht einfach da, sondern sie entstehen, so Scott, durch »Wahrnehmung« und »Repräsentation« bzw. durch Sprache und Diskurse. Diskurse sind ihrer Auffassung nach, Foucault folgend, durch Machtverhältnisse kontrollierte und bestimmte Rede- und Denkweisen. Nicht genetische, hormonelle oder anatomische Unterschiede zwischen Frauen und Männern sind demnach ursächlich für Rollenbilder und Selbstwahrnehmung und für soziale Hierarchien und Ausschlussmechanismen verantwortlich, sondern die Schlussfolgerungen, die aus solchen Unterschieden gezogen werden. Diese interessieren deshalb auch die Geschlechterforschung ganz besonders.

Auf diese Weise verankert Scott die Kategorie *gender*/»Geschlecht« gleichzeitig in der Allgemeinen Geschichte und definiert sie als ein zentrales Moment aller denkbaren Herrschaftsbeziehungen – also sowohl zwischen Männern und Frauen, als auch zwischen Ethnien, Staaten oder anderen gesellschaftlichen Institutionen und Gruppierungen.

Wie lässt sich nun *gender*/»Geschlecht« praktisch erfassen und damit auch erforschen? Scott gibt dafür wiederum »vier miteinander verbundene Elemente« an, an denen sich Geschlechterbeziehungen und -ordnungen festmachen lassen: Das erste Element bilden »kulturell verfügbare Symbole, die eine Vielzahl von Repräsentationsformen erzeugen« – zum Beispiel Eva und Maria als Symbole der Frau in der westlichen christlichen Tradition, aber auch Mythen des Lichts und des Dunkels, der Reinheit und Verschmutzung, Unschuld und Korruption etc., die den Geschlechtern zugeordnet werden. Das zweite Element bilden normative Konzepte, die Interpretationen dieser Symbole vorgeben bzw. solche, »die versuchen, metaphorische Möglichkeiten einzugrenzen und zu limitieren« – einschließlich der konflikthaften Auseinandersetzungen um Deutungsmöglichkeiten und -grenzen. So kann Maria durchaus als wichtigste Heilige, aber eben nicht als »Göttin« bezeichnet und betrachtet werden, ohne entsprechende Sanktionen seitens der katholischen Kirche hervorzurufen.

Das dritte Element ist die Dimension des Politischen, das heißt die Bezüge von *gender* zu gesellschaftlichen und politischen Institutionen und Organisationen. So werden zum Beispiel in der Politischen Theorie der Frühen Neuzeit Herrscherfiguren als »Ehemänner« ihres Landes oder als Väter ihrer Untertanen tituliert und damit alle, Herrscher wie Länder und Untertanen, geschlechtlich »markiert« und ihre Beziehung zueinander als hierarchisch festgeschrieben (der Ehemann rangiert vor der Ehefrau, der Vater vor den Kindern).

Die vierte Dimension ist die subjektive Identität der historischen Akteurinnen und Akteure, die ihrerseits via Sozialisation, Normen, Repräsentationen usw. geprägt bzw. »konstruiert« ist und entsprechende Wahrnehmungen und Verhaltensweisen hervorbringt (Scott 1994: 52–55).

> Subjektivität oder subjektive Identität geht zurück auf den Begriff Subjekt, der seit der Aufklärung als Ausgangspunkt von Erkenntnis der Individuen verstanden wird. Subjektivität ist demzufolge die Bedingung, aber auch die Begrenzung von Erkenntnisfähigkeit im Subjekt, das von seiner Umwelt und äußeren Bedingungen abhängig ist. Identität ist demzufolge die Summe von subjektiver Befindlichkeit, Welt- und Selbstsicht. Die Geschlechtsidentität wird durch Geschlechternormen und -diskurse geprägt, ist aber, wie die Subjektivität auch, historisch wandelbar und individuell unterschiedlich ausgeprägt. Nach Scotts *gender*-Konzept lassen sich deshalb auch nicht einfach weibliche und männliche Subjektivität(en) und Identität(en) unterscheiden, sondern es geht vor allem darum, die jeweiligen historischen, sozialen und kulturellen Voraussetzungen für Identitätsbildung und Sujektivität(en) in den jeweiligen Diskursen herauszuarbeiten. Daneben spielt auch die Frage eine zentrale Rolle, wie Geschlechtsidentitäten Wahrnehmungen, Erfahrungen und Handlungen von Individuen beeinflussen.

In Scotts *gender*-Konzept lassen sich Differenzen und Hierarchien aller Art integrieren, also auch ethnische, nationale, sexuelle oder sonstige. Die Geschlechterforschung erweitert damit ihr Forschungsfeld erheblich. Herrschaftsverhältnisse werden allerdings kaum mehr als »materielle« Ausbeutung von Menschen, sondern in erster Linie als Dominanz über »kulturell verfügbare Symbole« und Repräsentationsformen – und gegebenenfalls in zweiter

Linie, über bzw. von Institutionen und Organisationen – verstanden. Die Dominanz der Sprache als Repräsentationssystem ist in diesem Forschungsansatz unübersehbar, die Beziehungen und Handlungen bzw. Handlungsmöglichkeiten von Individuen (beiderlei Geschlechts) verschwinden dagegen praktisch hinter den Kulissen der Repräsentationen und Diskurse. Das hat Scott auch sofort ernstzunehmende Kritik und energischen Widerspruch eingebracht, vor allem von solchen Forscherinnen, die weibliche Identität und Erfahrung (von Unterdrückung) und weiblichen Widerstand bzw. weibliche Handlungsmöglichkeiten (*agency*) in der Vergangenheit untersuchten. So kritisierte die Sozialhistorikerin Laura Lee Downs die dekonstruktivistische Methodik Joan Scotts, diese setze Wahrheit und Geschichte, textliche und soziale Beziehungen in eins. Das wenig überraschende Ergebnis von all dem sei, dass sich Scott mehr für *gender* als eine Metapher der Macht als für *gender* als eine gelebte und labile soziale Beziehung interessiere (Downs 1993). Damit hat sie durchaus recht, wenn man allein Scotts *gender*-Definition hernimmt, wo die subjektive Seite des Forschungsprogramms, also die Frage nach Subjektivität, Geschlechtsidentität und weiblichen oder männlichen kollektiven Erfahrungen nur einen ganz geringen Teil ausmacht gegenüber den gesellschaftlichen Institutionen, den »Bildern« bzw. dem Kampf um Repräsentationen und Definitionsmacht, denen wesentlich mehr Aufmerksamkeit zukommt.

Agency Andererseits hat Joan Scott selbst über die Geschichte des Feminismus und über feministische Akteurinnen geforscht und dabei auch intensiv über Subjektivität, Identität und *agency* nachgedacht. In einem 1983 erstmals publizierten Aufsatz wies sie auf die Probleme hin, die aus einer solchen Forschungsorientierung erwachsen:

»Es erscheint offensichtlich, dass es einer Vorstellung von der Eigenart und Besonderheit aller menschlichen Subjekte bedarf, wenn man Frauen als historische Akteure begreifen will. Historikerinnen können nicht einen einzelnen, universellen Repräsentanten für die verschiedenen Gruppen in jeder Gesellschaft oder Kultur verwenden, ohne der einen Gruppe besondere Bedeutung gegenüber einer anderen zuzuschreiben. Besonderheit wirft

jedoch Fragen nach kollektiven Identitäten auf sowie danach, ob alle Gruppen jemals die gleiche Erfahrung teilen können.« (Scott 1993: 50)
   Es muss also vielmehr gefragt werden: »Wie werden Individuen Mitglieder gesellschaftlicher Gruppen? Wie werden Gruppenidentitäten definiert und gebildet? Was bringt Menschen dazu, als Mitglieder einer Gruppe zu handeln? Sind Prozesse der Gruppenidentifikation allgemein oder variabel? Wie bestimmen diejenigen, die durch mehrfache Unterschiede gekennzeichnet sind (schwarze Frauen oder Arbeiterinnen, Lesben der Mittelschicht oder schwarze lesbische Arbeiterinnen) den Vorrang der einen oder der anderen Identität? Können diese Unterschiede, die zusammengenommen die Bedeutungen der individuellen und kollektiven Identitäten ausmachen, historisch begriffen werden?« (Ebd.)
   Scotts Ansicht nach muss historische Forschung die allgemeinen bzw. strukturellen Bedingungen individueller (geschlechtlicher) Identitätsbildung und Subjektivität untersuchen und herausarbeiten, also die Bedingung der Möglichkeit weiblichen Handelns in den Mittelpunkt der Untersuchung rücken. Sie darf nicht eine fixe »weibliche« oder »männliche«, »lesbische«, nationale oder ethnische Identität einfach voraussetzen. Dennoch spielt nach Scott bei diesem Identifikationsprozess die Geschlechtszugehörigkeit die primäre Rolle:
   »Der Begriff ›Geschlecht‹ deutet an, dass Beziehungen zwischen den Geschlechtern ein primärer Aspekt sozialer Organisation sind (anstatt eine Folge von, etwa, ökonomischem oder demographischem Druck), dass männliche und weibliche Identitäten weitgehend kulturell festgelegt werden (nicht von Individuen oder Gruppen jeweils eigenständig definiert werden) und dass Unterschiede zwischen den Geschlechtern hierarchische Gesellschaftsstrukturen bilden und umgekehrt, Hierarchien die Beziehungen zwischen den Geschlechtern bestimmen« (Scott 1993: 49 f.).
   Mittlerweile hat sich der auf Scott zurückgehende Begriff von *gender*/»Geschlecht« in der Geschlechtergeschichte weitgehend durchgesetzt. Allerdings betonen viele Historikerinnen, beide Traditionen feministischer Geschichtsforschung – die (der Frau-

engeschichte verpflichtete) erfahrungsgeschichtliche wie die diskursanalytische nach Scott – seien gleichgewichtig zu behandeln. Kathleen Canning etwa sieht (Quellen-)Text und (sozialen) Kontext bzw. Diskurs einerseits und weibliche Erfahrung und Handlungsfähigkeit andererseits als zwei gleichwertige Bereiche, auf die sich historische *gender*-Analysen richten müssen, um überzeugende Ergebnisse zu erzielen. Überzeugende historische Erkenntnisse sind für sie solche, die der Komplexität sozialer Wirklichkeiten gerecht werden und die insbesondere garantieren, dass Frauen als Handlungsträgerinnen nicht erneut aus der historischen Forschung herausfallen (Canning 1994; vgl. auch Newman 1991; Strasser 2000).

2.2 Kritik der Kategorie »Geschlecht«: Erfahrung vs. Diskurs

Seit Beginn der 1990er Jahre wurde auch in der deutschsprachigen Forschung bevorzugt die »Konstruktion von Geschlecht« in den verschiedensten historischen Kontexten untersucht, diskursive »Geschlechterordnungen« wurden analysiert und deren Wandel aufgezeigt. Der Gegenstand der bisherigen »Frauengeschichte«, Frauen, wurde zur fraglichen Kategorie erklärt (vgl. Opitz 2001). Im Mittelpunkt der Kritik an der bis dahin gültigen Orientierung der Frauengeschichte stand die Infragestellung der weiblichen Erfahrung als kritischem Standort für die feministische Forschung. Gegen die Überzeugung einer großen Zahl von Forscherinnen, dass weibliche Erfahrung eine völlig neue Sicht auf die Geschichte ermögliche, argumentierten die Vertreterinnen der Geschlechtergeschichte, weibliche Erfahrung sei Teil eines umfassenden historischen Diskurses, der weibliche Identität und Erfahrung hervorbringe und strukturiere. Einmal mehr war es Joan Scott, die in einem berühmt gewordenen Aufsatz die historische »Beweiskraft« der (eigenleiblichen) Erfahrung grundsätzlich in Zweifel zog und damit auch die Bedeutung der Erfahrung von Frauen oder anderen unterdrückten Gruppen, etwa Schwulen, Afroamerikanerinnen etc. als Bezugspunkt einer kritischen Geschichtsbetrachtung in Frage stellte (Scott 1991). Es entspann sich in der Folge eine heftige Kontroverse darüber, welchen Stellenwert geschlechtsspezifische (nicht zuletzt physische) Erfahrungen für die Geschlechterforschung haben. Barbara Duden polemisierte heftig gegen eine Geschichte von Frauen »ohne Unterleib« und auch andere kritisierten die »Verdrängung des Leibes aus der Geschlechtskonstruktion« (Duden 1993; vgl. die Beiträge in den *Feministischen Studien* 11. Jg., H. 2, 1993). Die aus dieser Auseinandersetzung resultierende Erkenntnis, dass Körperlichkeit nur über Sprache erfahrbar und vermittelbar ist, hat sich mittlerweile zwar weitgehend durchgesetzt. Sie ist jedoch nicht gleichbedeutend mit einem völligen Infragestellen oder Ausblenden von physischer »Materialität« und damit auch von unterschiedlichen, geschlechtsspezifischen Erfahrungen von Frauen und Männern in der Vergangenheit. Vielmehr, so betont Kathleen Canning, sei der Erfahrungsbegriff wesentlich breiter und umfassender, als dies von Joan Scott eingeräumt würde. Innerhalb der Debatte über »Diskurs vs. Erfahrung« seien beide Begriffe letztlich »deterministisch festgelegt«, einander diametral gegenübergestellt und dadurch verfälscht worden (Canning 1999). Umgekehrt kritisiert Canning aber auch einen verkürzten, ahistorischen Diskursbegriff als problematisch (ebd., zur Debatte über Diskursbegriffe in der Geschichtswissenschaft vgl. auch Landwehr 2008: 60–90).

Der Hinweis auf die diskursive Einbettung von weiblicher Erfahrung bedeutet insofern nicht das Ende der Frauen- oder Geschlechtergeschichte, sondern führt vielmehr neue Forschungsfragen ein – vor allem die Frage, wie diskursive Formationen auf Körper bzw. verkörperte Subjekte einwirken. Dadurch erst werden die gesellschaftlichen Voraussetzungen und Wirkungen von Diskursen erkennbar. Auch Wechselwirkungen von individueller Aneignung von Diskursen und Widerständigkeit gegen Diskurse sind dadurch (wieder) in den Blick zu bekommen. Vor allem schlägt Kathleen Canning vor, statt eines vereindeutigenden und fixierten Verständnisses von »Körper« eher einen Prozess ins Auge zu fassen, der mit »Verkörperung« (*embodiment*) zu um-

Körper

schreiben wäre. Dabei seien »verkörperte Praktiken« (etwa durch Sozialisation, aber auch durch Schmerzerfahrungen etc.) ebenso bedeutsam wie Erinnerungen bzw. Gedächtnisformationen, die (auch) über Körper erfahren und verinnerlicht werden (Canning 1999: 505 f.).

Phantasie Die Frage nach dem Stellenwert subjektiver Handlungen (auch, aber nicht nur von Frauen) in der Vergangenheit ist dann neu zu stellen. Das zeigt auch der jüngste methodologische Versuch von Joan Scott über *millenial phantasies*, das heißt über den Zusammenhang von »Phantasie und Erfahrung«. Ausgehend von der grundlegenden Erkenntnis, dass nicht nur die Neue Frauenbewegung, sondern auch schon frühere soziale Bewegungen der (gemeinsamen) Erfahrung einen zentralen Stellenwert zuschrieben, stellt Scott (durchaus selbstkritisch) fest: »Erfahrung mag ›bloß‹ diskursiv sein, aber die Berufung auf sie hat mächtige Wirkungen: Sie mobilisiert ansonsten disparate Anhänger, sich zu definierbaren sozialen und politischen Gruppen zu formieren« (Scott 2001b: 78). Das heißt, durch ihre soziale und politische Relevanz wird Erfahrung »real« und »(geschichts-)mächtig«. Dass es zu einer solchen (geschichts-)mächtigen Gruppenbildung kommt, hat nach Scotts Auffassung viel mit unbewussten oder halbbewussten Prozessen der Identifizierung zu tun – die durch Phantasien gefördert oder gar bewerkstelligt werden. »Phantasie ist bei der Entäußerung individueller wie kollektiver Identität im Spiel: sie extrahiert Kohärenz aus der Konfusion, sie reduziert Vielfältiges auf Einzigartiges und versöhnt unerlaubte Wünsche mit dem Gesetz. Sie ermöglicht es Individuen und Gruppen, sich eine Geschichte zu geben« (ebd.: 79). Scott zieht auch hier eine Reihe von (nicht nur feministischen) Theoretikerinnen und Philosophen – bis hin zu Sigmund Freud – heran, um dieses neue Projekt zu begründen. Es richtet sich letztlich allerdings wiederum nur auf das von Scott schon länger bearbeitete Feld des politischen Feminismus und der Frauenbewegungen des 19. und frühen 20. Jahrhunderts.

Lyndal Roper Einen zeitlich und thematisch weiter ausgreifenden Versuch, sich der Subjektivität und Erfahrung von Menschen in der Vergangenheit anzunähern, hat die englische Historikerin Lyndal Roper unternommen. Ausgehend von der kritischen Sichtung älterer Theorien zur Subjektivität und Selbstwahrnehmung (etwa die Arbeiten der Soziologen Max Weber und Norbert Elias) und der Schriften moderner Theoretiker und Theoretikerinnen wie Michel Foucault und Joan Scott kommt auch Roper zu dem Schluss, dass eine »Historisierung von Subjektivität« und (Körper-)Erfahrung ohne Berücksichtigung einer physischen Evidenz und Materialität nicht auskommen kann (Roper 1995: 39 f.). Roper plädiert deshalb für eine »Annäherung an die Subjektivitäten [der Vergangenheit]«, die »die kollektiven Elemente von Kultur anerkennt, ohne die individuelle Subjektivität zu bagatellisieren« (Roper 1995: 47). Zu diesem Zweck erscheint es ihr unerlässlich, mit Hilfe psychoanalytischer Theorieangebote diejenigen Dimensionen der subjektiven Erfahrung und damit auch der geschichtlichen Prozesse »zum Sprechen zu bringen«, die als »Unbewusstes«, Nicht-Sprachliches, Verdrängtes der diskursanalytischen Erforschung von Körper-Geschichte entzogen sind. Auch sie schlägt vor, dafür individuelle oder kollektive Phantasien zu untersuchen – in ihrem Fall sind das Phantasien über Hexerei, Sexualität, Mutterschaft und andere Emanationen des Körperlichen (vgl. Roper 1999).

In ähnlicher Weise hat die amerikanische Kulturhistorikerin Lynn Hunt darauf hingewiesen, dass »der *linguistic turn* bis jetzt wenig dazu beigetragen hat, den Status des Psychologischen innerhalb der Kultur- und Sozialforschung zu verändern«, obwohl »zu erwarten gewesen [wäre], dass das Selbst genau die Stelle sein würde, an der sich die Interessen von Psychologie, Ethnologie und *linguistic turn* überschneiden« (Hunt 1998: 671 f.). Besonders feministische Forscherinnen hätten sich der Frage der Subjektivität in der Geschichte angenommen, allerdings seien sie zu sehr unterschiedlichen Schlussfolgerungen gekommen. Sie selbst plädiert dafür, aus dem Disput über Erfahrung, (Geschlechts-)Identität und Subjektivität keine weitere Auflage einer alten Streitfrage über freier Wille vs. Determinismus zu machen. Vielmehr solle »der Kategorie des Selbst verstärkte historisch-systematische Beachtung« zukommen, denn schließlich sei »das Selbst der Knotenpunkt, an dem das Individuum Erfahrung hat« (ebd.: 681).

So erweist sich der Streit um »Erfahrung« vs. »Diskurs«, der insbesondere die Debatten der 1990er Jahre geprägt hat, schlussendlich als ein Streit um falsche Alternativen. Nur in der gleichzeitigen Beachtung von (sozialen oder diskursiven) Strukturen und Subjektivitäten wird sich insbesondere eine geschlechtergeschichtliche Perspektive weiter entwickeln können (vgl. dazu auch Bos u. a. 2004).

2.3 Geschlecht als Markierung

Die Wissenschaftshistorikerin Monika Mommertz hat kürzlich in einem Aufsatz dafür plädiert, die Möglichkeiten, die Geschlecht als *marker* oder Markierung bietet, besser zu nutzen. Statt mit dem Begriff »Geschlecht« eine über Zeiten und Räume hinweg mehr oder weniger gleich bleibende Differenz der Existenzformen von »Männern« und »Frauen« zu postulieren, sollte »Geschlecht« *zunächst* als eine kulturell konstruierte und codierte »Markierung« verstanden werden (Mommertz 2004). Mit »Geschlecht als Markierung« lassen sich bestimmte Vorannahmen über die Allpräsenz oder Gleichförmigkeit von Geschlechterkonstrukten weitgehend vermeiden – unter anderem, weil zuallererst zu überprüfen ist, ob der markierten Differenz im je untersuchten (kulturellen) Kontext überhaupt eine Bedeutung zukommt. Davon ausgehend lässt sich dann die Frage stellen, wie geschlechtliche Differenz in unterschiedlichsten historischen Kontexten mit Bedeutung versehen, »aufgeladen« oder »besetzt« wurde – und im Weiteren diskutieren, welcher Stellenwert der geschlechtlichen gegenüber anderen Markierungen jeweils zukam. Solche geschlechtlichen Markierungen werden nicht nur Individuen und Gruppen zugeschrieben (Männer, Arbeiter, Soldaten bzw. Mütter, Frauen, Krankenschwestern etc.), sondern auch Institutionen (»Vater Staat«, »Mutterland«, Tochtergesellschaft) und Tätigkeiten oder Eigenschaften (etwa: Gewalt ist männlich, Gefühl weiblich; Kriegführen ist männlich, Pflegen und Nähren weiblich usw.). Dies eröffnet der geschlechtergeschichtlichen Forschung die Möglichkeit, Institutionen, Strukturen und Repräsentationen mit ihren methodischen Instrumentarien ebenso zu befragen wie etwa Personen und deren Handlungen bzw. Identitäten.

Als Markierung konzipiert, lässt sich »Geschlecht« zudem als *tracer* gebrauchen, so führt Mommertz weiter aus, mit dessen Hilfe geschlechtlich organisierte Aspekte eines jeweils nicht – oder nicht auf greifbare Weise – von Geschlechterbildern, -konzepten, -diskursen etc. geprägten Untersuchungsgegenstandes zu eruieren wären. Mit *tracer* verbindet Mommertz die Idee einer »Spurensuche« zur Sichtbarmachung von sozialen Prozessen und Logiken – ähnlich wie dies in den modernen Naturwissenschaften der Fall ist, wo mit diesem Begriff eine Substanz bezeichnet wird, aus deren Reaktionen auf eine vorgegebene Untersuchungsumgebung neue Erkenntnisse gewonnen werden. So könnte man Geschlecht als *tracer* etwa für die Sichtbarmachung von Grenzziehungen, Ein- und Ausschlüssen, Hierarchisierungen etc. nutzen – eine Möglichkeit übrigens, die schon in Scotts *gender*-Begriff angelegt ist. Mit Geschlecht als *tracer* lässt sich die frauen- bzw. männergeschichtliche Blickrichtung gezielt umkehren: »Statt den Folgen für Frauen [bzw. Männer] stehen die Wirkungen der Geschlechterdifferenz in der und auf die Untersuchungsumgebung [...] zur Debatte« (ebd.: 21 f.). Damit lassen sich insbesondere Institutionen wie »Wissenschaft«, »Staat«, »Politik« usw. geschlechtergeschichtlich erforschen, in denen es zumindest über Jahrhunderte hinweg kaum oder gar keine Frauen gab und/oder die Geschlechterdifferenz zunächst »unwesentlich« erscheint.

Geschlecht als *tracer*

2.4 Von *gender* zur *queer theory*

Interessanterweise hat sich Joan Scott selbst gut ein Jahrzehnt nach der »Erfindung« der Kategorie »Geschlecht« sehr kritisch über den von ihr lancierten *gender*-Begriff geäußert. In einem Diskussionsbeitrag behauptet Scott – »gegen einen ziemlich breiten feministischen Konsens« –, *gender* sei vielleicht nicht mehr die nützliche Kategorie, die sie einmal war – »nicht, weil ›der Feind‹ die Oberhand gewonnen hätte, sondern weil diese Kategorie die jetzt anstehende Arbeit nicht zu leisten vermag« (Scott 2001a: 43 ff.). Als zentrales »Unvermögen der Kategorie *gender*« bezeichnet Scott »die Weigerung, sich auf das körperliche Geschlecht einzulassen« (ebd.: 44). Dabei, so Scott, lasse sich weder auf der begrifflichen noch auf der konzeptionellen Ebene das biologische vom sozialen Geschlecht klar unterscheiden. Um die unproduktive Trennung von körperlichem und identitätsbasiertem Geschlecht zu überwinden, schlägt nun auch Scott einen Rückgriff auf die Psychoanalyse vor. Sie geht dabei von der Annahme aus, »dass die Kategorien ›Mann‹ und ›Frau‹ Ideale zur Regulierung und Kanalisierung von Verhalten, nicht aber empirische Beschreibungen tatsächlicher Personen sind, die diesen Idealen nie gerecht werden können« (ebd.). Dabei ermöglichten soziale und politische Institutionen die Erfüllung dieser normativen Männlichkeits- und Weiblichkeitsideale, bisweilen erzwängen sie diese sogar. Wie das genau vor sich geht, versucht Scott gewissermaßen in einer »psychohistorischen Wende« durch den Blick ins Innere historischer Akteurinnen (und gegebenenfalls auch Akteure) herauszufinden. Kernbegriff ihrer neuerlichen Beschäftigung mit *sex and gender* ist dabei der der »phantasies«, der individuellen und vor allem kollektiven Phantasien. In ihnen lässt sich ihrer Auffassung nach ebenso sehr die Dimension der »sexuellen Differenz« wie die der »gesellschaftlichen« respektive »kulturellen Konstruktion von (Geschlechts-)Identitäten« finden, denen ja schon die frühe Frauenforschung – als »weibliche Erfahrung« vs. »gesellschaftliche Norm« – ihr Hauptaugenmerk gewidmet hat (Scott 2001b).

Judith Butler Insbesondere die physische Dimension des *gender*-Begriffes neu denken will auch die *queer theory*. Ihr Anliegen ist die Radikalisierung der Kritik an und der Historisierung von Geschlechtlichkeit. *Sexing the Body* lautet programmatisch der Buchtitel der Mitbegründerin der *queer studies*, Ann Fausto Sterling (Sterling 2000). Er bezieht sich auf die Beobachtung – die auf Judith Butlers Arbeiten zurückgeht –, dass geschlechtlich definierte Körper ebenso gesellschaftlich »hergestellt« werden wie Identitäten und Geschlechterrollen. Erst durch ihre geschlechtsspezifische »Imprägnierung« und stets wiederholte Präsentation (etwa durch Kleidung, Gestik, Sprache, aber auch durch medizinische Eingriffe) werden Körper als »männlich« oder »weiblich« erfahrbar – und zwar von »innen«, von den Individuen selbst, ebenso wie von

»außen«, von den Personen, mit denen sie interagieren. Auf diese Weise wird auch Sexualität bzw. sexuelle Orientierung in den Körper »eingeschrieben« oder kulturell hergestellt (vgl. Butler 1991; 1997 [Orig. 1993]).

Dieser Zusammenhang wurde in den *queer studies* zunächst vor allem im Feld der Erforschung von Homosexualität bzw. Transsexualität hergestellt und diskutiert; dabei wurden Phänomene wie Homophobie als Teil eines systematischen Zwangsapparates analysiert, der zunächst mit dem Begriff der »Zwangsheterosexualität« (*compulsory heterosexuality*) umschrieben wurde (vgl. Rich 2004). Häufiger ist heute allerdings von »Heteronormativität« die Rede.

<small>Heteronormativität</small>

Heteronormativität beschreibt eine Weltanschauung, die Heterosexualität als soziale Norm postuliert. Damit geht ein meist unhinterfragtes, ausschließlich binäres Geschlechtersystem einher, das Männer und Frauen unterscheidet und in welchem das biologische Geschlecht mit Geschlechtsidentität, Geschlechtsrolle und sexueller Orientierung für jeden gleichgesetzt wird. Der Begriff wurde zunächst als Kritik von Heterosexualität als Norm und Homosexualität als Abweichung davon benutzt. Heteronormativität beschreibt aber auch ein gesellschaftliches Normen- und Ordnungssystem. Man geht ganz selbstverständlich davon aus, dass sich jeder Mensch heterosexuell entwickelt. Somit gilt eine »heterosexuelle Vorannahme«. Die Entwicklung zur Heterosexualität wird nicht hinterfragt und nicht erforscht. Sie ist der Standard, an dem alles andere gemessen wird. Dagegen betrachtete beispielsweise schon Sigmund Freud jeden Menschen als prinzipiell »polymorph pervers«, billigte also jedem eine vielschichtige, komplexe, nicht eindeutig gegengeschlechtlich festgelegte Sexualität zu.

Diese Ordnung strukturiert nicht nur das Zusammenleben von Menschen, etwa hinsichtlich der Norm der heterosexuellen Ehe oder des monogamen Begehrens, sondern strukturiert die gesamte Vorstellungswelt (beispielsweise in Form von binären Denkmodellen wie Mann/Frau, Kultur/Natur usw.). Die Heteronormativität durchzieht dadurch alle wesentlichen gesellschaftlichen und kulturellen Bereiche, sowie die Subjekte selbst. Die gesunde Körperlichkeit wird heterosexuell definiert, auch bei der Betrachtung und Beschreibung anderer Kulturen.

Der Begriff der Heteronormativität und die damit verbundene kritische Infragestellung etablierter (Ordnungs-)Vorstellungen resultiert aus der Verbindung von kritischer Geschlechterforschung mit der Schwulen- und Lesbenbewegung, die sich fast zeitgleich mit der Neuen Frauenbewegung formierte. Die wichtigsten Ziele der Schwulen- und Lesbenbewegung – Anerkennung von sexueller Vielfalt und Gleichstellung homosexueller Personen und Praktiken mit heterosexuellen – haben in erweiterter Form in die *queer theory* und die *queer studies* Eingang gefunden.

Queer ist ein Begriff, der ähnlich wie *gay* zunächst als Negativbeschreibung für sexuell deviante Personen und entsprechendes Verhalten gemeint war. Ausgehend von »postmodernen« Konzepten der Identitätskritik betont er die Dimension der Offenheit und der Grenzüberschreitung im Denken und Sprechen über gesellschaftliche Ordnungsmodelle generell sowie das Infragestellen von »natürlichen« Begründungen solcher Ordnungsmodelle im Besonderen. Dabei wird davon ausgegangen, dass sich geschlechtliche Orientierungen und Begehren durch soziale Interaktionen, Erfahrungen und Alltagspraktiken etablieren und nicht »angeboren« oder einem Menschen wesenhaft sind; sie sind daher instabil und komplex, heterogen und vielschichtig und lassen sich nicht durch einfache Zuordnungen (zum Beispiel als Homo- vs. Heterosexualität) fassen.

Insofern steht die *queer theory* auch in einem deutlichen Gegensatz zu Forschungsansätzen im Feld der Homosexualitätsforschung, die auf eine klare homosexuelle Identitätspolitik dringen. Ihr Kernbegriff *queer* (dt.: quer, falsch) betont die Notwendigkeit einer kritischen Reflexion von Identifikationsprozessen bzw. die Unmöglichkeit, sich »eindeutig« zu identifizieren und damit anderen/alternativen Identifikationspotentialen das Existenzrecht gleichsam abzuerkennen und somit Differenz(en) zu leugnen (vgl. Hark 1993 mit weiterführender Literatur). *Queer* kann nach Eve Kosofsky Sedgwick »das offene Geflecht von Möglichkeiten, Lücken, Überlappungen, Dissonanzen und Resonanzen, Bedeutungs›verirrungen‹ und -exzessen« bezeichnen, die in der Artikulation der konstituierenden Elemente des Geschlechts und der Sexualität einer Person entstehen können (Sedgwick 1993). Michael Warner hat den Begriff als Konzept des Widerstands gegenüber den »Regimes der Normalität« definiert, das heißt als Medium einer umfassenden Kritik an soziosymbolischen, nicht zuletzt auch wissenschaftlichen Normierungs- und Normalisierungsprozessen, die unter anderem, aber nicht allein durch Heterosexualität gekennzeichnet sind (Warner 1993). *Queer* ersetzt andere, ältere Begriffe – wie etwa den *gender*-Begriff – allerdings nicht vollständig, sondern setzt sie in ein neues Feld mit weiteren theoretischen und/oder spezifischeren thematischen Bezügen. Insofern kann auch ohne Weiteres von *queer women* oder *queer masculinities* gesprochen werden (vgl. etwa Wilcox 2009; O'Donell/O'Rourke 2006; Mounsey 2007). Im Deutschen wird der Begriff als nicht adäquat übersetzbar empfunden und ist bislang nur in der englischen Version im Umlauf.

2.5 *Doing gender* – Geschlecht als Praxis

Eine weitere, in der Geschlechterforschung deutlich besser verankerte Möglichkeit, der biologischen Begründung der Geschlechterdifferenz zu begegnen, ist der Hinweis auf die nicht nur historisch, sondern auch situativ variablen Geschlechtsidentitäten. »Das Geschlecht [...] ist nicht etwas, was wir ›haben‹ oder ›sind‹, sondern etwas, was wir tun«, schrieb 1993 etwa Carol Hagemann-White in einem Diskussionsbeitrag zur »Kategorie Geschlecht« (Hagemann-White 1993: 68).

> Die Formel *doing gender* soll zum Ausdruck bringen, dass Geschlechterdifferenzen und -identitäten erst in der sozialen Interaktion, also im alltäglichen Miteinander, vollzogen und realisiert werden (können). Darauf hatten 1987 die Ethnologin Candace West und ihr Kollege Don Zimmerman hingewiesen, die davon ausgehen, dass *gender* ein Produkt »performativer Handlungen« ist. Die geschlechtliche Identität und Rolle wird also durch ein situationsgerechtes Verhalten und Handeln erworben und ausgeübt – und zwar nicht ein für alle Mal, sondern sie wird in jeder Situation, in der Menschen zum Handeln gezwungen sind, aufs Neue aktualisiert (vgl. Kotthoff 1993; 2003).

Wichtig ist im Konzept des *doing gender* aber, dass Individuen nicht als »Gefangene« von (diskursiven oder anderen) Strukturen gedacht werden, also gleichsam als gesellschaftlich fix programmierte Automaten. Sie werden als Akteurinnen und Akteure betrachtet, die in jeder Situation ein mehr oder weniger breit gefächertes Repertoire von Verhaltensweisen und Bedeutungen vorfinden, aus dem sie auswählen können (und müssen), um sich »zu verhalten« (*to perform, performance*). Geschlechterdifferenz und -hierarchie wird infolgedessen in den alltäglichen Interaktionen hervorgebracht, bestätigt, verschoben, umgedeutet und also auch verändert. Dieses in der Theorietradition der Ethnomethodologie verankerte Konzept basiert auf ähnlichen Grundannahmen wie das *gender*-Konzept von Joan Scott, betont aber gegenüber diesem den Inszenierungscharakter von Geschlechtsidentitäten. Am deutlichsten hat diesen Zusammenhang Judith Butler herausgearbeitet, die unter anderem schreibt, dass »Akte, durch die die Geschlechterzugehörigkeit konstituiert wird, performativen Akten in theatralischen Kontexten ähneln, die den Anschein von Substantialität [erzeugen], an welche das weltliche gesellschaftliche Publikum einschließlich der Akteure selbst nun glaubt und die es im Moment des Glaubens performiert« (Butler 2002: 302).

Beide Konzepte, das diskursanalytische wie das ethnomethodologische, weisen einige wichtige Gemeinsamkeiten auf. Sie gehen beide davon aus, dass Geschlechtsidentität weder angeboren, überzeitlich oder unveränderlich noch bei allen Menschen gleich ausgeprägt ist. Dennoch zeigen sich in der Forschungspraxis immer wieder Unterschiede oder gar Unvereinbarkeiten beider Ansätze, insbesondere hinsichtlich der Bedeutung von Subjekten bzw. Subjektivität in historischen Prozessen. *Doing gender* ist durchaus dazu geeignet, *agency*, also Handlungsmöglichkeiten von Individuen und Gruppen – etwa von Frauen und Männern vor Gericht (vgl. Gleixner 1994) oder in politischen Auseinandersetzungen (vgl. Canning 1994) – sichtbar zu machen. Dagegen betont die Diskursanalyse eher die strukturellen Zwänge und die Machtkonstellationen, die zu Ausschluss, Diskriminierung und Ohnmacht von Personen(gruppen) führen. Aus Sicht der Diskursanalyse wird immer wieder die »naive« Vorstellung von weiblicher Handlungsfähigkeit (*agency*) kritisiert, die eingebettet und damit weitgehend aufgehoben sei im größeren Zusammenhang diskursiver Strukturen und Prozesse (vgl. zum Beispiel Scott 1994). Doch bleibt aus dieser Sicht letztlich unklar, woher historischer Wandel kommen kann und inwiefern diskursive Kontexte von menschlichem bzw. weiblichem Handeln/Sprechen/Schreiben berührt oder auch verändert werden. Nicht zuletzt deshalb operieren neuere geschlechtergeschichtliche Arbeiten sowohl mit diskursanalytischen wie mit handlungsanalytischen Methoden. Handlungen von Feministinnen zum Beispiel sind dann nicht grundsätzlich oder in ihren Wirkungen »feministisch«, sondern sie könnten durchaus genau jene diskursiven und gesellschaftlichen Strukturen bestätigen, gegen die sie sich in ihren (Sprech-)Handlungen gerichtet hatten. Andererseits können auch »nichtfeministische« Handlungen und Akteurinnen und Akteure durchaus zu einem emanzipatorischen sozialen oder kulturellen Wandel beitragen, selbst wenn sie dies nicht explizit intendieren (vgl. Koven 1997).

Dem *doing gender* steht darüber hinaus das *undoing gender* gegenüber, das Irrelevant-Machen bzw. die (relative) Irrelevanz von Geschlechtszugehörigkeit oder Geschlechterdifferenz in gegebenen Interaktionen und Situationen. *Agency* – Handlungsfähigkeit – ist damit deutlich zu unterscheiden von »intentionaler Handlung« bzw. Intention, auch wenn beides in der Praxis eng beieinander liegt bzw. in die Forschungsperspektive mit einbezogen werden muss. Dabei sind allerdings *gender performances* der individuellen Intention von Akteurinnen und Akteuren weitgehend entzogen, zumal, wie Helga Kotthoff betont, »*gender*-Performanz so komplex [ist], dass sich *undoing* oft nur auf einer Verhaltensebene abspielt, nicht aber auf allen« (Kotthoff 2003: 131). Es ist zwar umstritten, ob *gender* in allen sozialen Interaktionen die relevanteste Identitätskategorie der Akteurinnen und Akteure ist und auch interaktiv als solche ständig inszeniert wird. *Gender*-Forscherinnen diverser Disziplinen sind sich jedoch darin einig, dass es sich dabei um eine *master identity*, also um eine sozial sehr dominante »Platzanweiserin« handelt, die schon in frühem Alter angeeignet und in praktisch jeder Situation mit inszeniert wird.

Strittig ist des Weiteren, inwiefern *doing gender* ohne Einbezug

> Undoing gender

physischer Befindlichkeiten von Akteurinnen und Akteuren und insbesondere von Geschlechtsunterschieden betrachtet werden kann. Ausgehend vom »Habitus«-Konzept des französischen Soziologen Pierre Bourdieu, der zeigte, dass alle gesellschaftlichen Ordnungsvorstellungen und Zwänge im Körper verankert werden, kritisiert Kotthoff einen »Diskursidealismus« in vielen, insbesondere den (sprach- und erkenntnis-)philosophischen Beiträgen zur *doing gender*-Debatte. Das völlige Ausblenden körperlicher Unterschiede zwischen Frauen und Männern »suggerier[e] eine Instabilität der Geschlechternaturen, als seien diese unaufwendig umkodierbar« (ebd: 147). Sie geht dagegen davon aus, dass gerade jene Unterschiede am stabilsten sind, deren Natürlichkeit besonders gut plausibel gemacht werden kann. Zu ihnen gehören zweifellos die Geschlechtsunterschiede und deren lang anhaltende Wirkungen in sozialen Prozessen und kulturellen *settings*. Dies ist auch ein wichtiger Hinweis gerade für die historische *gender*-Forschung. Sie kann aus solchen Überlegungen lernen, nicht nur auf die Variationsbreite und historische Vielfalt von Geschlechtsidentitäten zu blicken, sondern auch auf deren zum Teil beachtliche Konstanz, die ja auch in der Naturalisierung der Geschlechterdifferenzen zum Ausdruck kommt (vgl. dazu Kap. 3).

2.6 Narrating gender

Dem *doing gender*-Konzept eng verwandt ist das des *narrating gender* bzw. des »erzählten Geschlechts«, das insbesondere die Frage der Konstruktion von Geschlechtsidentitäten über (Lebens-)Geschichten ins Auge fasst. Vor dem Hintergrund der aktuellen Dekonstruktionsdebatte bzw. der Diskussion um Erfahrung und Diskurs erhält nämlich die (auto-)biographische Dimension neuerdings verstärkt (wieder) Aufmerksamkeit und Bedeutung. Biographisch orientierte Forschungsansätze bieten hier eine methodologische Strategie zur Analyse sozialer Geschlechterkonstruktionen jenseits binärer Geschlechtertypisierungen an. Im Unterschied aber zum *doing gender*, das die soziale Konstruktion von Geschlecht als interaktiven Herstellungsprozess interpretiert, der sich im Zeithorizont der Situation gleichsam zwischen den Akteurinnen und Akteuren praktisch vollzieht, fokussiert das *narrating gender* auf die längere Dauer der Lebenszeit als Konstruktionsrahmen von Geschlechtsidentität und bildet damit auch eine direkte Verbindung zur »Erfahrungs-« bzw. Erinnerungsdimension.

Die Erzählforschung geht von der Prämisse aus, »dass Erzählungen über biographische Ereignisse und Erfahrungen des erzählenden Subjekts Auskunft geben, dass sie also soziale Wirklichkeit – in einer bestimmten sozialen und kulturellen Form und biographischen Perspektivität (›erzähltes Leben‹) – repräsentieren, und dass Erzählen als eine kommunikative Praxis betrachtet werden kann, durch die Subjekte ihre individuell-biographische und ihre gemeinsame soziale Wirklichkeit konstruieren« (Dausien 2001: 58). Damit ist auch eine Antwort auf die Frage gegeben, wie Erfahrung und Diskurs miteinander ins Verhältnis zu setzen sind, nämlich über den Doppelcharakter von biographischer Erzählung als alltagsweltlicher Praxis, die von dieser einerseits geprägt wird und sie ihrerseits (re-)präsentiert und damit jeweils auch neu definiert. Ausgehend von linguistischen Kommunikationsmodellen (etwa der Unterscheidung zwischen *langue* – der Sprache, die sich durch Regeln und Strukturen definiert (»Grammatik«, »Syntax« etc.) – und *langage*, also der gesprochenen Sprache bzw. der »Performanz« einzelner Sprecherinnen und Sprecher), lässt sich die (auto-)biographische Erzählung erkennen als gesellschaftliches Produkt von Sprecherinnen und Sprechern, die jeweils beträchtliche Handlungsspielräume für ihre Erzählungen haben. Diese Handlungsspielräume erlauben es ihnen einerseits, ihre je individuelle, einmalige Geschichte zu konstruieren, »andererseits aber doch noch innerhalb einer sozialen Gemeinschaft und ihrer Geschichte (ihrer Regeln, ihres Erfahrungsvorrats, symbolischen Universums usw.) zu kommunizieren« (ebd.). Dieses »Zusammenspiel von sozialer Struktur und kollektiven Regelsystemen einerseits und individuell-biographischer Sinnkonstruktion in einer je bestimmten Situation andererseits« lässt sich im Übrigen auch auf andere Bereiche sozialer Interaktion und menschlichen Handelns übertragen. So kann *narrating gender* als Modell für das Zusammenspiel von individuellem Handeln und gesellschaftlicher Struktur generell gelten. Die soziale Welt, auf die Erzählungen referieren, ist auf vielfache Weise durch das Geschlechterverhältnis strukturiert und im Rahmen eines kulturellen Systems der Zweigeschlechtlichkeit codiert. Individuen können deshalb nur innerhalb der in ihrer Lebenswelt jeweils geltenden Geschlechterordnung Identität ausbilden und ihre Biographie konstruieren (vgl. Gildemeister/Wetterer 1992; Dausien 1996). Die Annahme, dass Geschlechterkonstruktionen in (auto-)biographische Erzählungen gleichsam eingebaut sind, liegt deshalb nahe.

Offen ist hingegen, *wie* dies geschieht – und wie sich diese (Re-)Produktion von Geschlecht durch Erzählung historisch wandelt. Bettina Dausien gibt dafür methodische Hinweise: »Eine erste Klärung bringt die Differenzierung unterschiedlicher Ebenen, auf denen soziale Konstruktionsprozesse von Geschlecht analysiert werden können: gesellschaftliche Strukturen (zum Beispiel Macht, Arbeitsteilung), kulturelle Praktiken und Symbolsysteme etwa Sprache, Bilder) und individuell-biographische Konstruktionen (wie Erfahrungen, Interpretationen und Handlungen)« (Dausien 2001: 60). Daneben ist wichtig, dass Geschlecht in (auto-)biographischen Erzählungen generell indirekt thematisiert wird. »Über ›Geschlecht‹ kann man nicht direkt erzählen, denn Erzählungen beziehen sich auf konkrete, partikulare Situationen und biographische Erlebnisse« (ebd.). Über Geschlecht allgemein lässt sich bestenfalls argumentieren, erzählt werden Ereigniszusammenhänge, die allerdings indirekt immer auch Auskunft über Bedeutung und Deutung von Geschlechterdifferenz und -identitäten geben. Denn »Form und Inhalt von Lebensgeschichten [verweisen] auf Prozesse der Geschlechterkonstruktion. Was erzählt wird, referiert auf eine soziale Realität, die vielfach durch Geschlechterverhältnisse strukturiert ist. Die Analyse der Erzählinhalte bietet deshalb ein geeignetes Material zur Rekonstruktion sozialer und kultureller Geschlechterkonstruktionen« (ebd.: 70). Dabei sind die formalen und inhaltlichen Aspekte in der Dialektik von Allgemeinem und Besonderem verschränkt. Dieses Wechselverhältnis macht dabei gleichzeitig den Reiz, aber auch die besondere Komplexität und damit auch Schwierigkeit der Analyse aus. »Wird die Analyse jedoch von der dialektischen Grundfigur angeleitet, so können wir systematisch der Frage nachgehen, wie sich die konkrete Haltung einer Erzählerin und ihre individuelle Erfahrungsgeschichte in einer geschlechtlich strukturierten sozialen Welt aufbaut, wie also allgemeine Deutungs- und Handlungsmuster vom konkreten Individuum produziert, reproduziert oder verändert werden« (ebd.).

Da sich die Geschichtswissenschaft überwiegend mit Quellen auseinandersetzt, die über Geschlechterkonstruktionen in der Regel nachträglich (und nicht selten biographisch organisiert) Auskunft geben, wird *narrating gender* zu einem hochinteressanten Methodenangebot für sozialkonstruktivistische Forschungsansätze, vielleicht mehr noch als das auf Präsenz und direkte Kommunikation angelegte »Grundmodell« des *doing gender*.

2.7 Staging gender

Für die Nutzung des *doing gender*-Konzepts in der historischen Geschlechterforschung hat es sich in den letzten Jahren als unerlässlich erwiesen, den Blick verstärkt auf die institutionellen Rahmenbedingungen dieser »Inszenierungen der Geschlechter« zu richten. Die Kulturwissenschaftlerin Gabriele Brandstetter hat dafür den Begriff des *staging gender* geprägt, der eine Weiterentwicklung und Differenzierung des *doing gender* insbesondere im Hinblick auf kulturhistorische Fragen darstellt (Brandstetter 2003). Das Interesse und die Notwendigkeit, geschlechtliche Identität und die ihr zu Grunde liegenden Differenzkategorien selbst zu befragen und in Frage zu stellen, ist ihrer Meinung nach heutzutage das anerkannte Projekt jeder kulturwissenschaftlichen *gender*-Forschung. Allerdings weniger in der Weise, dass Körper und Geschlecht als Effekte von Rhetorik, von Sprachstrukturen und kulturellen Diskursen betrachtet werden, sondern im Hinblick darauf, dass nunmehr Fragen nach den ethischen und politischen Konsequenzen der Strukturen von Differenz und ihrer

Hierarchien (wieder) in den Vordergrund zu rücken sind. Dafür wurden in der US-amerikanischen Diskussion Begriffe wie *emplacement* bzw. *displacement* (Verortung), *responsibility* (Verantwortlichkeit) und vor allem *agency* (Handlungsfähigkeit bzw. Handlungsmächtigkeit) geprägt. *Staging gender* ist insofern nicht nur eine Weiterentwicklung des *doing gender*, sondern es impliziert vor allem eine Perspektivenverschiebung. Auch hier geht es um Prozesse der kulturellen Konstruktion von Identität und Differenz. Doch dabei wird nicht in erster Linie jene Ebene betrachtet, die die Identitätskonstitution des Subjekts thematisiert, sondern es sind vor allem die Ebenen der verschiedenen kulturellen *settings* und der sozialen Institutionen von Interesse, die an der Konstitution von Identität und an den Mustern von Differenz mitwirken. Der Terminus *stage/staging* markiert »so etwas wie eine Bühne des augenblicklich sich abzeichnenden Geschlechterdiskurses«, und dies auf mehreren Ebenen – thematisch, politisch und wissenstheoretisch. Vor allem aber eröffnet das *staging gender* (wobei die Bühne nicht als statischer Ort, sondern als Raum für Beziehungen und Interaktionen verstanden wird) die Möglichkeit, die Konzeptualisierung von *agency* mit einzubeziehen, und dies insbesondere im Blick auf (geschlechterdifferente) Handlungsmöglichkeiten von Individuen und deren Bedeutungen für gesellschaftliche Hierarchien und Differenzen auf unterschiedlichen »Bühnen«. »Das Modell von *staging* ermöglicht eben diese Beobachtungsstruktur, nämlich die aktionale und die relationale Seite der Differenz zu betrachten« (ebd.: 29).

2.8 Geschlecht als (mehrfach) relationale Kategorie

Intersektionalität — In eine ganz andere Richtung führt die Debatte um den Begriff Intersektionalität. Der Begriff wurde 1989 von der Jura-Professorin Kimberlé Crenshaw geprägt und erschien vielen Forscherinnen und Forschern treffender als das in der US-amerikanischen Frauen- und Geschlechterforschung schon länger etablierte Begriffsbündel *race*, *class and gender* (später erweitert um *sex*, übersetzt als »sexuelle Orientierung«). Dieses Begriffsbündel ist im Deutschen praktisch unübersetzbar, weil der Begriff »Rasse« hierzulande ideologisch so stark belastet ist, dass er nicht in die wissenschaftliche Debatte zurückgeholt werden sollte, und weil auch »Klasse« als Begriff anders benutzt wird als im angloamerikanischen Kontext. Crenshaw sprach von *intersectionality* einerseits, um Fragen multipler Diskriminierung durch Geschlecht und »Rasse«/ethnische Zugehörigkeit diskutieren zu können, ohne der einen oder anderen Dimension sofort die Oberhand oder das größere Gewicht zugestehen zu müssen. Andererseits wollte sie damit auf die Verschärfung von Diskriminierungserfahrungen aufmerksam machen, wie sie durch multiple Benachteiligungen entstehen (können) (Crenshaw 1989). Das Konzept erfreut sich in den letzten Jahren insbesondere in der sozialwissenschaftlichen Forschung wachsender Beliebtheit, weil es erlaubt, Fragen der Differenz(en) in diverse politische, disziplinäre und theoretische Kontexte zu stellen und zueinander in Beziehung zu setzen.

Ähnlich wie Scotts *gender*-Begriff aus der Debatte um »Differenzen zwischen Frauen« entstand, die die 1980er Jahre prägte, ist auch *intersectionality* dem politischen Projekt der Herstellung von Gleichheit und der Analyse von Ungleichheiten verschiedenster Provenienz verbunden, was auch für historische Fragestellungen interessant sein kann. So betont die Soziologin Gudrun-Axeli Knapp, das Intersektionalitätskonzept berge »ein enormes Potential, über die europäische Moderne in einer neuen kategorialen Konstellation nachzudenken« (Knapp 2005: 76 f.). Stärker aber als *race, class and gender*, das sich auf mehr oder weniger klar zu definierende soziale Gruppen bezog, fokussiert das Konzept »Intersektionalität« auf die Dimension der Überlappung und der wechselseitigen Verstärkung, aber durchaus auch der Neutralisierung von Gruppenzugehörigkeiten und damit von kulturellen Zuschreibungen und Identitäten. So verbinden sich auch mit dem Konzept von *intersectionality* die methodischen Schwierigkeiten und Herausforderungen, vor die sich die »postmoderne« Geschlechterforschung generell gestellt sieht: die praktische Umsetzbarkeit und die daraus resultierenden Weltbilder und Geschichtsdeutungen. »Obwohl mit der Programmatik der Intersektionalität theoretisch ein umfassender Zugriff auf gesellschaftliche Komplexität verbunden ist, der auch sogenannte Makrostrukturierungen in Kultur und Gesellschaft erfassen soll, sind die Mehrzahl der vorliegenden Studien mehr oder weniger auf einer mikro- bis meso-analytischen Ebene angesiedelt«, so Gudrun-Axeli Knapp. »Die vorherrschende Perspektive ist die Untersuchung von Einflüssen von Race, Class und Gender auf Erfahrungen von Subjekten, die Frage, wie die Zugehörigkeit zu den jeweiligen Kategorien den Zugang zu Ressourcen und Chancen beeinflusst und wie die jeweiligen Kategorien in Identitätskonstruktionen einfließen« (ebd.: 75).

Im Wortteil »inter-« des *intersectionality*-Konzepts werden vor allem die Überlappung und das Zusammenwirken von Strukturen, Kräften und Politiken betont, was sicherlich zum derzeitigen Interesse an dieser methodologischen Perspektivierung beiträgt, die indes lediglich als »lockerer Rahmen« zu verstehen ist, der durch konkrete weitere Forschungsanliegen und Fragen jeweils erst noch weiter mit Sinn gefüllt werden muss (vgl. Knapp 2008: 43 f.). Aus diesem Grund wird das Konzept häufig auch in explizite Nähe zum *gender*-Begriff gebracht, etwa indem von »*gender* als interdependenter Kategorie« gesprochen wird (vgl. etwa Walgenbach 2007).

Einen weiteren pragmatischen Vorschlag für die Umsetzung des »Intersektionalitäts«-Paradigmas haben neulich die Soziologinnen Nina Degele und Gabriele Winker gemacht, die »Intersektionalität als Mehrebenenanalyse« konzipieren wollen. Hierbei sollen die diversen Differenzkategorien sowohl in Bezug auf gesellschaftliche Strukturen als auch auf Repräsentationen und schließlich Identitätskonstruktionen hin untersucht und gedeutet werden. Die Deutung (und damit auch die Bedeutung der Kategorie Geschlecht) ist dabei letztlich aber immer von der Fragestellung und dem Forschungsgegenstand mitbestimmt (Degele/Winker 2007).

Gender als mehrfach relationale Kategorie

Einen ähnlichen Gedanken verfolgt Andrea Griesebner mit ihrem Vorschlag, *gender* als »mehrfach relationale Kategorie« zu denken und zu nutzen (Griesebner 1998). Sie geht davon aus, »dass historische Individuen entlang verschiedener Differenzen konstituiert werden wie sich selbst konstituieren« (ebd.: 134). Die Relevanz der geschlechtlichen Markierung kann, so ihre These, nur in Relation zu diesen anderen Differenzen analysiert werden. Ausgehend von Pierre Bourdieus Theorie des sozialen Raumes fordert sie dazu auf, »ähnliche Praktiken von Frauen und Männern nicht nur in einer doppelten, sondern zumindest in einer vierfachen Relation« zu analysieren: »Erstens in Relation zu Praktiken von Individuen mit der gleichen geschlechtlichen Markierung, die im sozialen Raum eine ähnliche Position einnehmen; zweitens in Relation zu Praktiken von Individuen mit der gleichen geschlechtlichen Markierung, jedoch einer divergierenden Position im sozialen Raum; drittens in Relation zu Praktiken von Individuen mit einer ähnlichen Position im sozialen Raum, die eine andere geschlechtliche Markierung aufweisen; und viertens in Relation zu Praktiken von Individuen mit sowohl einer divergierenden geschlechtlichen Markierung als auch einer divergierenden Position im sozialen Raum« (ebd.). Die Kernfrage ist dabei nicht länger, »ob Unterschiede tatsächlich existieren, sondern aus welchen Gründen manche Differenzen stärker oder als grundlegender wahrgenommen werden und ihnen daher die Funktion zugesprochen wird, weitere Differenzen zu determinieren« (Lutter 2004: 120). Eine solche »Grunddifferenz« läge dann etwa in der Geschlechterdifferenz vor. Allerdings, so betont Griesebner, ist die im sozialen Raum eingenommene Position nicht gleichbedeutend mit dem, was in sozialhistorischen Theoriegebäuden sozialer Stand, soziale Schicht oder auch Klasse genannt wird. »Der soziale Stand ist neben den bereits genannten und sicherlich noch weiter auszudifferenzierenden Kategorien nur eine, wenngleich auch wichtige Positionierungsvariable« (Griesebner 1998: 134). Andere Variablen wären etwa Konfession, ethnische Zugehörigkeit, Familienstand usw. Doch zielt »Geschlecht als mehrfach rationale Kategorie« eben gerade nicht darauf ab, Gruppenidentitäten und -handlungen zu (re-)konstruieren, sondern historische Akteure individuell in ihren Handlungsmöglichkeiten zu erfassen und dadurch einerseits eine angemessenere Betrachtung historischer Ereignis- und Handlungszusammenhänge zu ermöglichen. Andererseits – und vor allem – dient es als wirksames Mittel zur Sensibilisierung gegenüber der Anrufung und affirmativen Konstruktion kollektiver Identitäten (vgl. Griesebner 2005: 158).

Fazit Abschließend lässt sich festhalten, dass die historische Forschung – auch die deutschsprachige – sehr weitgehend dem *gender*-Konzept von Joan Scott von 1986 gefolgt ist, sich aber durchaus nicht davon hat überwältigen lassen. Die Rezeption erfolgte schrittweise und mit kritischen Einwänden und Einschränkungen. Besonders intensiv wurde die Frage nach dem Zusammenhang von diskursiven und subjektiven Anteilen an der Geschichte diskutiert; »Erfahrung« vs. »Diskurs« war sicherlich die intensivste und weitreichendste Debatte innerhalb der Geschlechtergeschichte – weit weniger dagegen das Verhältnis von Sozialgeschichte und »postmoderner« Kulturgeschichte, das die deutschsprachige Forschung in anderen Bereichen umgetrieben hat. Weitere theoretische Entwicklungen im Feld der Geschlechter- und Sexualitätsstudien sind im Übrigen bisher in der (deutschen) Geschichtswissenschaft eher zögerlich aufgenommen worden; am ehesten hat sich hier das *doing gender*-Konzept etabliert, während die *queer theory* bislang eher ein Randdasein fristet. Allerdings zeigt sich auch, dass ältere und neuere theoretisch-methodische Ansätze durchaus miteinander vereinbar sind und sich fruchtbar miteinander kombinieren lassen. Das lässt sich unter anderem an den Bänden der seit 1993 im Frankfurter Campus Verlag herausgegebenen Reihe »Geschichte und Geschlechter« sehen. Neben einigen Sammelbänden, die sich mit Ehekonflikten, Elternschaft oder Prostitution, aber auch mit Homosexualität oder Homophobie befassen, ist der überwiegende Teil der hier publizierten Monographien weiterhin weiblichen Personen und Personengruppen – wie etwa Hebammen, Krankenschwestern, Prostituierten oder Fürstinnen – gewidmet, daneben gibt es aber auch solche, die sich mit der Geschichte von Männern und Männlichkeit befassen. Die Hinwendung zu »Geschlecht« als wichtigster analytischer Kategorie hat das starke Interesse an »geschlechtlich markierten« Akteurinnen und Akteuren in der Geschichte offensichtlich nicht verstummen lassen. Die Kategorie Geschlecht ist somit in den vergangenen 20 Jahren erweitert, modifiziert und kritisch geprüft, dadurch aber letztlich immer wieder bestätigt und keineswegs grundsätzlich zurückgewiesen oder als »veraltet« zurückgelassen worden.

3. Weiblich – männlich? Geschlechterbilder und Geschlechterordnungen im Wandel

Das grundsätzlichste und wichtigste Anliegen der Geschlechterforschung ist die Infragestellung »natürlicher« Geschlechtsunterschiede und der durch sie legitimierten gesellschaftlichen Ungleichheiten zwischen Männern und Frauen. Zu dieser Debatte hat die Geschlechtergeschichte wichtige Argumente und methodische Überlegungen beigetragen. Umgekehrt hat sie vor allem von der Ethnologie, aber auch von der Philosophie wichtige Anregungen empfangen und im Rahmen ihrer eigenen Forschungsinteressen weiterentwickelt. Insbesondere die Diskussion um das Verhältnis von Natur und Kultur und dessen geschlechtliche »Einfärbung« hat maßgeblich dazu beigetragen, eine grundlegende Kritik an binären Geschlechterbildern und an naturalisierenden Erklärungen von Geschlechterhierarchien in der Vergangenheit zu formulieren.

Darüber hinaus führte die kritische Reflexion der Gleichsetzung von Frauen, weiblichen Lebenserfahrungen usw. mit »Natur« zu einer kritischen Neubewertung der naturwissenschaftlichen Diskurse und der Medizin, durch die in der Moderne binäre Geschlechterbilder und Geschlechterhierarchien entwickelt und perpetuiert wurden. Damit reiht sich die feministische (Geschichts-)Forschung nicht nur ein in den Chor postmoderner (Natur-)Wissenschaftskritiker, sondern sie entwickelte darüber hinaus eigene Positionen bezüglich der institutionellen und diskursiven Praktiken der (Natur-)Wissenschaften in Gegenwart und Vergangenheit.

Die Kritik an binären und hierarchischen Geschlechterbildern hat sich auch in anderen Forschungsfeldern niedergeschlagen. Aus der »Ideologiekritik« an den Geschlechterbildern und der hierarchischen Geschlechterordnung der bürgerlichen Gesellschaft entwickelte sich sukzessive die Frage nach dem Zusammenhang von symbolischer und sozialer Ordnung sowie nach der Identität bzw. der subjektiven Befindlichkeit zunächst von Frauen und dann auch von Männern innerhalb solcher »symbolischen Geschlechterordnungen«. Einige wichtige Stationen und Ergebnisse dieses Diskussionsprozesses werden im Folgenden präsentiert.

3.1 »Natur« und »Kultur« der Geschlechter

Obgleich in der »Frauengeschichte« in ihren Anfängen die Frage intensiv debattiert wurde, wie Frauen als gesellschaftliche Gruppe definiert werden können, erschien es einigermaßen klar, was Frauen und was Männer sind. Als problematisch wurde lediglich die Beziehung zwischen beiden Gruppen angesehen. Neben aus der marxistischen Theorie entlehnten Begrifflichkeiten wie »Unterdrückung« oder »Ausbeutung« wurde zur Bezeichnung und Problematisierung der »Ordnung der Geschlechter« auch auf die strukturalistische Kategorienbildung zurückgegriffen, die Claude Lévi-Strauss in die Ethnologie eingeführt hatte. Ihr zufolge sind Frauen das »natürliche« (»wilde«, »materielle« usw.) Geschlecht – während Männer auf der Seite der Kultur stehen (vgl. Ortner 1974). Im Weiteren wurde hieraus die These abgeleitet, Männer hätten sich Frauen in einem längeren historischen Prozess ebenso unterworfen wie »die Natur« (vgl. Fox Keller 1985; 1986). Diese Dichotomisierung (das heißt die konträre und komplementäre Gegenüberstellung) der Geschlechter, die schon in der Geschlechteranthropologie der Aufklärung zu finden ist, bot sich umgekehrt aber auch als Erklärung etwa der besonderen weiblichen Geschichtserfahrung – bedingt durch die geschlechtsspezifische Körperlichkeit und durch die weibliche Fähigkeit, Kinder zu gebären (und zu nähren) – an. Während aber etwa der Öko-Feminismus oder die frühe feministische Naturwissenschaftskritik die (angeblich) größere Nähe von Frauen zur Natur als kritisches Argument gegen männliche Naturzerstörung einsetzten (vgl. etwa

Merchant 1980; 1987), äußerten sich Kulturwissenschaftlerinnen eher skeptisch über die Dichotomisierung von Frauen und Männern als »Natur« vs. »Kultur« (vgl. Harding 1990). Berühmt geworden ist die kritische Revision des Natur-Kultur-Gegensatzes von Carol P. MacCormack, in der sie »nicht nur [die] starren Kategorien oder Ansammlungen von metaphorischen Gegensätzen« hinterfragt, mit denen die strukturale Anthropologie wie auch Teile der Frauenforschung arbeiteten, »sondern auch unsere Vorstellungen von dem Prozeß, in dessen Verlauf Natur zu Kultur wird« (MacCormack 1989: 68). MacCormack gesteht zwar zu, »dass binäre Unterschiede für das menschliche Denken lebensnotwendig sind«, doch kann eine wissenschaftliche Betrachtung ihrer Meinung nach dabei nicht stehen bleiben. Vielmehr seien beide, »Natur« und »Kultur«, kulturelle Konstrukte, deren Genese in der Aufklärung und ihrem naturrechtlichen und naturphilosophischen Denken liege. Hier sei denn auch gleich der Geschlechterdualismus in die Konzepte mit eingeschrieben worden, als Frauen zu Bewahrerinnen der »natürlichen Gesetze« und der »natürlichen Moral«, aber auch der Gefühle und der Leidenschaften erklärt worden seien. MacCormack bezeichnet diese Festschreibung als einen »Mythos« der judäo-christlichen Tradition, der aber mehr auf tief verwurzelten, (para-)religiösen Werthaltungen denn auf intellektueller Durchdringung basiere. Diese »Mythisierung« sei dann im 19. Jahrhundert durch die Evolutionstheorie fortgeschrieben worden, die eine »natürliche« Erklärung von Geschlechtsunterschieden lieferte. Damit aber sei innerhalb der strukturalen Modelle ein logischer Bruch entstanden, der als Moment von Herrschaft (von Männern über Frauen) gelesen werden kann. Während nämlich strukturale Modelle eigentlich keine unauflöslichen Gegensätze enthalten, da das Rohe gekocht, die Natur zu Kultur werden kann usw., wird hier eine absolute Grenze gezogen: Das Weibliche kann nicht männlich werden – und umgekehrt, obgleich dies, so MacCormack, in der sozialen Realität sehr wohl möglich wäre, und zwar in beide Richtungen. Frauen könnten sich Männerrollen aneignen, Männer weibliche Funktionen übernehmen (ebd.: 77f.).

Das vermeintlich »universale Modell« menschlichen Denkens

Carol P. MacCormack

erscheint somit als Konstrukt einer männlich geprägten okzidentalen Wissenschaft, was vor allem auch daran deutlich wird, dass sich in anderen Kulturen weder die westliche Art der Geschlechterdichotomie, noch die hier festgeschriebenen Bezugnahmen auf »Natur« und »Kultur« finden. Doch lässt sich daraus schließen, »daß sowohl Männer als auch Frauen Natur und Kultur sind und daß es keine Logik gibt, die uns zur Annahme zwingt, Frauen seien auf einer unterbewußten Ebene durch ihre Naturhaftigkeit entgegengesetzt und untergeordnet« (ebd.: 90)? Die feministische Forschung hat diese Frage mit »ja« beantwortet. Sie hat sich infolge dieser Erkenntnis von »biologistischen« oder »essentialistischen« (also mit Bezugnahme auf eine unveränderliche, wahre »Wesenhaftigkeit« argumentierenden) Erklärungen der Geschlechterdifferenz distanziert (vgl. Bock 1991). Sie konnte dadurch naturwissenschaftliche Paradigmen und insbesondere die Idee einer naturgegebenen Zweigeschlechtlichkeit als Grundlage und Legitimierung von Geschlechterhierarchien klar zurückweisen.

> Die Geschlechterforschung sieht in der »Naturalisierung« der Geschlechtsunterschiede eine spezifische Leistung (oder genauer: ein spezifisches Problem) unserer westlichen Wissenssysteme, deren Genealogie feministische Forscherinnen in den letzten Jahren klar herausgearbeitet haben (vgl. dazu etwa Bleier 1984; Kirkup 1992; Wijngaard 1997). Gerade für die historische Geschlechterforschung hat sich damit ein breites Feld eröffnet, das dem Ziel dient, »eine echte Historisierung und die Dekonstruktion der Bedingungen der Geschlechterdifferenz« in der Vergangenheit herauszuarbeiten (Scott 1994: 49).

Geschlechterordnung Die Gewissheit darüber, was Frauen (und Männer) sind, ist damit der Suche gewichen nach den »zu verschiedenen Zeiten an verschiedenen Orten gefundenen Übereinkünften darüber, was Männer und was Frauen sind«. Damit verbunden ist die Frage, »auf welche Weise und von wem, unter welchen Bedingungen und mit welchem Ergebnis solche Übereinkünfte ausgehandelt, wie sie schließlich wirkungsmächtig wurden« (Eifert u. a. 1996: 8). Diese Auseinandersetzungen um die Definition und Deutung von geschlechtlichen Markierungen wird in der Forschung allgemein als (Debatte um die) »Geschlechterordnung« bezeichnet, wodurch nicht zuletzt auch die »Ordnung schaffende«, das heißt hierarchisierende Dimension dieses gesellschaftlichen Verständigungsprozesses betont werden soll.

Die Frage, was Frauen (und Männer) sind bzw. wie sie sein sollen, bewegt(e) schon von alters her Philosophen, Gelehrte und Mediziner, aber auch Richter, Staatsmänner und Fürsten. Während die ältere Tradition sich vor allem an biblische Aussagen hielt, um den Platz von Frauen und Männern in Gesellschaft und (Heils-)Geschichte zu definieren, greifen die seit der Aufklärung sich verbreitenden »Conversationslexika« vermehrt auf kultur- und naturwissenschaftliche Erkenntnisse zurück – hier ein Beispiel aus der Mitte des 19. Jahrhunderts. In beiden Fällen wird jedoch Frauen systematisch der Platz zugewiesen, den Männer nicht einnehmen können oder wollen. Die Geschlechter werden dichotomisch aufeinander bezogen und es werden ihnen »natürliche« Eigenschaften zugeschrieben. Dabei wird durchaus eingeräumt, dass sich Orte und Haltungen von Frauen (und Männern) historisch und kulturell stark unterscheiden können – eine Beobachtung, die durch moralisierende Zuweisungen (vor allem durch den Bezug auf Fortschritt oder »Culturstufen«) in Schach gehalten und bewältigt werden muss. Hier schwingen denn auch nationalistischrassistische Töne mit. Schließlich fehlt auch der Hinweis auf eine sich ausbreitende »Emancipations«-Idee nicht, die insbesondere an der Bildungsfrage festgemacht wird.

»Frauen, worunter der edlere Sprachgebrauch das ganze weibliche Geschlecht befasst, sind unter den Nationen und auf den Culturstufen, auf welchen das Gechlechtsverhältniß und die daraus entstehenden Beziehungen zwischen Mann und Weib eine höhere ästhetische und sittliche Richtung genommen haben, die Repräsentanten der Sitte, der Liebe, der Scham, des unmittelbaren Gefühls, wie die Männer die Repräsentanten des Gesetzes, der Pflicht, der Ehre und des Gedankens; jene vertreten vorzugsweise das Familienleben, diese vorzugsweise das Geschäftsleben. Diesem Inhalt entspricht die Form; das Weib strebt nach Zierlichkeit, Anständigkeit und Schönheit, der Mann nach Fülle, Kraft und praktischer Zweckmäßigkeit. Wie die Religion dem Weibe, so ist die Philosophie dem Manne entsprechend. Jenes empfindet, dieser erkennt das Richtige; der Mann ist stark im Handeln, Mittheilen und Befruchten, das Weib im Dulden, Empfangen und Gebären [...]. Alle die körperlichen und geistigen Eigentümlichkeiten, durch welche das Weib sich vom Manne unterscheidet, stehen im innigsten Zusammenhang mit der Bestimmung desselben, Mutter zu werden. Insbesondere hat der Arzt die Aufgabe, den weiblichen Organismus stets mit Rücksicht auf die sexuelle Seite des Lebens aufzufassen, weil das gesunde Bestehen des weiblichen Körpers ungleich mehr von einem regelrechten Ablauf seiner sexuellen Funktionen abhängig ist, als dies beim Manne der Fall. Der weibliche Körper unterscheidet sich vom männlichen im allgemeinen durch eine geringere Größe, schwächere Entwickelung der Knochen, der Muskeln und des Athmungsapparats, kurz, das ganze motorische System zeigt eine schwächere Ausbildung. Dagegen kommt ihm eine größere Plastizität zu; die Fettbildung ist leichter und reichlicher und bedingt gegenüber den mehr eckigen Formen des Mannes eine größere Fülle und Rundung der Glieder. [...] Ein Blick auf die Geschichte des weiblichen Geschlechts ergibt, daß die Lage und Stellung desselben von der Bildung des männlichen abhängt und eins der wichtigsten Symptome des Nationalcharakters und der Culturstufe eines Volks ist. Bei den meisten rohen Völkern des asiat. Nordens, Amerikas, Afrikas ist das Weib wenig mehr als Sklavin und Lastthier; es steht in der äußersten Abhängigkeit und Erniedrigung und wird nur als Instrument für die Bedürfnisse des Mannes betrachtet und behandelt. [...] Unter den Culturvölkern der Alten Welt, den Griechen und Römern, war die Stellung der Frau schon eine viel bedeutsamere und würdigere. Obgleich die griechischen Frauen noch in ihren Gynäceen fast abgesperrt und lediglich mit häuslichen Arbeiten beschäftigt unter ihren Sklavinnen lebten, so genoß doch die liebende Mutter und Schwester, die sich aufopfernde Gattin bei den Griechen hohe Verehrung. [...] Aber auch die Römerinnen, dem Gesammtcharakter ihres Volkes entsprechend mehr ernst, gemessen und sittlich-streng als geistreich und poetisch regsam, übten sowol in der Familie auf ihre Kinder wie überhaupt auf das ganze Staatsleben einen moralischen Einfluß aus. [...] Es ist bekannt, mit welcher Achtung, die fast an Verehrung grenzte, das Weib bei den Germanen behandelt wurde, und so führte dieser Germanismus, wozu sich der Einfluß der chevaleresken spanischen Mauren gesellte, zur Blüte des Ritterthums im Mittelalter. In gewisser Hinsicht kann man diese Zeit die Blütezeit der F. nennen. [...] Dieser Vertiefung des [germanischen Frauenideals, C. O.-B.] ist seitdem aber auch, wie es zur lebendigen geistigen Bewegung gehört, die reactionäre Gegenströmung einer sogenannten Emancipation der F. entgegengetreten, getragen von dem Grundirrthume, daß das Ideal der Menschheit die vollendete Einzelperson (der Mann) sei, die Frau ihre Ebenbürtigkeit daher nicht schon in sich selbst besitze, sondern erst durch eine möglichst große Annäherung an die eigenthümlichen Vorzüge des männlichen Geschlechts zu erstreben habe. Von diesem Grundirrthum aus erhob sich schon im vorigen Jahrhundert die Frage, ob nicht die ganze soziale Stellung der F. durch eine andere Erziehung und durch eine größere Teilnahme derselben an öffentlichen Angelegenheiten wesentlich verbessert werden könne. [...]«

(Allgemeine deutsche Real-Encyklopädie für die gebildeten Stände, *11. Auflage, in 15 Bden., Leipzig F. A. Brockhaus, 6. Band 1865, S. 553–556; als Quelle Nr. 8 unter* www.historische-einfuerungen.de)

3.2 Männliche (Natur-)Wissenschaften?

(Natur-)Wissenschafts- und Medizingeschichte haben sich, nicht zuletzt wegen der großen Bedeutung, die Biologismen zur Begründung von Geschlechterdifferenz und -hierarchien schon seit längerem haben, als wichtige Felder geschlechtergeschichtlicher Forschung erwiesen, auf denen der oben formulierte Anspruch besonders wirksam umgesetzt werden kann.

So zeichnete die US-amerikanische Wissenschaftshistorikerin Londa Schiebinger die diversen *gendering*-Prozesse innerhalb der sich formierenden Naturwissenschaften um 1800 nach und zeigte auf, wie sehr die damals aktuellen Geschlechterbilder und -dichotomien das wissenschaftliche Denken geprägt haben – trotz aller Bemühungen um wissenschaftliche »Objektivität« (Schiebinger: 1993a; 1995). Und mehr noch, so betont sie, schon seit der Antike seien solche Geschlechterbilder in wissenschaftlichen Abhandlungen propagiert und tradiert worden und sie hätten auch mit der wissenschaftlichen Revolution im 19. Jahrhundert nicht an Wirksamkeit verloren. Im Prinzip prägten sie unser gesellschaftliches wie unser wissenschaftliches Denken, wie die Institutionen moderner Wissenschaft und Medizin bis heute. Daran könne auch die wachsende Präsenz von Frauen in den (Natur-)Wissenschaften nichts ändern. Wissenschaftliche Institutionen seien, wie die Inhalte selbst, *gendered*, also durch hierarchische Geschlechterbilder geprägt, und trügen sie – als »objektive Gegebenheiten« – in die aktuellen Diskussionen über Geschlechterdifferenz und Gleichheit zurück (Schiebinger 1995: 1–10; vgl. auch Jordanova 1989).

Londa Schiebinger

In ähnlicher Weise betrachtet die Kultursoziologin Claudia Honegger die »Ordnung der Geschlechter« in der Moderne als »Legende der bloßen Naturauslegung« und als wesentlichen Beitrag zu jenem »Gestrüpp aus Theorien, Fiktionen und Projektionen […], in dem wir noch immer gefangen und befangen sind«. Doch geht es ihr vor allem um den »epistemologischen Bruch« zwischen der »alten Ordnung«, wo Geschlechterrollen und -dichotomien eher in religiös-theologischen und philosophischen Mustern definiert und beschrieben wurden, und der »neuen Ordnung« in der von den Naturwissenschaften und der Medizin beherrschten Moderne. Honegger geht davon aus, dass »die scheinbar direkt der Natur abgelauschte partikularisierte Ordnung der Geschlechter […] mit ihrem Überhang an unreflektierten Deutungen vielmehr

Claudia Honegger

konstitutiv [ist] für die Moderne insgesamt« (Honegger 1991: X; vgl. auch Moscucci 1990; Money 1980).

Gisela Bock Die Vordenkerin der Geschlechtergeschichte in Deutschland, Gisela Bock, hat solche Überlegungen weitergeführt und radikalisiert. Sie geht davon aus, dass Biologie als Begriff von deutschen und französischen Gelehrten erst zu Beginn des 19. Jahrhunderts erfunden – mithin »historisch« ist – und im Laufe der Zeit deutlich transformiert wurde. Heute ist er vielschichtig und unpräzise – vor allem aber ist die angebliche wissenschaftliche Unhintergehbarkeit »biologischer« Erkenntnisse höchst fragwürdig: Dem Biologischen ist ein ebenso metaphorischer wie (dadurch) soziokultureller Charakter zu eigen, und biologistische Aussagen sind in der Regel in hohem Grade wertbelastet. Sie schlussfolgert aus diesen Beobachtungen, dass die Geschlechtergeschichte künftig auf »Biologismen« – also: Bezugnahme auf biologische Erklärungsmuster aller Art – verzichten sollte, darüber aber nicht die Bedeutung und die Macht des Materiellen und Körperlichen »innerhalb und außerhalb unserer Selbst« vernachlässigen dürfe. Vielmehr seien es gerade solche angeblich biologischen Vorgänge und Erfahrungsbereiche, die erst durch eine geschlechtergeschichtliche Neuorientierung in das Blickfeld der historischen Forschung geraten, wie etwa die Geschichte der Mutterschaft und der Schwangerschaft, des Ammen- und des Hebammenwesens, aber auch die Geschichte des (weiblichen wie des männlichen) Körpers, der Sexualität, der Prostitution usw. (Bock 1988).

Barbara Duden Genau darum geht es auch in den Forschungen der Körper-Historikerin Barbara Duden. Sie interessiert sich, über die Geschlechterdimension der modernen biologischen und medizinischen Körpervorstellungen hinaus, für den »epochenspezifischen Körper« und, in Aufnahme der Überlegungen Michel Foucaults, für die Zurichtung der zunächst tendenziell »egalitären« medizinischen Kommunikation zum hierarchisierten und objektivierenden »ärztlichen Blick« (Duden 1987). Ihre für die frauen- und geschlechtergeschichtliche Forschung provozierende These ist, dass der vormoderne Körper weniger (oder jedenfalls weniger eindeutig) geschlechtlich markiert war als der moderne. Dies hat Voraussetzungen und Folgen innerhalb der wissenschaftlichen

Diskursproduktion: Denn zwar finden sich bereits um die Mitte des 18. Jahrhunderts Frauen als »Patientinnen« und (ausschließlich) Männer als Ärzte im Gespräch und bei der Behandlung sogenannten »Frauenkrankheiten«. Doch ist das ausführliche Gespräch über Empfindungen, Erscheinungsweisen und Funktionsstörungen des Körpers (noch) wichtiger als der objektivierende »ärztliche Blick« – und Frauenkrankheiten sind allein dadurch definiert, dass Frauen an ihnen leiden, nicht aber geschlechtsspezifisch definierte Dysfunktionen des weiblichen Körpers. Es gibt noch keine »Gynäkologie« als Sonderform medizinischen Wissens und Handels – und selbst Männer können in einer solchen diskursiven Formation »menstruieren«. Der Körper selbst ist ein »offenes Gefäß«, das praktisch keine geschlechtlichen Markierungen enthält (Duden 1987; ähnlich auch Schmale 1998: 20 ff., der aus diesem Grund für einen »körpergeschichtlichen *turn*« in der Geschlechtergeschichte plädiert). Dies steht in deutlichem Gegensatz zu älteren frauengeschichtlichen Arbeiten, die vor allem das »Frauenbild« von Medizinern vergangener Jahrhunderte oder gar Jahrtausende analysierten, aber dabei kaum nach dem gesellschaftlichen und paradigmatischen Stellenwert solcher Vorstellungen fragten.

3.3 Vom Ein- zum Zwei-Geschlechter-Modell

Barbara Dudens kritische Revision der bisherigen Forschungen über »vormoderne Körper« hat etliche Forscherinnen und Forscher beeinflusst. Am umfassendsten hat der amerikanische Historiker Thomas Laqueur die »Inszenierung der Geschlechter von der Antike bis Freud« zu erhellen versucht. Er ging dem Geschlechtsunterschied im engsten Sinn – nämlich der Darstellung und wissenschaftlichen Beschreibung der weiblichen und männlichen Sexualorgane – durch die Jahrhunderte und Epochen nach und kam dabei zu einem erstaunlichen Ergebnis: Bis ins 18. Jahrhundert hinein hätte keine Eindeutigkeit in der Zuweisung der Geschlechtsorgane bestanden, so Laqueur. Die Gelehrten seien

Thomas Laqueur

der Auffassung gewesen, das weibliche Geschlecht (das heißt die weiblichen Geschlechtsorgane) sei dem männlichen ähnlich, allerdings »verkehrt« bzw. umgekehrt angelegt. Bis weit ins 18. Jahrhundert hinein wird dieser Befund nicht nur durch anatomische Beschreibungen und Darstellungen, sondern auch durch (für uns Heutige unglaubliche) Geschichten vom plötzlichen Geschlechtswechsel (vor allem) von Frauen, deren Geschlechtsorgane nach unten bzw. außen fielen, gestützt. Laqueur nennt diese Vorstellung »one sex model« (Laqueur 1992).

One sex model   Im späten 18. Jahrhundert änderten sich die Vorstellungen über die sexuelle Natur des Menschen grundlegend, so Laqueur. Das uns heute so vertraute Modell der Zweigeschlechtlichkeit löste das *one sex model* ab: »Um 1800 waren die unterschiedlichsten Autoren dazu entschlossen, das, worauf sie als fundamentalen Unterschieden zwischen dem männlichen und dem weiblichen Geschlecht und folglich zwischen Mann und Frau bestanden, an beobachtbaren biologischen Unterschiedlichkeiten festzumachen und diese in einer radikal anderen Sprache zum Ausdruck zu bringen« (ebd.: 17). Auch er sieht also, ähnlich wie Karin Hausen, Claudia Honegger und Barbara Duden, einen »großen Bruch« um 1800 – und er schließt recht umstandslos von der wissenschaftlichen bzw. anatomischen Beschreibung auf die gesellschaftliche Praxis der »Geschlechterordnung«, die sich seiner Auffassung nach ebenfalls um 1800 wandelte, als mit der Durchsetzung aufklärerischer Gleichheitsvorstellungen gleichzeitig naturphilosophische Geschlechterkonzepte etabliert wurden, die einen »natürlichen« und unwandelbaren Geschlechtsunterschied behaupteten, um damit weibliche Gleichheitsansprüche zurückzuweisen.

Es gab in der Folge einige Kritik nicht zuletzt an diesem umstandslosen In-eins-Setzen von wissenschaftlichem und politischem Diskurs; und es gab und gibt auch weiterhin berechtigte Zweifel an einer Untersuchung, die 2000 Jahre medizinisch-anatomischer Debatten in drei, vier Kapiteln abzuhandeln sucht. Dass der Diskurs vielschichtiger war, als Laqueur es beschreibt, darüber sind sich die meisten Kritikerinnen und Kritiker im Prinzip einig. Vor allem aber versäumt Laqueur, den epistemologischen Wandel (also den Wandel in den Erklärungsmustern und wissenschaftlichen Kontexten) genauer zu lokalisieren und nachzuzeichnen, wie dies Barbara Duden oder Claudia Honegger in ihren Untersuchungen taten. Es bleibt aber ein Verdienst der Studie Laqueurs, auf die Historizität der Idee von der »natürlichen Zweigeschlechtlichkeit des Menschen« nachdrücklich hingewiesen zu haben.

Obgleich die Körpergeschichte innerhalb der Geschlechtergeschichte eine vergleichsweise hohe Bedeutung hat und zu zahlreichen interessanten Forschungsfragen und -ergebnissen führte (vgl. Lorenz 2000: 71–80), hat auch in diesem Feld die »linguistische« Wende dafür gesorgt, dass es nicht zu einer »Reifizierung«, das heißt einer Verselbstständigung von Körpern als Gegenstand der historischen Forschung kam. Insbesondere die Debatte um den Zusammenhang von epochenspezifischen Körperbildern und Geschlechterordnungen mit *agency*, also mit individuellen Befindlichkeiten und Handlungsmöglichkeiten (vgl. Kap. 2), hat dazu geführt, dass man nun eher von *embodiment*, »Verkörperung« oder »Einkörperung« spricht. Damit wird – meist mit Rückbezug auf den französischen Soziologen Pierre Bourdieu – der flexible und historisch wandelbare Zusammenhang von strukturellen oder materiellen (physischen) Bedingungen und subjektiven Geschlechtsidentitäten besser zum Ausdruck gebracht als mit dem vergleichsweise fest umrissenen Begriff des weiblichen/männlichen oder geschlechtlich markierten Körpers.

Embodiment – Verkörperung – Einkörperung

3.4 Universität und Wissenschaften ohne Frauen?

Die oben genannten Forschungen lassen sich einer Revision der Geschichte der (Natur-)Wissenschaften und vor allem der Medizin zuordnen, die schon früh durch feministische Kritik initiiert und vorangetrieben wurde. Sie richtet sich aber nicht nur auf die Inhalte, sondern insbesondere auch auf deren institutionelle Rahmenbedingungen (vgl. dazu Löwy 1999). Vor allem der Ausschluss von Frauen aus Universitäten und Akademien war ein Thema, das in der feministischen (Geschichts-)Forschung von Beginn an diskutiert und problematisiert wurde. Dabei standen sich bald schon zwei tendenziell unvereinbare Lesarten gegenüber: eine ältere, die vom Jahrtausende langen Ausschluss von Frauen aus Universität und Wissenschaft ausging und diese deshalb als »Männerwelt« definierte (vgl. zum Beispiel Fraisse 1991; Noble 1992; Hassauer 1994), und eine jüngere, die davon ausgeht, dass die Institutionen der wissenschaftlichen Auseinandersetzung selbst historisch wandelbar sind und insofern Frauen in unterschiedlicher Weise aus-, aber (zumindest zeitweise) durchaus auch einschlossen – und sei dies nur in der Position der »Dissidentinnen« oder der »weiblichen Gegenstimmen« (vgl. Appich u. a. 1993).

Mädchen- und Frauenbildung

Die letztere Perspektive, die sich auf die Tradition der »berühmten Frauen« in der Wissenschaft stützen kann, welche es trotz aller Behinderungen zu einiger Bekanntheit brachten, hat mittlerweile eine Fülle von »Beweisen« dafür erbracht, dass eine wissenschaftliche Betätigung im weiteren Sinn für Frauen auch schon vor der Einführung des Frauenstudiums um 1900 möglich war. So liegen mittlerweile mehrbändige Sammlungen von Lebensbeschreibungen von Philosophinnen oder gelehrten Frauen seit der Antike vor. Auch wurden im Zuge der »Wiederentdeckung« der gelehrten Frauen der Vergangenheit durch feministische Forscherinnen diverser Disziplinen »verschüttete Traditionen« weiblichen Wissens ans Licht gehoben – oder doch jedenfalls verschüttete Traditionen einer Geschichtsschreibung über Künstlerinnen und weibliche Gelehrte (vgl. Meyer 1995–1997; Gössmann 1998). Nicht zuletzt wurde auch die wechselvolle Geschichte der Mädchen- und Frauenbildung in Europa und den USA in den letzten beiden Jahrzehnten weiter erhellt, aus der unter anderem deutlich wird, dass diese Geschichte weder durchgängig parallel mit der der Knaben- und Männerbildung gesehen werden kann, noch als reines Komplement dazu. Die Bildungswege und -möglichkeiten von Mädchen und Frauen liefen Jahrhunderte lang gerade nicht über Institutionen (wie Schulen oder Universitäten), die vielfach Jungen und Männern vorbehalten waren, sondern sie gingen eher im »privaten« Bereich von Haushalt und Familie vonstatten; auch waren ihre Inhalte in vieler Hinsicht vom »männlichen« Bildungskanon deutlich unterschieden. Dies bedeutete in der Regel eine weniger »wissenschaftliche« oder »gelehrte« Ausbildung und insbesondere eine, die nicht auf eine Professionalisierung abzielte. Im Gegenteil führten Professionalisierungsprozesse in der Regel zunächst zu einer Abqualifizierung und bisweilen gar Verdrängung von Frauen aus ganzen Berufszweigen (vgl. Wetterer 1995; Kleinau/Opitz 1996).

Dennoch bedeutet der Ausschluss von Frauen etwa aus universitärer Ausbildung nicht notwendigerweise auch deren völlige Abtrennung von wissenschaftlichen Neuerungen. Wie Londa Schiebinger gezeigt hat, sind nicht selten wissenschaftliche Revolutionen (etwa der Frühen Neuzeit) eben gerade nicht an akademische Lehrstätten gebunden gewesen, die für Frauen nicht zugänglich waren, sondern sie spielten sich im halbprivaten Milieu adliger Amateur-Labors, familiärer Werkstätten oder öffentlicher Vorführungen ab, zu denen Frauen durchaus zugelassen waren. Und mehr noch, es lassen sich etwa frühaufklärerische Reformbewegungen (wie zum Beispiel der Cartesianismus) als von Frauen mit betriebene und für sie mit organisierte Bildungsbemühungen interpretieren, die sich dezidiert gegen reformunfähige, »verknöcherte« und vermännlichte akademische Institutionen richteten (Schiebinger 1993).

Die Frage, wie »männlich« die Wissenschaft ist, muss damit also differenzierter beantwortet werden als nur durch den Hinweis auf den »Ausschluss der Frauen aus der Wissenschaft«. So geht Londa Schiebinger davon aus, dass die moderne europäische Wissenschaftslandschaft nicht notwendigerweise eine »männliche« hätte werden müssen, denn in der wissenschaftlichen Revolution des 17. Jahrhunderts seien die Frauen durchaus präsent gewesen. Auch Ulrike Weckel und ich selbst gehen davon aus, dass die Nichtbeteiligung von Frauen an der Aufklärung als zentraler Umbruchsphase hin zur Moderne nicht den Tatsachen entspricht, sondern durch eine geschlechterblinde Forschung und Geschichtsschreibung erst hergestellt wurde. Frauen waren in vieler Hinsicht an diesem Prozess beteiligt, ja, ohne weibliche Beteiligung hätte es keine Aufklärungsbewegung geben können, vor allem, weil sich hier gesellige und gelehrte Zirkel etablierten, die auf die Unterstützung durch (gesellschaftlich hochstehende und einflussreiche) Frauen und auf ein (auch) weibliches Publikum angewiesen waren, um sich zu konstituieren, zu konsolidieren und zu erweitern. Nicht zuletzt deshalb stellte die »Geschlechterfrage« eine zentrale Thematik aufklärerischer Debatten dar (Opitz/Weckel 1998; vgl. auch Goodman 1994). Damit verschiebt sich die Frage von der »Männlichkeit der Wissenschaft« zu den Prozessen und gegebenenfalls auch Strategien, durch die Wissenschaft, Männlichkeit und Modernisierung so eng verbunden wurden, dass sie heute als Einheit erscheinen (vgl. Hausen/Nowottny 1988; Schaeffer-Hegel/Watson-Franke 1989). Jedenfalls lässt sich der relativ unstrittige Befund von der »männlichen Wissenschaft« durch Tradition allein nicht erklären; institutionelle Strukturen, Professionalisierungsstrategien, Verlagerungen innerhalb der universitären Arbeitswelt usw. trugen dazu ebenso bei wie thematische und methodologische Entwicklungen und Akzentsetzungen – so etwa die Abschottung von Labors gegenüber »Laien« (die nicht selten »Laiinnen« waren) oder das *gendering* von Experimentalanordnungen (etwa zwischen männlichen Ärzten und weiblichen Patienten, wie in der Anatomie) (vgl. Fox Keller 1985; 1986; Schiebinger 1995; Orland/Scheich 1995; Wobbe 2002; 2003). Diese Forschungsfelder übersteigen allerdings die klassischen Kompetenzen von Historikerinnen und Historikern und reichen weit ins Feld der Naturwissenschaften hinein. Sie sind deshalb in extremem Maß von interdisziplinärer Kooperation (nicht zuletzt zwischen Natur- und Kulturwissenschaftlerinnen und -wissenschaftlern) abhängig, lassen aber für die Zukunft auch höchst interessante Erkenntnisse – nicht nur für die Geschlechtergeschichte – erwarten (vgl. dazu Kohlstedt/Longino 1997; Ledermann/Bartsch 2001).

3.5 Geschlechtersymbole und ihre (Be-)Deutungen

Natalie Zemon Davis

Die Gleichsetzung von Frauen und Natur (und Männern und Kultur), um darauf nochmals zurückzukommen, wurde nicht nur von Ethnologinnen und Wissenschaftshistorikerinnen, sondern auch von Kultur- und Sozialhistorikerinnen der Vormoderne kritisiert und dekonstruiert. Schon 1976 hatte die US-amerikanische Historikerin Natalie Zemon Davis grundsätzliche Einwände gegen diese vermeintlich »universelle« Zuschreibung formuliert: »Verhält sich weiblich zu männlich wie Natur zu Kultur?‹ [...] Nein, nicht immer, trotz der weiblichen Verbindung zum Kinderkriegen. Zum Beispiel sehen einige in der Tradition des Rittertums und noch stärker im Denken des 19. Jahrhunderts die männliche Sexualität als der Natur nahe und das weibliche Gefühl als zivilisierend an. [...] Im alten Testament gibt es viele Bilder eines heiligen Ehebundes zwischen der Braut Israel und Jahwe, so dass die Analogie zu weiblich/männlich sozial/übernatürlich wird« (Davis 1986: 129).

Doch, so führt sie weiter aus, »ein noch wichtigerer Vorbehalt gegen diese Gegensatzpaare besteht darin, dass sie auf Kategorien aufbauen, die historisch gebunden sind. ›Kultur‹ ist in Europa bis zum 19. Jahrhundert noch nicht einmal ein klar bestimmter Begriff. ›Natur‹ hat im europäischen Denken der letzten zweitausend Jahre sehr unterschiedliche Grenzen und ihre Beziehung zu ›Kultur‹ ist verwickelt« (ebd.). Davis folgert hieraus indes nicht, die Kategorien auf sich beruhen zu lassen, sondern sie will im Gegenteil »die Symbole und symbolisches Verhalten so akzeptieren, wie sie uns in den Texten gegeben werden, und dann im Kontext einer gegebenen Zeit erkunden, was sie bedeuten« (ebd.).

Die Ergebnisse dieser Rundschau sind hoch interessant, teilweise sogar völlig unerwartet. In jedem Fall fordern sie dazu heraus, platte Analogien in Zweifel zu ziehen. Denn »[w]as beim sexuellen Symbolismus überrascht, ist nicht seine Armut, sondern sein Reichtum, besonders, wenn man die Untersuchung auf zweideutige Fälle wie Hermaphroditen oder Transvestiten und auf Fälle der Verkehrung wie im Karneval oder bei Ritualen ausweitet. Ich würde erwarten, dass einige dieser Symbole nicht nur dazu benutzt werden konnten, um Frauen unten und Männer oben, Frauen drinnen und Männer draußen zu halten, sondern daß man sie auch umdrehen konnte, so dass sie die Grenzlinien zwischen diesen Orten bedrohten und ein ganz unordentliches und aufsässiges Verhalten rechtfertigten«(ebd.: 130 f.).

Woman on top

Daraus entwickelt Davis allgemeine Überlegungen darüber, welcher Stellenwert Geschlechtersymbolen innerhalb von kulturellen Systemen zukommt. Sie geht davon aus, dass »Behauptungen und Gegenbehauptungen über geschlechtsspezifische Charaktereigenschaften […] Fragen nicht nur über die tatsächliche Art männlichen und weiblichen Verhaltens im vorindustriellen Europa aufwerfen, sondern auch über den unterschiedlichen Gebrauch der Geschlechtersymbolik« (ebd.: 139). Dies demonstriert sie am Beispiel der *woman on top* (der »aufsässigen Frau«), einer in der vormodernen (Karnevals-)Kultur gerne zitierten und repräsentierten Symbolisierung von »verkehrter Welt« (Davis 1987a). Während aber Ethnologen traditionell der Auffassung waren, dass die Geschlechtsrollenumkehrung in einer hierarchischen Gesellschaft »letztlich, wie andere Riten und Zeremonien der Umkehrung auch, eine Quelle der Ordnung und Stabilität sind«, geht Davis im Gegenteil von der Vieldeutigkeit von Bildern und Symbolisierungen aus. Das gilt auch für das Bild der Unordnung stiftenden Frau; ihrer Meinung nach war es »ein vieldeutiges Bild, das erstens dazu geeignet war, weibliche Verhaltensoptionen innerhalb und auch außerhalb der Ehe zu erweitern, und das zweitens, für Männer und für Frauen gleichermaßen, Aufruhr und politischen Ungehorsam in einer Gesellschaft zu legitimieren vermochte, die den unteren Schichten wenig formale Protestmöglichkeiten einräumte. […] So betrachtet, könnte die aufsässige Frau sogar Innovationen in historischer Theorie und politischem Verhalten begünstigen« (ebd.: 143).

Dieses »Spiel« funktionierte allerdings nur so lange, wie erstens »die Geschlechtersymbolik eng mit Fragen der Ordnung und Unterordnung verbunden war, wobei das niedrigere weibliche Geschlecht als das zügellose und lüsterne verstanden wurde, und zweitens, solange der Anreiz zum Spiel mit der Rollenumkehrung ein doppelter war – nämlich traditionelle hierarchische Strukturen und umstrittene Veränderungen der Machtverteilung in Familie und Politik«. Beides ging auf dem Weg in das Industriezeitalter verloren, denn »die aufsässige Frau erneuerte die alten Systeme, aber sie trug auch dazu bei, sie in etwas Neues zu verwandeln« (ebd.: 169 f.).

Ähnliche Überlegungen hat in jüngerer Zeit auch die Mediävistin Caroline Walker Bynum angestellt mit Blick auf die »dominanten Symbole« und die Bilder von Statusumkehrung und Statuserhöhung in religiösen Texten des Mittelalters. Auch ihr geht es dabei um Geschlechtersymbole. Ausgehend von religiösen Autobiographien von Männern und Frauen des Mittelalters, die sie mit Hilfe der theoretischen Überlegungen des Ethnologen Victor Turner liest, stellt sie fest, dass »Statusumkehrung oder Statuserhöhung« wohl weniger ein universales Bedeutungsmoment sind, »das alle menschlichen Wesen in ihren sozialen Dramen benötigen, als vielmehr ein Ausbruch derjenigen, die die Bürde der hohen Ränge innerhalb der Sozialstruktur tragen und auch deren Vorzüge genießen« (Bynum 1996a: 29). Während nämlich weibliche Religiosen des Mittelalters Geschichten erzählen, die »tatsächlich weniger prozeßhaft sind als die der Männer«, finden sich in religiösen (Auto-)Biographien von Männern diverse Formen der Statusumkehrung bzw. der Liminalität, das heißt des Übergangs von einem Status zu einem anderen, wie Bekehrung, Reintegration und Triumph. Daraus folgert Bynum, dass entweder »die religiöse Haltung der Frauen [...] dauernd liminal sein muß oder das liminale Stadium nie erreicht« (ebd.: 30 f.). Da eine solche Überlegung wenig Sinn macht, schließt sie aus ihrem Befund, Turners Konzept von »Liminalität« sei »male gendered« – also männlich markiert bzw. orientiert. Dies bedeutet, dass es offenbar nur den statushöheren Männern zustand, mit der hierarchisierten Geschlechtersymbolik zu spielen, sie umzukehren, umzudeuten und schließlich wieder in Kraft zu setzen. Diese Erkenntnis wirft ein kritisches Licht auf Davis' Überlegungen zur »aufsässigen Frau« – es belegt nämlich den für Frauen deutlich kleineren Handlungsspielraum in Fragen der Definition und Nutzung kultureller Symbole. Dies würde einerseits den bisweilen sehr harschen Umgang mit weiblichen Transvestiten in der Frühen Neuzeit erklären (vgl. Dekker/Pol 1989; vgl. auch Epstein/Straub 1991) und es dürfte andererseits mit ein Grund dafür sein, dass Frauen in der Frühen Neuzeit tatsächlich in mancher Hinsicht an Autorität eingebüßt haben, eine These, die – bei aller Vorsicht gegenüber vorschnellen Verallgemeinerungen – auch Olwen Hufton in ihrem Überblick

Caroline Walker Bynum

über »Frauenleben« in der europäischen Geschichte von 1500 bis 1800 vertritt (Hufton 1998: 660–687). Davon unbenommen ist jedoch die allen diesen Forschungen gemeinsame Überlegung, dass Geschlechtersymbole zu keiner Zeit statisch und eindeutig waren, sondern dass ihnen eine Vielzahl (durchaus auch einander widersprechender) Bedeutungen innewohnt, die es in dieser Vielfalt und Widersprüchlichkeit zu entziffern gilt, um nicht falsche Schlüsse aus ihnen zu ziehen.

3.6 Geschlechtsidentitäten im Wandel

In vielen Untersuchungen zur Ideen- und Diskursgeschichte der Zweigeschlechtlichkeit, deren Interesse stark auf die Vorgeschichte moderner naturwissenschaftlich geprägter Geschlechterkonzepte gerichtet ist, kommt die Tatsache viel zu kurz, dass es im vormodernen Europa einen anderen und wirksameren epistemologischen Rahmen zur Festschreibung von Geschlechterhierarchien gab als den medizinisch-naturwissenschaftlichen, nämlich den der Religion. Der Rückbezug auf biblische Modelle (vor allem die Schöpfungsgeschichte und die Geschichte des Sündenfalls) war für die vormoderne Geschlechterordnung ein mindestens ebenso autoritatives Modell für die Unterwerfung der Frau unter den Mann wie die Bezugnahme der neuzeitlichen Wissenschaften auf »die Natur«. Dies lässt sich etwa am stark theologischen Gehalt der frühneuzeitlichen Schriften zur Verteidigung des weiblichen Geschlechts bzw. zur Forderung nach Geschlechtergleichheit ablesen, die seit der Renaissance in praktisch allen europäischen Ländern kursierten (vgl. Bock/Zimmermann 1997, sowie Kap. 7). An der Produktion und Diffusion solcher Schriften waren im Übrigen nicht selten auch Frauen beteiligt, worauf etwa Britta Rang aufmerksam gemacht hat, die gegenüber dem »Langzeitphänomen« des dualistischen Denkens über Mann und Frau darauf besteht, auch den Protest, die Gegenargumente und die Widerstände nicht völlig zu vernachlässigen (Rang 1986).

Doch waren Vokabeln wie ›männlich‹ und ›weiblich‹ je etwas

anderes (und sind sie heute etwas anderes) als Hilfskonstruktionen? In der Tat spricht gegen eine allzu starre Festschreibung von »Weiblichkeit« und weiblichen Identitäten vor allem die historische Evidenz selbst. Begriffsgeschichtliche Untersuchungen lassen nämlich keinen Zweifel daran, dass ein eindeutiger und sozial homogener Begriff »Frau« eine historisch späte Errungenschaft war, in die sukzessive zunächst kulturalistische und etwas später dann auch biologistische Vorstellungen eingegangen sind. Die zunächst sehr stark sozial differenzierenden Bezeichnungen wie »Frau«, »Weib«, »Frauenzimmer« oder »Fräulein«, »Mädchen«, »Metze« oder »das Mensch« gingen sukzessive verloren bzw. wurden eingeebnet in einen rein geschlechtlich konnotierten Begriff »Frau«. Zuletzt blieb bei der Anrede nur noch die Unterscheidung der unverheirateten (»Fräulein«) von der verheirateten Frau übrig – die übrigens beide ihre ehemalige Zuordnung zum »höheren Stand« eingebüßt haben (vgl. Opitz 2003).

Insofern ist es in gewisser Weise ahistorisch, den Angehörigen des weiblichen Geschlechts in der Vergangenheit eine eindeutige »weibliche Identität« zuzuschreiben. In der historischen Geschlechterforschung haben sich nicht zuletzt deshalb in jüngerer Zeit vermehrt kritische Stimmen erhoben, die mit Joan Scott und Judith Butler »weibliche (oder männliche) Identität« allenfalls als Inszenierungen und somit in erster Linie als Strategie einer Identitätspolitik verstehen (vgl. Scott 1993; 1994).

Unter Identität wird, nach Erik Erikson, »die unmittelbare Wahrnehmung der eigenen Gleichheit und Kontinuität in der Zeit und die damit verbundene Wahrnehmung, dass auch andere diese Gleichheit und Kontinuität erkennen«, verstanden (Erikson 1980: 18). Während in einer stark soziobiologisch geprägten Theorietradition Geschlechtsidentität als »angeborene« Konsequenz der physischen Ausstattung des Menschen gilt, wird in der kultur- und gesellschaftswissenschaftlichen Perspektive die Geschlechtsidentität als gleichsam subjektive Aneignung von und Anpassung an geschlechtsspezifische Normen und Modelle verstanden; im »postmodernen« Kontext der *queer studies* ist sogar von vielfältigen Identitäten die Rede, eigentlich ein Widerspruch in sich. Traditionell fixierte Identitäten können in dieser Theorietradition »subversiv unterwandert« und dadurch aufgelöst und entwertet werden (vgl. Butler 1991; 1997).

Die Frage nach Authentizität und geschlechtlicher Identität von Personen wäre damit irrelevant geworden. Hieraus ergeben sich aber auch neue Fragen, insbesondere im Angesicht moderner Reproduktionstechnologien. Aber auch die Frage nach gesellschaftlichen Zwängen und Institutionen der »Zurichtung« von Menschen zu Frauen und Männern gerät dadurch tendenziell aus dem Blick (vgl. dazu Kap. 2). So halten denn viele Geschlechterhistorikerinnen lieber am Identitätskonzept fest, allerdings in einer etwas modifizierten Form. Sie gehen davon aus, dass geschlechtsspezifische Sozialisation ebenso wie männliche und weibliche Rollenzwänge Menschen beiderlei Geschlechts dergestalt prägen, dass sie sich zumindest ein Stück weit mit diesen Rollenvorgaben identifizieren und diese damit auch »realisieren«. Dabei können die Prozesse und Zwänge, die zu differenten Geschlechtsidentitäten führen, historisch stark variieren – und auch die Ergebnisse dieser Identifikationsprozesse sind vielfältig und historisch wandelbar. Heide Wunder zum Beispiel hat für die Erforschung vormoderner (Geschlechts-)Identitäten folgenden Arbeitsbegriff definiert:

»Brauchbar scheint mir, nach der Art des Selbstbezugs zu fragen, in der die Zugehörigkeit zu einem Geschlecht im engeren Sinn einen wichtigen Bestandteil der Selbstwahrnehmung und des Selbstbewusstseins darstellt. Einerseits geht es dabei um die Selbstwahrnehmung, gespiegelt in der Fremdwahrnehmung, sowie um die ständige Auseinandersetzung mit normativ eingeforderter Eindeutigkeit der Geschlechtszugehörigkeit, andererseits um den Bezug zu einem Vorstellungshorizont, in dem die Heilsgeschichte der ideale Bezugspunkt der Lebensgeschichte war. Weniger abstrakt ließe sich nach der Geschlechtsbewusstheit von Frauen und Männern fragen, die eine kritische Distanz zu normativ und sozial geprägten Geschlechterrollen dokumentiert« (Wunder 1992: 133).

3.7 Kritik des Geschlechterrollen-Konzepts

Mit diesem Programm wird das Konzept der Geschlechterrollen als zentraler Bezugspunkt für (historische) Geschlechtsidentität definiert. Tatsächlich spielte dieses Konzept vor allem in der sozialwissenschaftlich orientierten Geschlechterforschung bis vor kurzem eine wichtige Rolle, wird aber in den letzten Jahren mit wachsender Skepsis betrachtet.

> Nach Robert Connell gibt es zwei Möglichkeiten, das Rollenkonzept mit Geschlecht zu verbinden: »Einerseits kann man Rollen als abhängig von bestimmten Situationen betrachten [...]. Sehr viel gebräuchlicher ist die zweite Möglichkeit, wo man Mannsein und Frausein als ein Bündel allgemeiner Erwartungen versteht, das dem biologischen Geschlecht anhaftet – die Geschlechtsrolle. Bei diesem Ansatz gibt es in jedem kulturellen Kontext immer zwei Geschlechtsrollen, eine männliche und eine weibliche. Männlichkeit und Weiblichkeit werden dabei als die verinnerlichten Geschlechtsrollen betrachtet, als Folge sozialen Lernens bzw. ›Sozialisation‹« (Connell 1999: 41).

Kritisiert wird am Konzept der Geschlechterrolle vor allem, dass es, mehr noch als das der Geschlechtsidentität, gerne mit einer biologisch begründeten Perspektive der Zweigeschlechtlichkeit verbunden wird. In der historischen Geschlechterforschung wurden Geschlechterrollen dagegen in der Regel als gesellschaftlich determiniert und damit als historisch veränderlich konzipiert. An ihnen interessierte vor allem die Variationsbreite an Rollenvorgaben, die von verschiedensten gesellschaftlichen Definitions- und Wandlungsprozessen bedingt sind, weniger individuelle Normverstöße, die ja in der Debatte über Geschlechtsidentitäten eine zentrale Rolle spielen. Dadurch konnte die Beschäftigung mit Geschlechterrollen (vor allem mit der weiblichen) zu einer Form von kritischer Gesellschaftsforschung führen, wie sie insbesondere die feministische (Frauen-)Forschung vorangetrieben hat. Heute wird gegenüber dieser Forschungstradition kritisch konstatiert, dass kaum versucht wurde, die Auswirkungen von Normen und Erwartungen in der sozialen Wirklichkeit tatsächlich zu erforschen, sondern man nahm schlichtweg an, dass gesellschaftliche Normsetzung »funktionierte« bzw. wirkte. *Kritik*

Connell fügt noch weitere Argumente an, die gegen das Konzept »Geschlechtsrolle« sprechen – so etwa, dass zu viele verschiedene Aspekte des gesellschaftlichen Lebens unterschiedslos neben- *Robert Connell* einandergestellt werden, aber auch, dass Machtgefälle und -regime nicht angemessen mitgedacht werden können. Dennoch ist er der Meinung, dass das Rollenkonzept in gewissen Forschungskontexten weiterhin nützlich sein kann: »[Es] eignet sich für Situationen, in denen (a) nach gut definierten Skripts gehandelt wird, (b) es klare Adressaten des Verhaltens gibt und (c) nicht zu viel auf dem Spiel steht (damit eine Art Inszenierung die hauptsächliche soziale Aktivität darstellen kann)« (Connell 1999: 45). Für die Geschlechterforschung sieht Connell aber diese Bedingungen nicht erfüllt, denn »die Gleichsetzung von Geschlechtsunterschieden mit Geschlechtsrollen führt zu einem Kategoriendenken, bei dem das soziale Geschlecht auf zwei homogene Kategorien reduziert wird. Geschlechtsrollen sind als komplementär definiert und Polarisierung ist ein notwendiger Teil des Konzepts. Dies führt zu einer Fehlinterpretation der sozialen Realität, die Unterschiede zwischen Männern und Frauen werden übertrieben wahrgenommen, während Strukturen anderer Art, wie Rasse, Klasse oder Sexualität, vernachlässigt werden« (ebd.: 45 f.).

Connell plädiert deshalb dafür, das Geschlechterrollen-Konzept aus der Geschlechterforschung zu verabschieden; zumindest jedoch müsste eine klare Unterscheidung zwischen Erwartungen an und Verhalten von vergeschlechtlichten Individuen getroffen werden. Dies aber ist mit Konzepten wie »Geschlechterbilder« oder »Geschlechterdifferenzen« einerseits und »Geschlechtsidentitäten« andererseits besser zu gewährleisten als mit dem tendenziell biologistisch belasteten Geschlechterrollen-Konzept. Doch müssen dabei immer auch die innergeschlechtlichen Differenzierungen mitbedacht werden, ganz im Sinne von Andrea Griesebners Definition von »Geschlecht als mehrfach relationaler Kategorie« (Griesebner 1998; vgl. Kap. 2). Neben sozialen Unterschieden sind dies etwa kulturelle, ethnische und religiöse Unterschiede – und deren wechselseitige Dynamiken. Diese sind dann mit Blick auf die komplexen Prozesse historischen Wandels weiter auszudifferenzieren und zu analysieren (vgl. Davis 1998; Mommertz/Opitz 2008).

4. Klasse, Stand und Geschlecht

»Klasse« war als zentrale Kategorie der Sozialgeschichte auch für die Frauen- und Geschlechtergeschichte von zentraler Bedeutung.

> Unter »Klasse« versteht man eine soziale Gruppe, »deren Mitglieder durch eine gleiche ökonomische und soziale Lage, durch gemeinsame Interessen und Erfahrungen verbunden sind. Als analytische Kategorie bezieht [der Begriff] sich immer auf Gesellschaften, deren Strukturen durch ein hohes Maß an sozialer Ungleichheit gekennzeichnet sind und daher als ›Klassengesellschaften‹ angesprochen werden können« (Asendorf u. a. 1994: 376 f.).

Der Begriff stammt aus dem 18. Jahrhundert und lehnte sich ursprünglich stark an den Begriff »Stand« an. Erst im 19. Jahrhundert und seit Marx wurde er als zentrale analytische Kategorie einer kritischen Sozialforschung genutzt sowie zur Erklärung der geschichtlichen Abfolge der Gesellschaftsformationen herangezogen, was allerdings schon länger zu heftigen Kontroversen Anlass gibt. Zudem bleibt die Unterscheidung von »Klasse an sich und für sich«, die Marx in Anlehnung an Hegel in die Debatte einbrachte, virulent, da sich hierdurch objektive »Klassenlage« und subjektives »Klassenbewusstsein« voneinander abgrenzen, aber ebenso miteinander in Beziehung setzen lassen.

So auch innerhalb der Frauenforschung. Fraglich war hier, ob Frauen als »Klasse« verstanden werden können, ob sie sich selbst so verstanden haben und wie sich Frauen als soziale Gruppe in das Kategoriensystem der Sozialgeschichte einfügen lassen. Oder ist nicht vielmehr dieses System so »androzentrisch«, also auf Männer (-gruppen) zugeschnitten, dass Frauen dort nur dann einen Platz einnehmen können, wenn das System grundlegend verändert bzw. die Sozialgeschichte zur Geschlechtergeschichte umgebaut wird?

Wie im Folgenden gezeigt werden soll, hat sich diese Frage für die Frauen- und Geschlechterforschung als methodisch äußerst anregend erwiesen und sie ist für die Sozialgeschichte zu einer grundsätzlichen Herausforderung geworden. Schlussendlich hat sich hier die Erkenntnis durchgesetzt, dass die systematische Bearbeitung der Geschlechterdimension nur in einer erheblich veränderten Sozialgeschichte möglich und sinnvoll ist, die auch Anleihen an den *linguistic turn* bzw. an die »postmoderne« Kritik wissenschaftlicher Kategorienbildungen nicht zurückweist.

Das bedeutet zum einen, Frauen (und Männer) nicht als homogene soziale Gruppe(n) zu begreifen, sondern eher von Individuen und deren Identitäten und Identifikationen her zu denken. Diese sind durch vielfältige Einflüsse und »Diskurse« konstituiert oder zumindest immer sowohl Teil einer Klasse wie eines Geschlechts, einer Ethnie oder einer religiösen Gruppierung usw. Damit gehören sie gleichzeitig diversen sozialen Kategorien an, weshalb sich die Frage der je spezifischen Relevanzen als besondere methodologische Herausforderung an die Forscherinnen und Forscher stellt.

Das bedeutet des Weiteren, dass sich historische Identifizierungs- und Machtprozesse nicht einseitig an einer dieser Kategorien ausrichten lassen, sondern immer im Zusammenwirken von vielfältigen Differenzkategorien wie sozialer Status, Ethnie und Geschlecht bestehen. Schließlich zeigt die Diskussion um Frauenarbeit und geschlechtsspezifische Arbeitsteilung, wie Sozial- und Geschlechtergeschichte gemeinsam in eine Analyse und Beschreibung längerfristiger ökonomischer und gesellschaftlicher Wandlungsprozesse einmünden können.

4.1 Frauen als (ausgebeutete) »Klasse«?

Für die Frage, wie Frauen als soziale Gruppe und ihre geschlechtsspezifische Unterdrückung adäquat zu konzipieren wären, bietet die marxistisch-sozialistische Theorie Ansatzpunkte, wo – jedenfalls bei einigen Theoretikern – Frauenunterdrückung und die Unterdrückung des Proletariats parallel gesetzt werden. So beginnt etwa August Bebel seine Abhandlung zum Thema *Die Frau und der Sozialismus* mit der Feststellung: »Frau und Arbeiter haben gemein, Unterdrückte zu sein.« Und weiter: »Alle soziale Abhängigkeit und Unterdrückung wurzelt in der ökonomischen Abhängigkeit des Unterdrückten vom Unterdrücker« – und in dieser Lage »befindet sich von früher Zeit an die Frau, das zeigt uns die Geschichte der Entwicklung der menschlichen Gesellschaft« (Bebel 1873: 35 f., siehe auch Quelle Nr. 10 unter www.*historische-einfuehrungen.de*). Diese zumindest Parallel-, wenn nicht gar Gleichsetzung von Frauenunterdrückung und Unterdrückung der Arbeiterschaft finde sich, so Bebel, auch bezüglich ihrer Bewusstwerdung und Bekämpfung durch die Arbeiter- respektive Frauenbewegung.

Diese Erkenntnis war insofern bedeutsam, als sie einherging mit der Überzeugung, das hierarchische Verhältnis der Geschlechter sei im Laufe der Geschichte entstanden und durchaus kein »natürliches«, ewiges und damit unabänderliches. So bot sich diese Theorietradition auch einer feministischen Bewegung an, die gegen den Mythos einer natürlichen Ungleichheit der Geschlechter die radikale Forderung nach Gleichheit stellte. Nicht zuletzt, weil gleichzeitig in praktisch allen Befreiungsbewegungen (neben den Studentenbewegungen in Frankreich und Deutschland zum Beispiel auch in der US-amerikanischen Bürgerrechtsbewegung) marxistisches Gedankengut zum Schrittmacher der politischen Strategie avanciert war, wurden marxistische Begrifflichkeiten und marxistische Geschichtsphilosophie auch in der Frauenbewegung zu einem wichtigen argumentativen Bezugssystem (vgl. Tilly 2002: 45). Der Begriff der Klasse, verbunden mit Konzepten wie »Produktion(smittel)«, »Produktivität« und »Arbeit«, aber auch mit »Klassenherrschaft«, »Unterdrückung« und »Ausbeutung«, erhielt im feministischen Kontext eine zentrale Bedeutung. Dass Frauen unterdrückt und ausgebeutet waren, stand für die Feministinnen der 1960er und 1970er Jahre außer Zweifel. Fraglich war jedoch, wie diese Unterdrückung genau funktionierte – und wie sie infolgedessen bekämpft werden konnte und sollte, zumal weibliche Unterdrückung ganz offensichtlich nicht nur im (industriellen) Arbeitsleben, sondern ebenso im familiären Alltag stattfand.

Joan Kelly-Gadol Dass die marxistische Methodologie auch für die Analyse von Geschlechterbeziehungen sinnvoll genutzt werden könnte, davon waren die meisten feministischen Forscherinnen der ersten Generation fest überzeugt, unter ihnen Joan Kelly-Gadol. Sie schrieb 1976: »Wie immer auch das produktive System einer Gesellschaft organisiert ist, es funktioniert, wie Marx festgestellt hat, als kontinuierlicher Prozeß, der sich selbst reproduziert [...]. Als kontinuierlicher Prozeß (was Marx unter Reproduktion verstand) schließt die produktive gesellschaftliche Arbeit auch die Fortpflanzung und Sozialisation der Kinder ein, die ihre Plätze innerhalb der sozialen Ordnung finden müssen. Ich denke nun, dass die Beziehung der Geschlechter durch die Art und Weise geformt wird, in der die Arbeit der Fortpflanzung und Sozialisation im Verhältnis zu solcher Arbeit organisiert ist, die zu Produkten für die Subsistenz und/oder den Tausch führt« (Kelly-Gadol 1989: 28). Es gibt also eine klassenspezifische Ausbeutung in der Sphäre der »Produktion« und eine geschlechtsspezifische in der Sphäre der »Reproduktion«, denn »das Patriarchat ist zu Hause zu Hause« (ebd.).

Weibliche Lohnarbeit und Familienarbeit Die meisten anderen Forscherinnen haben sich infolgedessen sehr für die Situation von (lohn-)arbeitenden Frauen bzw. Arbeiterinnen interessiert, allerdings sowohl in der Arbeitswelt wie im familiären Kontext. Frauengeschichte bedeutete insofern eine Öffnung der Sozialgeschichte hin zur Geschichte der Familie, der Reproduktion, der Sexualität, der unbezahlten Arbeit usw.

Die Kategorie der »Klasse« wurde ihrerseits im Rahmen der Frauengeschichte der Kategorie »Geschlecht« bisweilen untergeordnet, nicht selten aber auch vorangestellt, je nach Forschungsinteresse und -gebiet. Wie in der Sozialgeschichte, so erfuhr sie auch in der Frauengeschichte darüber hinaus eine permanente Revision und Reformulierung. »Klasse« bezog sich im sozial- wie im frauengeschichtlichen Kontext zunächst vor allem auf die »Position [von Gruppen] im Produktionsprozess« bzw., davon ausgehend, »auf die individuelle oder kollektive Position in einer Hierarchie aus Prestige, Reichtum und/oder Macht« (Tilly 2002:

45). Unter dem Einfluss des englischen marxistischen Historikers E. P. Thompson und seiner wegweisenden Studie über *The Making of the English Working Class* (erstmals 1963 erschienen) verschob sich die Definition in Richtung auf Identifikationsprozesse und »Identitäten« – also in Richtung auf die subjektive Dimension von Unterdrückung, Ausbeutung und Rechtlosigkeit. Zentral war dabei die Frage, wann, warum und wie Gruppen (Arbeiter/ Arbeiterinnen/Frauen ganz allgemein) begannen, sich gegen die erfahrene Rechtlosigkeit und Ausbeutung zur Wehr zu setzen (zur Geschichte der Frauenbewegung(en) siehe auch Kap. 7).

Mit Blick auf das vielschichtige Wechselverhältnis von »Klasse« und »Geschlecht« verlagerte sich das Interesse der Forscherinnen der zweiten Generation feministischer Geschichtswissenschaftlerinnen darauf, das komplexe Gefüge von Differenzen und Hierarchien zwischen Frauen und Männern, aber auch zwischen Frauen und Frauen zu untersuchen (vgl. Barrett 1982; Newton 1983). Ausgehend von der Kritik an »androzentrischen«, »geschlechtsblinden« bzw. Frauen ausschließenden Konzeptualisierungen von »Klasse« wurde nun versucht, neue Definitionen zu entwickeln, mit dem Ziel, solchen Ausschlussmechanismen entgegenzuwirken und dadurch Frauen und Geschlechterbeziehungen in die Geschichte von Klassenbeziehungen und -kämpfen zu integrieren (vgl. Barrow u. a. 1999; Scott/Tilly 1991; für Deutschland: Canning 1988; Wierling 1987; Daniel 1989; Hagemann 1990).

Eine der Wortführerinnen dieser Rekonzeptualisierung war Joan Scott. Ihrer Auffassung nach ist die Frage der Klassenzugehörigkeit und des Klassenbewusstseins von Frauen mehr als eine Frage von »allgemeinen« Strukturen oder Ideologien. Vielmehr sind beide Voraussetzung wie Grundlage von (Arbeits-)Erfahrungen, die in ständig wechselnden und je nach Zeit, Raum und Gruppierungen variierenden, neu auszuhandelnden (politischen) Diskursen verankert sind. Dabei versteht Scott unter »politisch« nicht notwendigerweise Auseinandersetzungen um formale politische Partizipation, sondern Kämpfe um Macht und Wissen bezüglich Wahlrecht, Arbeit, Familie und Geschlecht. Sie fragt: Wie waren Vorstellungen von Familie und Geschlechterdifferenz in die Diskussion über Ökonomie, Arbeitsteilung oder Handel

Weibliches Klassenbewusstsein

involviert? Und was hatte das mit der Frage des Wahlrechts zu tun? Scott geht davon aus, dass Arbeiter(innen)identität nicht unmittelbar aus Produktionsbeziehungen hervorgeht und dass es auch nicht sinnvoll ist, wie dies E. P. Thompson getan hatte, hierfür ausschließlich auf Selbstdefinitionen von Arbeiterinnen zurückzugreifen. Für die Formulierung solcher Selbstdefinitionen bedarf es laut Scott äußerer Einflüsse – »Diskurse« –, die nach Geschlecht differenziert waren, und in denen in vielfältiger Weise Geschlechterdifferenz in den jeweiligen Wertvorstellungen und Strategien mitthematisiert wurde und »mitspielte« (Scott 1999: 1–11). Dies zeigt Scott anhand eines Fallbeispiels über Arbeiterinnen und Arbeiter im Pariser Schneidergewerbe zwischen 1830 und 1840, wo Männer und Frauen etwa dieselben Voraussetzungen hinsichtlich Ausbildung und Arbeitsbedingungen mitbrachten. Überdies stellte das Schneiderhandwerk eine der größten Branchen der Zeit dar und war in einem rapiden Wandel begriffen, von der Maß- zur Konfektionsschneiderei. Deutlich wird hier, dass in den Selbstdefinitionen und Identitäten der Pariser Schneiderinnen und Schneider Familienbilder und Geschlechterdifferenz eine zentrale Rolle spielten, über alle sonstigen theoretischen und strategischen Unterschiede hinweg (ebd.: 93–112).

Leonore Davidoff/ Catherine Hall

Geschlecht(erdifferenz) war insofern, so lautet Scotts Fazit, zentral nicht nur für die Positionierung von Frauen innerhalb der gesellschaftlichen Diskurse und der politischen Auseinandersetzungen, sondern, darüber hinaus, für die Konstituierung von »Klassenbewusstsein« und damit letztlich auch für das Konzept »Klasse« ganz generell. Zu ähnlichen Erkenntnissen kamen die englischen Sozialhistorikerinnen Leonore Davidoff und Catherine Hall. Sie betonen in ihrem wegweisenden Buch über das englische Bürgertum den wechselseitigen Einfluss von Geschlecht und Klasse und zeigen, dass »Klassenbewusstsein immer geschlechtstypisch geprägt [ist] und dass Geschlecht (auch) immer eine Klassendimension [hat]« (Davidoff/Hall 1987; vgl. dazu auch Poovey 1988). Ihre Analyse führt von starren Dichotomien und Hierarchisierungen weg und macht deutlich, wie »Klasse« in ihren Erscheinungsformen als soziale Identität und als konzeptionelle Kategorie durch »Geschlecht« transformiert wurde. In einem 1993 publizierten programmatischen Artikel betont Leonore Davidoff erneut die Notwendigkeit, den Klassenbegriff feministisch und »kulturalistisch« zu erweitern. Davidoff sieht diverse Probleme im traditionellen Klassenkonzept: Zunächst die Trennung zwischen Kopf- und Handarbeit, die in gewisser Weise quer liegt zur körper- und damit geschlechtslosen Definition von »Arbeitskraft«. Daraus folgt, »dass, wenn Frauen als Kategorie (und speziell verheiratete Frauen) außerhalb der Basis der kapitalistischen Produktionsweise stehen, sie – zumindest in direkter Form – niemals Teil der Klassenstruktur und, dementsprechend, des Klassenkampfes werden können« (Davidoff 1993: 24 f.).

Ein weiteres Defizit sieht sie in der Dimension der Konsumtion, die getrennt gedacht wird von der Produktion, was ebenfalls vielfältige geschlechtergeschichtliche Voraussetzungen und Konsequenzen hat. Infolge ihrer Beobachtungen, die deutlich machen, wie die Vereindeutigung des Klassenbegriffs nicht nur die Geschlechterdimension vernachlässigt, sondern auch anderen Widersprüchen innerhalb der gesellschaftlichen Praxis nicht gerecht werden kann, schlägt sie vor, »Klasse« als eine »vielfach relationale« Kategorie zu sehen, da das Verhältnis zum Beispiel von Mittelschichtfrauen zu solchen der Arbeiterklasse ein anderes war als das zu den Männern ihrer eigenen oder auch zu denjenigen der niedrigeren Klasse; ihr Verhältnis zu Handarbeit(en) war ein anderes als zu Kopfarbeit(en), zur Konsumtion ein anderes als dasjenige der Arbeiterinnen usw. »Diese komplexen Verbindungen verlangen nach einer Rekonzeptualisierung von sozial bedingten Hierarchien, die mehr einschließt als das eng begrenzte Klassenmodell. Die Nuancen der relationalen Statusaspekte müssen als zentraler Angelpunkt von Gruppeninteraktionen begriffen werden, die unter Umständen traditionelle ›Klassen‹-grenzen überschreiten können« (ebd.: 8). Daraus ergibt sich in ihren Augen die Notwendigkeit, »die Kategorien *Männer* und *Frauen* als Teil eines Statussystems neu zu überdenken. Das umso mehr, als es der Status – das heißt ein Bündel von Zuschreibungen, das Menschen spezifische Gruppenidentität sichert und sie von anderen unterscheidet – ist, der letztlich die Lebenschancen von Individuen und Gruppen determiniert« (ebd.: 29).

Kulturfrauen und Geschäftsmänner

Auch in der deutschsprachigen sozialhistorischen Forschung kommt dem Konzept »Klasse« eine zentrale Bedeutung zu. Auch hier allerdings wurde es lange Zeit unter Ausblendung der Geschlechterdimension gebraucht. Klasse bildete hier »eine heuristische Konstruktion, nach der die Zugehörigkeit einer Person zu einer sozialen Klasse zentral über ihre ökonomischen Lebenschancen, ihren soziokulturellen Habitus und ihren politischen Erwartungshorizont entscheidet«, wie Ute Frevert kritisiert (Frevert 1995: 134). In der Regel wurde bei der Definition sozialer Klassen »der Zugang zu marktvermittelten Erwerbschancen« betont – so dass zum Beispiel das Bildungsbürgertum durch seine Verfügung über »Bildungspatente«, das Wirtschaftsbürgertum über »Eigentumsrechte« und die Arbeiterklasse über den Mangel an eben solchen charakterisiert werden konnte. Frauen mit ihrer sehr anderen Geschichte von Bildungszugang und Professionalisierung (vgl. Kap. 3) fallen aus einer solchen Kategorienbildung *per definitionem* heraus. Diese erweist sich somit als »geschlechtsblind« – und zudem verschleiern solche Definitionen und damit verwandte Forschungshypothesen die Bedeutung, die *beiden* Geschlechtern im Prozess der Klassenbildung zukam.

Frevert geht für ihre Arbeiten deshalb von der Annahme aus, dass »1. die Klassenzugehörigkeit über die Art und Weise sowie über den Grad befindet, wie sich Geschlechtsidentität bei Frauen und Männern abbildet und 2. die Geschlechtszugehörigkeit über die Art und Weise sowie über den Grad entscheidet, wie sich Klassenidentität ausprägt« (ebd.: 139). Sie greift damit die Überlegungen von Davidoff auf und zeigt im Folgenden, dass gerade die ausgeprägte Differenz zwischen Frauen und Männern, zwischen Weiblichkeit und Männlichkeit, eines der wichtigsten Erkennungs- und Distinktionsmerkmale des Bürgertums im späten 18. und im 19. Jahrhundert darstellte, wodurch es sich von anderen sozialen Klassen und Schichten zu unterscheiden suchte. Und mehr noch: So wichtig und allgegenwärtig war die Unterscheidung nach dem Geschlecht für Menschen jener Epoche, »daß sie sogar auf Verhältnisse und Kategorien aus ganz anderen ›Sphären‹ übertragen wurde. Selbst nationale, historische und sozialstrukturelle Differenzen wurden häufig in Geschlechterbegriffen ausgedrückt und damit sowohl verstärkt als auch ideologisch klassifiziert« (ebd.: 141).

Dies führte letztlich dazu, so Frevert, dass sich Menschen je nach Geschlechtszugehörigkeit mit »ihrer« Klasse auf ganz unterschiedliche Weise und mit unterschiedlicher Intensität identifizierten. »Bei bürgerlichen Männern, die durch ihre ökonomische Funktion und Marktposition engstens mit dem Fundament sozialer ›Klassifizierung‹ verbunden sind, ist eine Klassenidentität vermutlich sehr viel stärker ausgeprägt als bei bürgerlichen Frauen, die aufgrund ihres Geschlechts von jenen Märkten ferngehalten werden« (ebd.: 142). Dies konnte sich einerseits dahingehend auswirken, dass (bürgerliche) Frauen in ihrer »Klassenidentität« weniger fixiert und eindeutig waren als Männer – und würde erklären helfen, weshalb es im 19. Jahrhundert zu einer »Feudalisierung« des Bürgertums kam. Diese war, so Frevert, »nicht unwesentlich von Frauen motiviert, angeregt und vorangetrieben [...] die den Erfolg ihrer Männer ästhetisch ummäntelten und seine materiellen Grundlagen kulturell überdeckten« (ebd.: 144). Ihre Studie über »Kulturfrauen und Geschäftsmänner« schließt sie mit der Beobachtung, »dass bürgerliche Frauen mit ihrer Klasse loser verbunden waren als bürgerliche Männer. Blieben letztere, trotz aller Selbstzweifel, ihrer Bürgerlichkeit stets gewiß, wies diese Identität für Frauen ungleich mehr Brüche und Ungereimtheiten auf. Da ihnen das lebenswichtige Elixier bürgerlichen Selbstbewusstseins – die Betonung persönlicher Leistung und Verdienste – fehlte, konnten sie keine analoge soziale Identität ausbilden. Ihre Klassenzugehörigkeit war gleichsam nur geborgt – und ließ sich, vorzugsweise nach ›oben‹, rasch und mühelos austauschen« (ebd.: 165).

Ute Frevert bestätigt damit die Beobachtungen und Schlussfolgerungen Joan Scotts über die konstitutive Bedeutung des »Geschlechts« für die Klassenbildung und -identität. Sie erweitert sie darüber hinaus um die – durch historische Quellenaussagen nahegelegte – Überlegung, dass der Prozess bürgerlicher Klassenbildung »womöglich durch das Geschlechterverhältnis gestört und konterkariert« worden sei. Damit bestehe der Beitrag von Frauen zur Etablierung der bürgerlichen (Klassen-)Gesellschaft nicht allein in einer »affirmativen«, sondern auch in einer die Klassengrenzen »entwertenden« oder zumindest »transzendierenden« Funktion, die ihrerseits maßgeblich zur gesellschaftlichen und damit letztlich zur historischen Dynamik beitragen sollte. Frevert nennt neben den Ambitionen von bürgerlichen Frauen auf sozialen Aufstieg in den Adel vor allem auch deren philantropische Betätigungen, die sie mit Frauen aus der Arbeiterklasse und der Unterschicht zusammenbrachte und ihnen den Weg in ein (sozial)politisches Engagement ebnete. Dies trug letztlich zu einer Formierung der Frauenbewegung mit dem Ziel einer Überwindung der Geschlechterhierarchie bei.

»Geschlecht« läge demnach nicht nur quer zu »Klasse«, sondern Klassendefinition, -bewusstsein und -dynamiken wären grundsätzlich und existentiell als von Geschlechterdynamiken konstituiert zu betrachten, wodurch sich letztendlich die Frage erledigt, welche Dimension des analytischen »Doppelpacks« »Klasse und Geschlecht« »geschichtsmächtiger«, das heißt historiographisch relevanter sei. Erst in der Zusammenschau beider Dimensionen des historischen Wandlungsprozesses wird ein Geschichtsbild erkennbar, das den komplexen gesellschaftlichen und historischen Dynamiken gerecht werden kann (vgl. dazu auch Habermas 2000).

Stand und Geschlecht

Die Kategorie »Klasse«, die an die Etablierung einer (modernen) »bürgerlichen Gesellschaft« gebunden ist, lässt sich nicht unbedingt auf die Zeit vor 1800 anwenden (zumindest, wenn man nicht einer orthodox-marxistischen Geschichtsvorstellung anhängt). Hier müssen also andere Kategorien, wie vor allem die des »Standes«, für die soziale und kulturelle Verortung der Kategorie »Geschlecht« ins Auge gefasst werden. Mit Blick auf vormoderne Gesellschaftsmodelle und deren Logiken hielten etwa Barbara Vogel und Ulrike Weckel in ihrer Einleitung zum 1991 erschienenen Band *Frauen in der Ständegesellschaft* fest:

»Den Zeitgenossinnen und Zeitgenossen der Ständegesellschaft war sehr wohl bewusst, dass ihr Leben nicht nur durch Geburt in eine soziale Schicht und damit verbunden durch ihr Vermögen, ihr gesellschaftliches Ansehen und ihren Beruf geprägt war, sondern auch durch ihr Geschlecht und ihren Familienstand. [...] Die Geschlechtszugehörigkeit bestimmte als eine unter vielen Standesdefinitionen die Alltagserfahrung von Frauen und Männern in der Ständegesellschaft, das heißt sowohl die Differenz der Geschlechter als auch die Differenzen innerhalb der Geschlechter waren für sie eine Selbstverständlichkeit« (Vogel/Weckel 1991: 8 f.).

Umgekehrt galt aber auch das Geschlecht als ein (Geburts-)Stand, der in zeitgenössischen Gesellschaftsmodellen bis weit ins 18. Jahrhundert hinein immer eigens Erwähnung fand. Damit ist zugleich die Erkenntnis verbunden, die Heide Wunder zum Ausdruck brachte, dass nämlich »in der ständischen Gesellschaft die ›Kategorie Geschlecht‹ nicht die universelle Strukturierungskraft wie in der bürgerlichen Gesellschaft des 19. Jahrhunderts besaß. Bis weit in das 18. Jahrhundert hinein war die Wirksamkeit der Geschlechtszugehörigkeit nach Lebensalter, Zivilstand und sozialer Schicht gestuft« (Wunder 1992a: 164 f.). Das bedeutet, dass »in der frühneuzeitlichen Gesellschaft [...] den Ungleichheiten zwischen Frauen und Männern zwar grundlegende Bedeutung« zukam, »gleichwohl gab es keine generelle Unterordnung aller Frauen. Vielmehr galt für die Eheleute ebenso wie für die Mitglieder der verfassten Gemeinden der Grundsatz, dass Freud und Leid zu teilen seien« (ebd.: 165). Solche Vorstellungen waren unter anderem Ausdruck frühneuzeitlicher Vorstellungen von Gerechtigkeit, die sich von der »Gleichheit« in der bürgerlichen Gesellschaft deutlich unterschieden. Vor allem aber waren sie Ausdruck der Idee vom »Ehe- und Arbeitspaar« und der darin niedergelegten wechselseitigen materiellen Abhängigkeit von Ehemann und Ehefrau.

Die Geschlechtervorstellungen führten des Weiteren dazu, dass sich die Lebens- und Rechtsverhältnisse von Frauen verschiedener Stände, aber auch unterschiedlicher Familienstände, deutlich und nachhaltig unterschieden: Zwar besaßen ledige Frauen mehr persönliche Freiheiten, konnten aber – im Unterschied zu den verheirateten Frauen – nicht über eigene Herrschaftsrechte in einem Haushalt verfügen (ebd.). So kann also auf keinen Fall von Frauen generell als »Stand« die Rede sein, wie dies einst Simone de Beauvoir suggerierte, die in *Das andere Geschlecht* die Frau als »Lehnsnehmer« des Mannes bezeichnete (Beauvoir 1949: 14). Vielmehr ist das Verhältnis von »Stand« und »Geschlecht« mindestens so diffizil und vielschichtig wie das von »Klasse« und »Geschlecht«.

4.2 Von der Frauen(erwerbs)arbeit zum »Wirtschaften mit der Geschlechterordnung«

Die Ausbeutung weiblicher Produktions- wie Reproduktionskräfte stand schon von Beginn an im Zentrum der Debatte über »Klasse« und »Geschlecht«. Zwar verlagerte sich, wie gezeigt, das Interesse der Historikerinnen sehr rasch vom Nachweis der universellen Ausbeutung aller Frauen durch »das Patriarchat« hin zu einer differenzierteren Analyse von historisch unterschiedlichen und komplexen Herrschaftsverhältnissen und schließlich zur Frage der Formierung von Klassenidentität und Klassenkämpfen aus weiblicher Sicht bzw. aus der Sicht der Geschlechterforschung. Doch blieb das Interesse an weiblicher (Lohn-)Arbeit und ökonomischer Ausbeutung von Frauen erhalten, zumal die Sozialgeschichte, der sich die Frauengeschichte trotz aller konzeptioneller Kontroversen verbunden fühlte, die Geschichte von Lohnarbeit und, damit einhergehend, von Arbeitskämpfen und Arbeiterbewegung als zentrales Forschungsthema gewählt hatte.

Auch Joan Scott, die Vordenkerin der postmodernen Geschlechtergeschichte, war selbst zunächst Sozialhistorikerin im »klassischen« Sinn gewesen, bevor sie sich der Frauen- und Geschlechtergeschichte zuwandte. Wie vielen Forscherinnen war ihr aufgefallen, dass in den »klassischen« Arbeiten zur Geschichte der Arbeiterschaft und der Arbeiterbewegung die weibliche Seite sträflich vernachlässigt oder gar vollständig vergessen worden war. Dies galt nicht zuletzt auch für die bahnbrechende Studie des englischen Sozialhistorikers E. P. Thompson über *The Making of the English Working Class* von 1966, die mit ihrer neomarxistischen Methodologie mehr als eine Generation von Sozialhistorikerinnen und Sozialhistorikern in ihrem Denken und ihrer Arbeitsweise geprägt hat (Thompson 1980). Scott selbst befand es deshalb für notwendig, deutlich zu machen, dass die Geschichte weiblicher Arbeiter(schaft) nicht denkbar wäre ohne die Geschichte der »typisch weiblichen« Arbeit in Haus und Familie – ihr zweites Buch, das sie 1978 zusammen mit Louise Tilly verfasste, hatte deshalb *Women, Work and Family* zum Gegenstand (vgl. 1978; Scott/

Tilly 1978; 1991). Mittlerweile gibt es in den USA und England eine schier unübersehbare Fülle von Studien zur Frauenarbeit in allen möglichen Epochen, Kulturen, politischen Systemen und Branchen – einschließlich der unbezahlten Arbeit von Frauen innerhalb und außerhalb der Familie(n) (vgl. dazu Wiesner-Hanks 2001: 55–85 mit weiterführender Literatur).

Auch in der Bundesrepublik und anderen europäischen Ländern dominierte die Erforschung weiblicher Arbeitsverhältnisse und -bedingungen die frauengeschichtlichen Debatten, auch jenseits der Geschichte des 19. und 20. Jahrhunderts. Heide Wunder, die als Frühneuzeithistorikerin wegweisend für die Frauen- und Geschlechterforschung der »Vormoderne« wurde, betont dabei aber die epochenspezifischen Unterschiede in der (Be-)Deutung von Frauenarbeit innerhalb und außerhalb der Familie: »Meine These ist, dass die Stellung der Frauen in der spätmittelalterlichen und frühneuzeitlichen Gesellschaft maßgeblich durch ihre Arbeit und weniger durch ihre Beziehung zum Mann (Vater, Ehemann, Vormund) bestimmt wurde« (Wunder 1981: 239).

»Die Bewertung und Funktion von ›Frauenarbeit‹ im späten Mittelalter und in der Frühen Neuzeit unterschied sich hierin von ›modernen‹ Verhältnissen« (ebd.: 251). Dies nicht zuletzt wegen der strukturell höchst unterschiedlichen Bedingungen von Handwerk und Lohnarbeit in vorkapitalistischen Gesellschaften. Die Reduktion von Frauen auf Familie und Haushalt bzw. die Nicht-Beachtung und Minderbewertung von Frauenarbeit innerhalb und außerhalb des Hauses hätte, so Heide Wunder im Fazit ihres Beitrags, »nicht nur innerökonomische Gründe« oder religiöse Ideologien als Voraussetzung; ebenso wichtig seien die Veränderungen, die die Herausbildung des modernen Staates mit sich gebracht hätte: zum einen die Entstehung neuer bürokratischer und militärischer Eliten, zu denen Frauen keinen Zugang hatten, zum anderen die Zentralisierung »öffentlicher Gewalt«, die die Position des Mannes in der Familie stärkte. Heide Wunder hat diese Idee später in mehreren Aufsätzen und schließlich in einer Monographie über Frauen in der Frühen Neuzeit weiter ausgearbeitet und plausibel gemacht (vgl. Wunder 1992a).

Ein wichtiger Schritt war es, die Blickrichtung stärker auf die

Frauenarbeit in Mittelalter und Früher Neuzeit

»systematischen« Bedingungen weiblicher Arbeit hin zu verändern. Dies geschah mit der Fokussierung der »geschlechtsspezifischen Arbeitsteilung«, wodurch gegenüber der marxistisch-ökonomischen eine stärker anthropologische Dimension in die feministische Argumentationsweise Einzug hielt, was nicht zuletzt dadurch bedingt war, dass die »klassische« marxistische Theorie und Methodologie dem (den Frauen zugewiesenen) Bereich der »Reproduktion« wenig Aufmerksamkeit widmeten und weitestgehend oder gar ausschließlich (männliche) Lohnarbeitsverhältnisse betrachteten. Aber auch anthropologische Theorien waren »geschlechtsblind« und weiblichen Arbeitserfahrungen gegenüber meist unsensibel. So betonen Barbara Duden und Karin Hausen in einem wegweisenden Artikel:

Geschlechtsspezifische Arbeitsteilung

»Anthropologen haben sich seit langem damit beschäftigt, dass in allen Kulturen die Unterschiedlichkeit von Mann und Frau über die Sexualität hinaus weitreichende Auswirkungen hat. Ein Bereich, in dem die Vorstellung von der Differenz der Geschlechter ihren kulturellen Ausdruck findet, ist die Arbeit. Im interkulturellen Vergleich stößt man auf alle denkbaren geschlechtsspezifischen Zuordnungen von Arbeit [...]. Gemeinsam ist jedoch allen Gesellschaften das Strukturmerkmal, die konkret anfallenden Arbeiten mit Geschlechtlichkeit zu verknüpfen. [...] Die Frage, wie Arbeit aufgeteilt wurde, verweist über die technisch-materiale Seite der geschlechtsspezifischen Arbeitsteilung hinaus auf Zusammenhänge der sozialen Wertung und Macht. Diese sind Vorgabe und zugleich Resultat der Zuschreibung von Arbeiten als spezifisch ›weiblich‹ und spezifisch ›männlich‹. Art und Umfang der je unterschiedlich den Geschlechtern abverlangten Arbeitsleistungen sind nicht allein wesentlich für das allgemeine Verhältnis der Geschlechter zueinander, sondern auch für die prägenden Herrschaftsverhältnisse einer Gesellschaft. Wie sich Macht und Ohnmacht, Dominanz und Unterordnung im Verhältnis der Geschlechter entwickeln, hängt immer auch von der je unterschiedlichen Arbeitsleistung und deren Stellenwert im gesellschaftlichen Gesamtzusammenhang ab« (Duden/Hausen 1979: 12).

Mit dem Konzept der »geschlechtsspezifischen Arbeitsteilung«, das einerseits als gesellschaftlich funktional, andererseits aber auch als machtvolles Instrument zur Etablierung und Bewahrung männlicher Dominanz in Gesellschaft, Wirtschaft und Politik beschrieben wird, öffnete sich die frauen- und geschlechtergeschichtliche Debatte nicht zuletzt auch für eine Reflexion über längerfristige Wandlungsprozesse. Mit einem für Machtprozesse sensibilisierten Konzept geschlechtsspezifischer Arbeitsteilung lassen sich auch andere als staatlich-rechtliche Wandlungsprozesse analysieren. Vor allem aber werden hierdurch die Wechselwirkungen von Geschlechterhierarchie und gesellschaftlichem Wandel eher sichtbar als im monokausalen Modell »Patriarchat«.

So beschrieb Karin Hausen in einem resümierenden Essay die vielschichtigen ökonomischen Wandlungsprozesse, die wir gemeinhin als »Industrialisierung« bezeichnen, aus geschlechtergeschichtlicher Sicht unter dem Titel »Wirtschaften mit der Geschlechterordnung«. Ausgehend von einer kritischen Reflexion über die »gesellschaftliche Arbeitsteilung« hält sie fest, dass in diesem Konzept »gleichsam eine a-historische« Restgröße verbleibt: die vermeintlich »natürliche« Arbeitsteilung zwischen Männern und Frauen, die in der bisherigen Erforschung und Beschreibung des Industrialisierungsprozesses als klischeehaftes Versatzstück genutzt wird. Damit werden einseitige oder gar falsche Erklärungen angeboten, nicht zuletzt auch für Geschlechterungleichheit in der modernen Arbeitswelt. Ihre Interpretation stellt diese naturalisierenden Darstellungsweisen gewissermaßen auf den Kopf: Die hierarchische Geschlechterordnung stellt zwar ein statisches Moment innerhalb einer beachtlichen gesellschaftlichen und wirtschaftlichen Dynamik dar. Jedoch geht es hier weniger um eine funktionale, als vielmehr um eine »ideologische« Begründung der Geschlechterhierarchie:

Wirtschaften mit der Geschlechterordnung

»Das Lohngefälle zwischen Männern und Frauen dürfte in jedem Fall zunächst einmal die tragfähigere Erklärung dafür abgeben, dass Frauen in den Fabriken nur bestimmte Arbeiten ausführten. Auch dass Frauen bestimmte andere Arbeiten nicht ausführten, hat meistens weniger mit ihrem Mangel an erforderlicher Eignung zu tun; dieser hätte sich durch gezielte Ausbildung unschwer beheben lassen. Entscheidender dürfte vielmehr sein, dass Männer erfolgreicher waren, bestimmte Arbeiten auf Dauer exklusiv für sich zu reklamieren. So betrachtet wird es dann umso interessanter weiterzufragen, wie und warum es möglich war, trotz der schnellen Abfolge technischer Innovationen insgesamt dennoch immer wieder generell festzuschreiben, dass für bestimmte Maschinerien und Arbeitsplätze entweder allein Männer oder allein Frauen die geeigneten Arbeitskräfte zu sein hatten« (Hausen 1993: 45).

Gerade Letzteres, die Frage nämlich, »wie das Prinzip der geschlechtsspezifischen Arbeitsteilung unter dem Druck des sozialen Wandels immer erneut durch Anpassung stabilisiert wurde«, beschäftigt Karin Hausen im Weiteren, wo sie knapp darzustellen versucht, wie institutionelle bzw. strukturelle Veränderungen zu einer erneuten Hierarchisierung der Geschlechterbeziehungen beitrugen – und umgekehrt, wie zum Beispiel die neuen Instanzen, die im Wirtschaftsleben eine wachsende Rolle spielten, wie Unternehmer, staatliche Verwaltungen, Vereine, aber auch die Kirchen, gemeinsam »im Namen des gesellschaftlichen Gesamtwohls darauf hinzuwirken [suchten], dass die kulturell tradierte Ordnung der Geschlechter unter der Dynamik und dem Veränderungsdruck [...] nicht zusammenbrach« (ebd.: 55 f.).

»Patriarchal equilibrum«

Die Frage der Stabilität der Geschlechterordnung angesichts teilweise massiven sozialen Wandels stand in den letzten Jahren auch an zentraler Stelle in den Forschungsarbeiten von Historikerinnen über vormoderne Gesellschaften. Erst kürzlich hat sie die Mittelalter-Historikerin Judith M. Bennett für den Übergang vom Mittelalter zur Frühen Neuzeit mit Bezug auf die Dynamisierung handwerklicher Produktion in diesem Zeitraum (neu) gestellt. Sie findet dabei letztlich ein »patriarchal equilibrum«, das dahin gewirkt hätte, den inferioren Status von Frauen in Europa auch in Zeiten politischen, sozialen und ökonomischen Wandels beizubehalten. Gleichzeitig kritisiert sie ältere Interpretationen, die stärker auf die Dynamik der Geschlechterordnung hinweisen, die sich mit den großen gesellschaftlichen Umwälzungen – wie etwa der »Krise des Spätmittelalters«, der Renaissance oder schließlich mit den (politischen und industriellen) Revolutionen des 19. und 20. Jahrhunderts – jeweils massiv verändert hätte (Bennett 1997).

Tatsächlich hatte ja schon Joan Kelly-Gadol mit ihrer Studie über die Frage »Gab es die Renaissance für Frauen?« 1976 die These vertreten, dass das Zeitalter von Humanismus und Renaissance keineswegs auch ein »goldenes Zeitalter« für Frauen gewesen sei, sondern dass sich deren gesellschaftlicher Status in diesem Zeitraum massiv verschlechtert habe (Kelly-Gadol 1989a).

Heide Wunder war in ihren »Überlegungen zum Wandel der Geschlechterbeziehungen im 15. und 16. Jahrhundert aus sozialgeschichtlicher Sicht« dagegen zu der Auffassung gelangt, die Geschlechterbeziehungen hätten sich durch längerfristige sozioökonomische Wandlungsprozesse deutlich verändert hin zu mehr Gleichheit bzw. »Partnerschaftlichkeit«, was im frühneuzeitlichen Bild vom »Ehe- und Arbeitspaar« seinen Ausdruck fände. Allerdings hätten andere gesellschaftliche Institutionen – wie vor allem das Recht – mit diesem Wandlungs- bzw. Emanzipationsprozess nicht Schritt gehalten, so dass hieraus ein Ungleichgewicht entstanden sei, das erst mittelfristig zu weiteren Veränderungen geführt habe in Richtung auf eine »Emanzipation der Frau(en)« (Wunder 1991).

_{Heide Wunder}

Etwas weniger positiv hatten US-amerikanische Forscherinnen die Folgen des Wandlungsprozesses von der zünftisch organisierten zur kapitalisierten Verlagsproduktion für Frauen gezeichnet. Hier wurde – etwa von Martha C. Howell oder von Natalie Zemon Davis – gezeigt, dass es im 16. Jahrhundert wohl einen Niedergang weiblicher Erwerbstätigkeit im zünftischen Handwerk gab, die aber ein gutes Stück weit von der neu entstehenden Verlagsproduktion aufgefangen bzw. konterkariert wurde. Zwar verloren sogenannte »Frauenzünfte« (die allerdings ohnehin dünn gesät waren) in diesem wirtschaftlichen Kontext zunehmend an Bedeutung, aber die Öffnung des Arbeitsmarktes durch Heim- oder Manufakturarbeit bot insbesondere den vom Zunftwesen traditionell benachteiligten Frauen neue Chancen und Arbeitsmöglichkeiten – wenn auch unter zum Teil wirtschaftlich schwierigen und rechtlich schlechteren Bedingungen. Dies führte unter anderem dazu, dass Frauenarbeit schon im 16. Jahrhundert vielfältiger und weniger »berufsorientiert« war als die der Männer – und dass Frauen sich auch weit weniger für ihre beruflichen Interessen zusammenschlossen und gegen Verschlechterungen der

Positionen in den USA

Arbeitssituation wehrten als Männer (obgleich auch dies vorkam) (Davis 1990; Howell 1986). Auch Judith Bennet sieht den wirtschaftlichen und gesellschaftlichen Wandel in diesem Zeitraum als durchaus widersprüchlich an, kommt aber – aufgrund ihrer Beschäftigung mit Frauen im Braugewerbe am Ende des Mittelalters – zu einer pessimistischen Einschätzung: Wie auch immer wirtschaftlicher Wandel sich vollzog, Frauen blieben aufgrund ihrer relativ schwächeren sozialen Situation »auf der Strecke« bzw. wurden zu Verliererinnen des Wandels (Bennett 1997).

Fazit Beide Konzepte, das des gesellschaftlichen Wandels von Geschlechterbeziehungen (innerhalb der und über die Arbeitswelt hinaus) wie auch das von der Kontinuität (oder gar Stabilität) von Geschlechterhierarchien, wurden und werden mit überzeugenden Argumenten und breiter Quellenfundierung präsentiert. Die Frage des »patriarchal equilibrum«, das auch Karin Hausen indirekt in ihrem Konzept vom »Wirtschaften mit der Geschlechterordnung« behandelt, stellt sich jeweils anders dar, je nachdem, ob im Zentrum des forschenden Interesses der »große Bogen« – also gesellschaftliche oder wirtschaftliche Strukturveränderungen und deren geschlechtergeschichtliche Erklärung – steht oder ob es eher um die Analyse und Beschreibung der betroffenen Frauen (und Männer) und ihrer Handlungsmöglichkeiten in diesen Wandlungsprozessen geht. So fühlt sich die »historische Frauenforschung« (die vor allem in den USA noch sehr viele Anhängerinnen hat) weiterhin dazu verpflichtet, Diskriminierung von Frauen auf allen Ebenen der Gesellschaft und in allen historischen und kulturellen Kontexten aufzuzeigen, während demgegenüber die historische Geschlechterforschung eher die Wandelbarkeit und Vielfalt historischer Geschlechterkonstellationen bzw. »-konstruktionen« hervorhebt, ohne damit allerdings Aussagen zu längerfristigen Prozessen machen zu wollen (vgl. etwa Scott 1998). Damit hat die »postmoderne« Geschlechtergeschichte allerdings eine »Leerstelle« gelassen, die weiterer Reflexion bedarf. Denn Konstruktion bedeutet nicht ausschließlich Diskontinuität, wie Susanna Burghartz neulich kritisierte, »sie muss sich vielmehr auch für die Herstellung von Kontinuität interessieren, deren (anhaltende) Existenz ebenso er-

klärungsbedürftig ist, wie die Tatsache der Konstruktion selbst«
(Burghartz 2000: 34).

4.3 Geschlechtergeschichte der Ökonomie

Neben den Debatten über langfristige Wandlungsprozesse in den Geschlechterverhältnissen, die insbesondere die Benachteiligung von Frauen in der Arbeitswelt fokussieren, sind in jüngerer Zeit vermehrt wirtschaftliche Handlungsmöglichkeiten von Frauen in den Blick genommen worden – eine Perspektivierung, die etwa Heide Wunder schon länger eingefordert hat. Hier wurde insbesondere deutlich, dass Frauen eben nicht nur als Lohnarbeiterinnen in die sich entfaltende kapitalistische Wirtschaft einbezogen waren, sondern dass es durchaus eine ganze Reihe von Unternehmerinnen gab, die die Entwicklung des modernen Wirtschaftslebens maßgeblich mitbestimmten (vgl. Wunder 1992: 125 f.; Labouvie 1995; Schötz 1997; Eifert 2008; sowie das Themenheft »Handel« der Zeitschrift *L'Homme* 6. Jg., H. 1, 1995). Hier interessiert darüber hinaus die identitätsstiftende Wirkung solcher Tätigkeiten – ähnlich wie dies neuerdings auch im Feld von weiblicher Berufstätigkeit im Angestellten- und Intellektuellenmilieu untersucht wird. Diese Fragestellung ist allerdings aufgrund der diversen Behinderungen und Ausschlussprozesse für Frauen vor 1900 bislang weitgehend auf die Neueste Geschichte beschränkt, während das weibliche Unternehmertum auch schon in der Vormoderne zu finden ist. In diesem Zusammenhang spielt die Frage nach dem Zusammenspiel von häuslicher bzw. familiärer Arbeit und Erwerbsarbeit eine große Rolle – eine Problemstellung, die ja in der aktuellen (familien-)politischen Diskussion eine überragende Bedeutung hat (vgl. dazu etwa das Themenheft »Middle Class Women and Professional Identity« der *Women's History Review* Bd. 14.2, 2005).

Im selben Kontext ist schließlich die Erforschung von weiblichen Dienstleistungen angesiedelt, die von Mithilfe im Haushalt über Krankenpflege und »Sexarbeit« bis hin zur weiblichen An-

Frauen als Unternehmerinnen

Weibliche Dienstleistungen

gestellten in Verkauf, Verwaltung und Industrie reichen. Hierbei wurde in den letzten Jahren verstärkt diskutiert, inwieweit Globalisierungsprozesse und mit ihr die Mobilisierung von (weiblichen) Arbeitskräften geschlechtsspezifischen Logiken folgen; gerade hier lassen sich Überschneidungen und Verdichtungen von Diskriminierungen aufgrund von Ethnizität, Nationalität und Geschlecht besonders eindrücklich untersuchen (vgl. dazu etwa das Themenheft »Dienstbotinnen« der Zeitschrift *L'Homme*, 18. Jg., H. 1, 2007; Benson 1986; Wierling 1987; Freund-Wider 2003).

Geschlecht und Konsum

Eine weitere Dimension weiblicher Wirtschaftstätigkeit ist erst in den letzten Jahren stärker beachtet worden, nämlich die Bedeutung von Frauen als Konsumentinnen. Diese Dimension hatte schon zu Beginn des 20. Jahrhunderts der Kapitalismusforscher Werner Sombart (1922; siehe seine Schrift »Der Sieg des ›Weibchens‹ von 1913, als Quelle Nr. 11 unter *www.historische-einfuehrungen.de*) herausgestrichen; doch erst im Zuge der feministischen Analyse von Markt und Ökonomie ist dieser Zusammenhang wieder in den Blick der Forschung geraten. Daraus hat sich eine regelrechte Geschlechtergeschichte des Konsums und des Marktes entwickelt, die auch die Möglichkeiten weiblicher Handelstätigkeit umfasst. Diese lassen sich ja schon in der mittelalterlichen Stadtgesellschaft beobachten und ebenso in außereuropäischen Regionen (vgl. dazu etwa das Themenheft »Mediterrane Märkte« der Zeitschrift *L'Homme,* 17. Jg., H. 2, 2006, sowie De Grazia/Furlough 1996; Glickman 1999; Cohen 2003). Darüber hinaus lässt sich aus dieser Perspektive die geschlechtliche Segmentierung und Segregierung von Märkten beobachten, eine Segregierung, wie Joan Scott betont, die einerseits Aussagen über allgemeine Geschlechterregimes zulässt und die andererseits Auswirkungen auf wirtschaftliche und gesamtgesellschaftliche Prozesse hat (Scott 1998).

Männliche Erwerbsarbeit

Wie auch in anderen Bereichen, so führt die geschlechtergeschichtliche Betrachtung der Arbeitswelt nicht zuletzt zur Sichtbarmachung von geschlechtsspezifisch männlichen Bereichen, Identitäten, Repräsentationen und Performanzen. Doch während die Geschichte weiblicher Erwerbsarbeit schon eine relativ lange Tradition hat, gilt dies weitaus weniger für die Erforschung männlicher Erwerbsarbeit. Diese galt so offensichtlich als männliche Domäne, dass erst in jüngster Zeit die geschlechtsspezifische Markierung von (Erwerbs-)Arbeit als männlich aus historischer Perspektive beleuchtet wird, obgleich formelle Arbeit schon seit dem Spätmittelalter (Zunftwesen) und in der Moderne (»Professionalisierung«) männlich markiert ist, bis hin zur Genese des »Normalarbeitsverhältnisses«, das eng mit dem Modell des Haupt- und Familienernährers verknüpft ist (vgl. Bock 2000: 142–152; vgl. dazu auch das Themenheft »Normale Arbeitstage« der Zeitschrift *L'Homme*, 11. Jg., H. 1, 2000). Zwar gilt der Familienvater und Haushaltsvorstand schon seit langem als »Ernährer«, der mit seiner Hände Arbeit für die Seinen aufkommen muss. Doch welche Auswirkungen diese Rollenzuweisung außerhalb von Familienleben und Ehe auf Arbeitsleben und männliche Identität hat, ist bislang nur sehr unzureichend und insbesondere nicht für den Bereich der *white collar*-Tätigkeiten, also der Tätigkeiten von Angestellten und Managern, Intellektuellen, Wissenschaftlern, Lehrern und Gelehrten erforscht worden, während männliche Arbeiter (insbesondere auch Zwangs- und Sklavenarbeiter), deren Arbeitserfahrungen und Identitäten deutlich besser erforscht sind (vgl. dazu Martschukat/Stieglitz 2008: 107–111).

5. Nation, Ethnizität und Geschlecht

Stand am Anfang der Diskussion über das Verhältnis von »Klasse« und »Geschlecht« die Gleich- oder doch jedenfalls Parallelsetzung von Frauenunterdrückung und Arbeiterunterdrückung, so hatte August Bebel noch eine weitere Kategorie von Herrschaft, Ausbeutung und »Knechtschaft« zur Sprache gebracht – die der Sklaverei: »Soviel Gleichartiges aber in der Stellung der Frau und des Arbeiters sich nachweisen lässt, die Frau hat gegenüber dem Arbeiter das eine voraus: *Sie ist das erste menschliche Wesen, das in Knechtschaft kam.* Die Frau wurde Sklavin, ehe der Sklave existierte« (Bebel 1873: 35). Bebel bemühte damit eine Formulierung, die in der europäischen Ideengeschichte schon von alters her als knappe Umschreibung der äußersten Abhängigkeit und Unterdrückung von Menschen durch Menschen benutzt wurde. Doch im Kontext der US-amerikanischen Frauenbewegung, die der Bürgerrechtsbewegung nahestand, welche sich für die Rechte der Nachkommen afrikanischer Sklaven einsetzte, erhielt diese Formulierung einen neuen, aber falschen Klang. Die Gleichsetzung von Frauen und Sklaven verschleierte in vieler Hinsicht die wesentlich brutalere Ausbeutung von Afrikanerinnen und Afrikanern durch weiße Kolonisten, aber auch durch Kolonistinnen und Sklavenhalterinnen (bzw. Ehefrauen und Familienangehörige von Sklavenhaltern). War die Ausbeutung von Frauen nicht gleichzusetzen mit der von Arbeitern, da sie gewissermaßen keinen Feierabend und keine Ruhepause kannten, so war auch die Ausbeutung von Sklaven – und Sklavinnen – nicht einfach gleichzusetzen mit der von (weißen) Frauen durch (weiße) Männer. Darauf machten vor allem afroamerikanische Feministinnen aufmerksam, die auf die vollkommen andere Erfahrung von afroamerikanischen Frauen als Sklavinnen und später als Angehörige einer unterdrückten »Rasse« gegenüber den Erfahrungen der »WASPS«, der »weißen protestantisch-angelsächsischen (Oberschicht-)Amerikanerinnen«, hinwiesen.

5.1 Race, class und gender

Rassenunterschiede und Rassismus gehörten zwar schon seit den 1970er Jahren zu den Themen, mit denen sich die US-amerikanische Linke und die Frauenbewegung intensiv auseinandersetzten (vgl. Ladner 1976; Lerner 1995a; 1995b). Doch mündeten im feministischen Lager die Debatten zur »Rassenfrage«, ähnlich wie zur »Klassenfrage«, zunächst ein in ein eher unbefriedigendes Abwägen zwischen rassistischer und sexistischer Diskriminierung. »Latinas« und Frauen aus asiatischen Familien kritisierten darüber hinaus die Vormachtstellung und mangelnde kulturelle Differenziertheit der angloamerikanischen Forscherinnen, die einem eurozentrischen Welt- und Geschichtsbild verhaftet seien. »Rasse« bzw. ethnische Herkunft und Zugehörigkeit müsse ebenso wie die Klassendifferenz in Studien über Unterdrückungsmechanismen berücksichtigt werden – ansonsten mache sich die feministische Forschung derselben Unterdrückungspraktiken schuldig wie das »Patriarchat« oder die »männliche Wissenschaft.«

Wie aber kann eine solche Forderung umgesetzt werden? Es genügte dafür nicht, die Kategorie *race* bzw. ethnische Herkunft den Kategorien »Klasse« und »Geschlecht« schlicht hinzuzuaddieren. Nach der intensiven Auseinandersetzung um die historische Bedeutung von »Klasse« vs. »Geschlecht« folgte nun eine weitaus kompliziertere um die Frage der Bedeutung von »Rasse« vs. Geschlecht (und Klasse).

Mit der durch Joan Scott, Judith Butler und anderen eingeleiteten »postmodernen Wende« hin zur Dekonstruktion von Begriffen und Konzepten konnte kritischen Ansprüchen zur Reflexion und angemessenen Zusammenführung von »Rasse«, Geschlecht und (gegebenenfalls) Klasse im Prinzip eher Genüge getan werden, weil hier Sprache, Wahrnehmung, Bedeutung usw., also »kulturellen« gegenüber sozialen Aspekten von Herrschaft Raum gegeben wird. Dass dieser Raum erst mit einer gewissen Verzögerung genutzt werden konnte, zeigt Evelyn Brooks Higginbotham in einem 1992 publizierten programmatischen Aufsatz über »African-American Women's History and the Metalanguage of Race«, wo sie unter anderem schreibt: »Theoretical discussion in African-American women's history begs for greater voice« – also: die Geschichte der Afroamerikanerinnen braucht dringend mehr Aufmerksamkeit und vertiefte theoretische Reflexion. Denn »white feminist scholars pay hardly more than lip service to race as they continue to analyse their own experience in ever more sophisticated forms« (Higginbotham 1992: 183).

The metalanguage of race

Um die Dimension der »Rasse« (im Amerikanischen als neutraler Ausdruck für ethnische Differenz benutzt) auch in der Geschlechtergeschichte deutlicher zum Tragen zu bringen, schlägt sie – in Anlehnung an Scotts *gender*-Konzept – eine dreifache Strategie vor: Erstens müssen die Konstruktion und die »Technologien« von »Rasse« ebenso wie jene von Geschlecht und Sexualität definiert werden. Zweitens muss die Rolle von »Rasse« als »Metasprache« – also als Zeichensystem – deutlich gemacht werden, das machtvolle und umfassende Wirkungen auf die Konstruktion und Repräsentation anderer Beziehungs- und Machtverhältnisse ausübt, nämlich auf Geschlecht, Klasse und sexuelle Orientierung. Drittens muss »Rasse« als ein Instrument des Dialogs, des Austausches wie des Konflikts verstanden werden, denn »Rasse« konstituiert(e) ein diskursives Mittel sowohl zur Unterdrückung von Menschen wie aber auch zu ihrer Befreiung.

Mit anderen Theoretikern der *black studies* fordert Higginbotham, »Rasse« als einen instabilen und »dezentrierten« Komplex sozialer Bedeutungen zu verstehen, der im politischen Kampf ständig transformiert wird. Sie zeigt im Folgenden, wie eine solche Dekonstruktion »rassisch« gefärbter Diskurse, Erfahrungen und Politiken vorzunehmen ist (ebd.: 184). Sie untersucht zunächst diverse Möglichkeiten, »Rasse« bzw. ethnische Zugehörigkeiten und Grenzen zu definieren. Sodann zeigt sie schlaglichtartig »racial constructions« (also etwa: rassische und rassistische Färbungen) von Geschlechter-, Klassen- und Sexualitätskonzepten, um abschließend noch die Ambivalenz und Vieldeutigkeit des »Rasse«-Diskurses zur Sprache zu bringen, der vor allem auch den rassisch Diskriminierten eine ambivalente Möglichkeit eröffnet, sich zu identifizieren und (politisch) zu äußern.

Mittlerweile ist die Diskursgeschichte von »Rasse« und ethnischer Separierung bzw. Unterdrückung, insbesondere seit dem Beginn der europäischen Expansion, recht gut erforscht, und auch die geschlechtliche und sexuelle »Färbung« bzw. Konnotation solcher Definitions- und Konstruktionsprozesse wurde in den letzten Jahren verstärkt aufgezeigt. Die Forschungen von Tessie Liu und Merry Wiesner-Hanks, um nur zwei Beispiele zu nennen, zeigen darüber hinaus, wie zentral für die Konstruktion von »Rasse« die Dimension der Generativität und der (Kontrolle von) Sexualität ist. Vor allem aber haben diese Forschungen deutlich gemacht, dass die Verbindung von Geschlecht und »Rasse« durchaus nicht eindeutig oder einseitig war und ist; vielmehr lassen sich Widersprüche im *gendering* (das heißt in der geschlechtlichen Markierung von »Rassen«-Vorstellungen) bzw. in der »rassischen« Aufladung von Geschlechterbeziehungen und Sexualitätsvorstellungen ausmachen. Nicht zuletzt daraus kann sich dann ein »double-voiced discourse« – ein subversiver Gegen-Diskurs – entfalten, und aus ihm kann schließlich ein intellektueller, ziviler und/oder politischer Widerstand gegen (nicht nur rassistisch motivierte) Unterdrückung erwachsen (vgl. Liu 1991; Wiesner-Hanks 1993; Keenan 2004).

Fazit

5.2 Vom Antisemitismus zur jüdisch-deutschen Geschichte

In der deutschsprachigen Forschung ist die Erforschung der rassistischen Diskriminierung oder Ausbeutung gegenüber der wirtschaftlichen eher gering ausgeprägt, was nicht zuletzt mit der Tatsache zu tun hat, dass es hier keine den USA vergleichbare rassistisch motivierte Sklaverei gab, aber auch deshalb, weil deutsche

Historikerinnen und Historiker sich länger als US-amerikanische einem universalistischen sozialgeschichtlichen Paradigma verbunden fühlten (vgl. Canning 1993).

Eine Ausnahme stellt hierbei die Erforschung des Antisemitismus bis hin zur nationalsozialistischen Vernichtung von Frauen und Männern jüdischer Herkunft innerhalb und außerhalb Deutschlands dar. Hier wird auch das Verhältnis von »Rasse« und Geschlecht thematisiert. Eine Pionierin auf diesem Gebiet war Gisela Bock, deren Habilitationsschrift insbesondere der Frage der »rassistischen« Begründungen von Zwangssterilisierungen galt (Bock 1986; vgl. auch Bock 2000: 281–296). Allerdings zeigen Forschungen in diesem Feld, dass sich nicht nur die männlichen nationalsozialistischen Eliten und Parteikader rassistischer und antisemitischer Äußerungen, Überzeugungen und Handlungen schuldig gemacht haben, sondern zum Beispiel auch Vertreterinnen der bürgerlichen Frauenbewegung Deutschlands bis hin zur einfachen »Frau auf der Straße«, die als Mitläuferin zur Mittäterin wurde (vgl. Koonz 1991; Bridenthal u. a. 1994).

Mittäterinnen

Genau zu dem Zeitpunkt, als sich die »Geschlechterforschung« von der »Frauenforschung« abzusetzen begann, entspann sich hieraus eine Debatte darüber, ob in der Frauenforschung über die NS-Zeit generell nicht ein fataler Denkfehler begangen worden sei, indem Frauen allgemein als Opfer der (patriarchalen) Nazi-Diktatur dargestellt wurden, während ihre Rolle bei der Aufrechterhaltung der Diktatur sowie bei der Vorbereitung und Durchführung des Holocaust systematisch ausgeblendet worden sei (Windaus-Walser 1988; 1990). Diese Kritik ist von vielen Seiten als übertrieben bzw. unpräzise zurückgewiesen worden; sie hat eine Reihe von neuen Forschungen inspiriert und insbesondere eine breite Diskussion über Kategorien der Frauen- wie der Geschlechterforschung ausgelöst (vgl. Canning 1993; Bock 2005). So wurde einerseits die dichotomische Setzung von »Opfern« vs. »Täterinnen« (bzw. »Mittäterinnen«) hinterfragt: Die dem »Opfer«-Theorem inhärente Gleichsetzung der Wirkungen nationalsozialistischer Geschlechterpolitik mit den Leiden bedrohter, verfolgter, deportierter und ermordeter Frauen und Männer bagatellisiert in der Tat den Horror des Holocaust – und ähnelt tatsächlich jenen Ablenkungs- und Entschuldungsversuchen, wie sie nach 1945 in Deutschland gängig waren. Andererseits erweist sich auch der Terminus der »(Mit-)Täterin« als problematisch. Aus juristischem Kontext entlehnt, macht er für eine historische Analyse nur Sinn, wenn er auf benennbare Personen und ihre justitiablen Handlungen angewendet wird – und selbst dann ist mit einer solchen Etikettierung allein für die Forschung noch nicht viel gewonnen. Es ist für die historische Forschung (nicht nur über Frauen) wesentlicher, Aufschluss darüber zu gewinnen, wie nationalsozialistische Herrschaft funktionierte, auf welche Weise die Verbrechen des Regimes ins Werk gesetzt wurden und was für Zerstörungen sie anrichteten, als die Schuld jedes einzelnen Beteiligten festzustellen. Dabei lenken die skizzierten Fragestellungen das Interesse auf erheblich mehr Menschen als nur diejenigen, die im juristischen Sinne schuldig wurden – nicht zuletzt eben auch auf all jene Frauen, die etwa als »Mütter im Vaterland« in relativ politikfernen Positionen und Lebensumständen die NS-Zeit miterlebten, mitgestalteten oder eben auch erduldeten.

Dabei ist allerdings eine vereinheitlichende Rede von *den* Frauen bzw. *den* Geschlechtern grundsätzlich und angesichts des allenthalben wirksamen Rassismus für die Jahre der nationalsozialistischen Herrschaft in besonderem Maß problematisch. Denn die rassistische Klassifizierung entschied über Leben und Tod und ebnete auf diese Weise die Geschlechterdifferenz vielfach ein. »Rasse« bzw. ethnisch-religiöse Zugehörigkeiten und Geschlechterbeziehungen sind insofern in diesem Feld als Fragestellung konstitutiv, lassen sich aber nicht hierarchisch ab- bzw. gegeneinander setzen, sondern müssen in je unterschiedlichen Kombinationen mitbedacht und diskutiert werden (vgl. Heinsohn u. a. 1997: 7–23; Bock 2005; Gehmacher 2005).

Hat sich aus der Debatte um die ethnischen und Geschlechterbeziehungen während der NS-Zeit eine intensivierte Forschungsdiskussion über den Zusammenhang von nationaler Identität, jüdischer Ethnizität und Geschlecht entspannt, so beginnt die Erforschung deutsch-jüdischer Lebenswelten und innerreligiöser bzw. interkultureller Beziehungen älterer Epochen aus geschlechtergeschichtlicher Sicht erst zögernd, sich zu etablieren

Deutsch-jüdische Lebenswelten

(vgl. Richarz/Rürup 1997; Schüler-Springorum 2003). Einen Meilenstein stellt in dieser Hinsicht die Habilitationsschrift von Claudia Ulbrich dar, die im Sinne einer »dichten Beschreibung« die Lebensverhältnisse und Beziehungen zwischen Jüdinnen und Juden, Christinnen und Christen in der ländlichen Kultur am Beispiel eines saarländischen Dorfes rekonstruierte (Ulbrich 1999). Ein bereits seit längerem bearbeitetes Thema ist dagegen die »Assimilierung« von Jüdinnen und Juden in den Salons der deutschen Aufklärung und im Vormärz, wobei auch hier US-amerikanische Forscherinnen zunächst das Terrain ebneten, bevor sich eine deutsche Forschungstradition etablieren konnte (vgl. Richarz 1991; Hertz 1991; Heinsohn/Schüler-Springorum 2006; Bader 2008).

5.3 Nation, Nationalismus und Geschlecht

Allerdings erschöpft sich die seit den 1980er Jahren intensivierte Forschung über den Zusammenhang von Nation und Geschlecht nicht mit der Frage von Antisemitismus bzw. christlich-jüdischen Kontakten und Konflikten in der Moderne. Geschlecht und Nation(alität) sind vielmehr »zwei eng verbundene Konzepte der Moderne, die in vielfältiger Weise aufeinander verweisen – wie Gesellschaften sich als Nation konstituieren, ist nicht von den ihnen immanenten Entwürfen von Geschlechterdifferenz zu trennen« (Gehmacher 2002: 6). Und mehr noch: Sowohl Geschlecht wie auch Nation/Nationalität sind historische Konzepte, die überhistorische Gültigkeitsansprüche postulieren – beide müssen entsprechend den postmodernen Ansprüchen an historische Theorien und Methoden kritisch hinterfragt und historisch kontextualisiert, die mit ihnen verbundenen Identitätskonstruktionen dekonstruiert werden (vgl. Mayer 2000: 2 ff.). Folge dieses Paradigmenwechsels ist auch in der feministischen Forschung eher eine Vervielfältigung von Forschungsfragen denn eine Entwertung der Kategorie Geschlecht, so Gehmacher (2002: 7).

> Nation lässt sich mit Katherine Verdery und in Anlehnung an Benedict Anderson als ein Symbol verstehen, das in verschiedenen Kontexten die unterschiedlichsten Bedeutungen erlangen kann und um dessen legitimatorische Kraft die verschiedensten Gruppen mit ganz unterschiedlichen Anliegen konkurrieren (Verdery 1996: 228; Anderson 1983).

Nationalgeschichte war seit dem Ausgang des 18. Jahrhunderts ein politisches Projekt. »Im Laufe des 19. Jahrhunderts entwickelten sich Nationalstaat und Geschichtsschreibung parallel und prägten wechselseitig die Rahmenbedingungen für die Herausbildung des Deutschen Reiches und der Traditionen einer national verankerten Geschichtswissenschaft«, schreibt Angelika Schaser in einem Überblicksartikel über die aktuelle Forschungslage und zeigt gleichzeitig, dass Nationalgeschichtsschreibung »*erstens* eine zentrale Rolle für die Konstruktion und Legitimation der Nation« spielte, »die nach der Zurückdrängung einer religiös und heilsgeschichtlich orientierten Sinn- und Weltordnung als ›säkularisierte Religion‹ den Bezugsrahmen bildete, in den sich Individuen einordnen konnten und innerhalb dessen sich Geschichte fortschreiben und interpretieren lassen konnte« (Schaser 2008: 67). Zweitens hängt Nationalgeschichtsschreibung eng mit nationalen Identitäten zusammen – und zwar nicht nur von »christlichen, bürgerlichen Männern«, die in der Nationalstaatsforschung gleichsam den geheimen Bezugspunkt bilden, wie Benjamin Bader schreibt (Bader 2008: 228), sondern auch von Frauen und von Männern anderer religiöser oder ethnischer Herkunft (etwa assimilierten deutschen Juden). Die nationale Identitätsbildung ging indes einher mit Ausgrenzungsprozessen, die sich auf Menschen unterschiedlichen Geschlechts, religiöser Orientierung oder ethnischer Herkunft in höchst unterschiedlicher Weise richtete.

Die Erforschung solcher Prozesse des Ein- und Ausschlusses in Nationalstaaten begann in der Frauen- und Geschlechterforschung mit der Erforschung der Geschichte des weiblichen Bürgerrechts bzw. des Frauenwahlrechts (vgl. dazu Bock 2000 sowie Kap. 7). Weitere Zusammenhänge zwischen Geschlecht und Nation(alstaatsbildung) – etwa die Frage des weiblichen Nationalismus, aber auch des *gendering* nationaler Symbole und Inszenie-

_{Staatsbürgerrechte für Frauen}

rungen – erhielten erst seit Ende der 1990er Jahre in der Forschung mehr Gewicht (vgl. Planert 2000; Blom u. a. 2000). »Postulierte die ältere historische Frauenforschung noch den Ausschluss der Frauen aus der Nation (›Frauen haben kein Vaterland‹) und konzentrierte sich auf die Organisationen der alten Frauenbewegung und einzelne Protagonistinnen«, so betont die jüngere Forschung das komplexe Beziehungsgeflecht zwischen weiblicher politischer Aktivität und nationaler Identität, bis hin zur Beschäftigung mit weiblichen Führungsfiguren der extremen Rechten und des NS-Regimes (Schaser 2008: 76 f.).

Nation als Familie Wegweisend für die Erforschung von Nationalismus und Nationalstaatsbildung in Deutschland aus geschlechtergeschichtlicher Perspektive wurde die Arbeit von Karen Hagemann, die mit der Zeit der Antinapoleonischen Kriege die Frühphase des modernen Nationalismus und hier insbesondere die diversen Geschlechterbilder untersuchte, welche für die Mobilisierung der Bevölkerung – beiderlei Geschlechts – genutzt wurden (Hagemann 2002). Im Bild der Nation als erweiterter Familie zeigen sich geschlechtsspezifische Rollenbilder ebenso wie extrem geschlechterdifferente Identifikationspotentiale für den einzelnen Staatsbürger und die Staatsbürgerin (vgl. dazu auch Kap. 6). Dabei kommt den nationalen Männlichkeitsentwürfen besonderes Gewicht zu, die »erstens die Bereitschaft des Mannes [fordern], die Familie, die ›Heimat‹ und das Vaterland mit der Waffe zu verteidigen und dabei bereitwillig den ›Heldentod‹ auf dem ›Altar des Vaterlandes‹ zu sterben, und zweitens, einhergehend mit der Einführung der allgemeinen Wehrpflicht, die Verknüpfung von männlicher Wehrbereitschaft und politischen Staatsbürgerrechten [vornehmen]« (Schaser 2008: 79).

Allerdings bleibt eine offene Frage, inwiefern die »große Erzählung« von der Entstehung und Konsolidierung der Nation, die in der europäischen Geschichtsschreibung bis vor kurzem gar kein Problem darstellte, im Zeitalter der Kritik an »großen Erzählungen«, Eurozentrismus und »Postkolonialismus« nicht von extrem begrenzter Reichweite, das heißt nur im europäischen Kontext von Bedeutung sei (vgl. Yuval-Davis 1997: 3). Gehmacher ist der Meinung, dass »mit dieser schnellen Zurückweisung [...] gerade der Zusammenhang zwischen Entwicklungen in westlichen und postkolonialen Kontexten, aber auch zwischen männlichen Identitätsparadigmen und der Entstehung feministischer Bewegungen unsichtbar gemacht wird«. »Sollte es aber nicht gerade darum gehen«, so fragt sie weiter, »die Legitimationskrise in den Zentren und jene Diskurse zusammenzudenken, die sich der Marginalisierung der ›Anderen‹ entgegenstellten? Dies könnte nicht nur Verbindungen zwischen diesen Prozessen, sondern auch die Situiertheit und Historizität jener Diskurse sichtbar machen, die universale Geltungsansprüche vertreten« (Gehmacher 2002: 9 f.).

Das wird in den letzten Jahren vor allem mit der »transnationalen« Perspektivierung versucht. »Transnational« wird dabei einerseits von »national«, andererseits von »international« abgegrenzt.

Transnationale Perspektivierung

> *Transnational* bezeichnet einerseits historische Gegenstände, die nationale Grenzen überschreiten, und besteht andererseits in einer Neuperspektivierung von Geschichtsforschung und Geschichtsschreibung jenseits des nationalen Kontextes bzw. über diesen hinaus. Transnationale Perspektiven in der Geschichtswissenschaft führen ältere Überlegungen, etwa zum historischen Vergleich oder auch zur »histoire croisée«/ »entangled history« (mehrperspektivische oder verknüpfte Geschichte), weiter und verbinden sie mehr oder weniger explizit mit politischen oder nationalkulturellen Fragestellungen und Gegenständen (vgl. Clavin 2005).

Die Beschäftigung mit Nation und Nationalismus erscheint auch innerhalb der Geschlechtergeschichte weiterhin wichtig, weil einerseits Geschlecht im Konzept der Nation eine zentrale Bedeutung hat, diese aber andererseits in Narrativen der Nationalisierung kaum sichtbar oder gar unsichtbar gemacht werden (vgl. auch Blom u. a. 2000; Planert 2000). Die transnationale Perspektive ermöglicht indes eine Öffnung der nationalkulturellen oder -politischen Fixierung, wie sie insbesondere die deutsche Geschichtswissenschaft (auch die Geschlechtergeschichte) noch bis vor wenigen Jahren praktizierte. Dabei stellt die transnationale Perspektive eine besondere Chance für geschlechtergeschichtliche Fragestellungen und Interessen bereit, insofern hier den Akteurinnen und Akteuren und dem Aushandeln von Prozessen und Perspektiven gleichsam von innerhalb, außerhalb und unterhalb des nationalen Rahmens besonderes Gewicht zukommt. Die transnationale Perspektive ist insofern, jedenfalls in der Weise wie sie etwa Patricia Clavin (2005) konzipiert, eng mit einer kulturwissenschaftlichen Perspektivierung verbunden, und sie führt zu einer Vervielfältigung von Perspektiven und einer verstärkten Anerkennung von bislang im Forschungsprozess kaum oder gar nicht beachteten Akteurinnen und Akteuren sowie Gruppierungen.

Konkret findet sich die transnationale Perspektive in der Geschlechtergeschichte bislang in vergleichend angelegten Untersuchungen, etwa zu Frauenbewegungen in verschiedenen europäischen und außereuropäischen Ländern (vgl. dazu Gubin u. a. 2004; Albrecht 2007; Loutfi 2008). Ein zweiter Schwerpunkt der (bislang noch relativ wenigen) Forschungen, die transnationale und Geschlechterperspektive verbinden, ist die Migrationsforschung. Diese kann einerseits biographisch angelegt sein, andererseits auf Personengruppen beiderlei Geschlechts (zum Beispiel Familien), aber auch auf politische Regulierungen oder geschlechtsspezifische Ein- und Ausgrenzungsprozesse fokussieren (vgl. dazu etwa Gabaccia/Iacovetta 2002; Grewal/Kaplan 2001). Einen weiteren interessanten Themenbereich, der insbesondere den vormodernen Epochen mehr Raum gibt, stellen Kulturkontakte und Kulturtransfer dar, deren geschlechtsspezifische Konnotationen allerdings bislang noch kaum intensiver ausgearbeitet sind (vgl. dazu Stedman/Zimmermann 2007; Nolde/Opitz 2008).

Religion, Konfession und Geschlecht

In diesem Zusammenhang sind auch interkonfessionelle und interreligiöse Grenzziehungen und Grenzüberschreitungen von Interesse, die in der Regel geschlechtsspezifische und geschlechterdynamische Dimensionen aufweisen, wie dies etwa Natalie Zemon Davis schon vor einigen Jahren für die »Women on the Margins« zeigte, drei Frauen, die als Jüdin, Katholikin und Protestantin/Pietistin über die Grenzen von Konfession, Raum und Geschlecht hinausstrebten und darüber ihre Identität fanden (Davis 1996; vgl. zum Thema Religion, Kultur und Geschlecht auch Mommertz/Opitz 2008). Hier ist auch die moderne Missionsforschung von Interesse, die ein epochenübergreifendes Forschungsfeld darstellt und in der auch postkoloniale Fragestellungen mit geschlechtergeschichtlichen Aspekten kombiniert werden können.

5.4 Ethnizität und Geschlecht in postkolonialen Kontexten

Stehen mit »Nation« und »Nationalismus« dezidiert historische Prozesse der (europäischen) Moderne zur Diskussion (wobei hier in unterschiedlichen nationalen Kontexten unterschiedliche Zeiträume verstanden werden können und müssen), so bildet die Dimension von ethnischer und kultureller Differenz ein epochenübergreifendes Phänomen und Problem.

Die Frage nach Analogien und Interdependenzen in den Konstruktionen von Ethnizität und Geschlecht sowie deren Zusammenhang mit imperialen Prozessen und Regimen ist seit den 1990er Jahren zentraler Gegenstand der *postcolonial* und der *gender studies* in den USA und auch etwa in Indien (vgl. Canning 2006: 35–41).

> »Postkolonial« ist nicht mit »nachkolonial« gleichzusetzen, sondern bezeichnet als chronologischer Epochenbegriff ein zeitliches Kontinuum vom Beginn der Kolonisation bis in die Gegenwart; darüber hinaus ist Postkolonialität in erster Linie eine politisch motivierte Kategorie zur Analyse der historischen, politischen, kulturellen und diskursiven Aspekte des unabgeschlossenen Kolonialdiskurses (vgl. Conrad/Randeria 2002).

Von dorther verlagerte sich die Fragestellung auch auf die europäischen Diskurse des (Spät-)Mittelalters und der Frühen Neuzeit (vgl. Wiesner-Hanks 1993; Davis 1998; Karant-Nunn 1998). Hier wird etwa gezeigt, wie die Auseinandersetzungen mit der »neuen Welt« und den dort vermuteten »Wilden« das europäische Denken, Selbstbild und schließlich auch Handeln, aber auch die europäischen Geschlechterbilder und -verhältnisse prägten, und zwar nicht nur diejenigen der frühen Kolonialmächte Spanien, Portugal und England. Auch in Frankreich und im »Alten Reich« lassen sich kulturvergleichende und »postkolonial« informierte Ansätze mit Gewinn für die vormoderne Geschlechtergeschichte anwenden (vgl. Scholz-Williams 1998; Opitz 2002b; 2002c), die allerdings durchaus auch von anderen Ansätzen, wie etwa der transkulturellen Perspektive bzw. der Kulturtransfer-Forschung, profitieren kann.

Im deutschsprachigen Raum entstehen seit einigen Jahren neben Untersuchungen zu kolonialen Praktiken, die insbesondere das Geschlechterverhältnis betreffen, wie etwa die Regulierung bzw. das Verbot von »Mischehen« (vgl. die Beiträge in Kundrus 2003) oder aber die Situation von »weißen« Frauen und Männern in den deutschen Kolonien (vgl. Walgenbach 2005), vor allem Studien, die die Voraussetzungen von Kolonialpolitik und kulturellen Kontakten zwischen Europäerinnen bzw. Europäern und Afrikanerinnen bzw. Afrikanern sowie deren Wirkungen auf die *europäischen* bzw. *deutschen* Selbstbilder und Identitäten diskutieren. Hier werden Rassismen als geschlechtlich markierte Verortungen und Hierarchisierungen sowie Ethnisierungen von Machtverhältnissen und Geschlechterkonflikten thematisiert und analysiert (vgl. Maß 2006; Dietrich 2007; Wigger 2007). Diese werden in der englischsprachigen Forschung bereits seit längerem – etwa auch unter dem Label *whiteness* – diskutiert (vgl. dazu den Forschungsüberblick von Hacker 2005). Die Frage, ob bzw. inwiefern der koloniale Diskurs in direkter Kontinuität zum antisemitischen Rassismus des Nazi-Regimes steht, ist dabei noch offen. Dies ist unter anderem auch deshalb virulent, weil damit nicht zuletzt die Frage in engem Zusammenhang steht, ob bzw. wie nationale Identität in Deutschland bis heute mit Rassismus und Kolonialismus verbunden ist, eine Frage, die auch in den westeuropäischen Nachbarländern heiß umstritten ist, deren koloniale Vergangenheit indes deutlicher zutage tritt als dies in Deutschland der Fall ist.

NATION, ETHNIZITÄT UND GESCHLECHT **95**

Drei »Nationen« finden sich hier auf einem Stich aus der Mitte des 18. Jahrhunderts versammelt, der eine Abhandlung über die »Farbe der menschlichen Haut« illustrieren soll: die »Nation« der Europäer, der Äthiopier und der Amerikaner. Die Darstellung der diversen »Hautfarben« wird eng verbunden mit Aussagen über Hierarchien, Rollen und Geschlechterdifferenzen: <u>Im Mittelpunkt der Darstellung, die in den amerikanischen Kolonien angesiedelt ist, sitzt eine reich gekleidete »weiße« Dame, der von ihrer ebenfalls »weißen« Zofe Limonade serviert wird:</u> Hier wird soziale Hierarchie innerhalb derselben »Hautfarbe« als Unterschied unter Frauen verbildlicht, die beide (unterschiedlich kostbar) bekleidet sind. Weitere Unterschiede – etwa zwischen dem »schwarzen« afrikanischen Sklaven, der hinter der Dame steht, und dem »rothäutigen« Amerikaner, der mit der Dame Handel treiben will (die Ware liegt vor ihm auf dem Boden) – bestehen etwa in der Nacktheit, der Bewaffnung, im Kopfschmuck und der Körperhaltung – und eben auch in der Geschlechterdifferenz, die nicht zuletzt etwas <u>über Wildheit (männlich/außereuropäisch) und Zivilisation (weiblich/europäisch) aussagt.</u>

(Nicolas le Cat, Traité de la couleur de la peau humaine, Frontispiz; Amsterdam 1765 [Staatsbibliothek zu Berlin – Stiftung preuß. Kulturbesitz, sign. Kx 10 850R.]; als Bildquelle Nr. 1 unter www.historische-einfuehrungen.de)

Dass nicht zuletzt auch deutsche Frauenorganisationen und die deutsche Frauenbewegung in puncto Rassismus und Kolonialismus eine unrühmliche Vergangenheit aufzuweisen haben, wird etwa von Katharina Walgenbach aufgearbeitet, deren Studie über »Koloniale Diskurse über Geschlecht, ›Rasse‹ und Klasse im Kaiserreich« 2005 erschienen ist. Ganz ähnliche Zusammenhänge kann auch Sandra Maß aufzeigen, die (rassistische) Argumentationsweisen und nationale Bilder im Diskurs der Rheinischen Frauenliga nach dem Ersten Weltkrieg untersuchte (Maß 2002; vgl. auch Gouda 1993; Wiggers 2007; Kundrus 2008).

Da Alteritätsdiskurse in Hinblick auf Ethnizität und Geschlecht somit praktisch jede Facette des Lebens eines jeden Erdenbürgers präg(t)en, zeichnet sich hier auch weiterhin ein ebenso ergiebiges wie politisch brisantes Forschungsfeld für die Geschlechtergeschichte ab.

6. Öffentlich vs. privat?

»Privatheit und Öffentlichkeit bilden ein Begriffspaar, das seit über hundert Jahren unsere Sprache, unser Denken und unsere wissenschaftlichen Konzepte, mit denen wir uns an historischer und aktueller Gesellschaftsanalyse versuchen, durchdringt. Ganz offensichtlich hat dieses Begriffspaar unsere Wahrnehmung so konsequent geprägt, dass wir die Dichotomisierung aller gesellschaftlichen Verhältnisse in eine private und eine öffentliche Sphäre für selbstverständlich und sinnvoll halten und uns an einer säuberlichen Trennung und Gegenüberstellung von Privatheit und Öffentlichkeit orientieren« (Hausen 1992b: 81).

Mit diesen Worten umriss Karin Hausen ein grundlegendes Problem der Frauen- und Geschlechtergeschichte seit ihren Anfängen. Das Problem besteht insbesondere darin, dass durch diese Trennung weibliche Lebenserfahrungen und -räume weitgehend aus der Sphäre des historisch Relevanten hinausdefiniert wurden: Die Frauen wurden nämlich der (vermeintlich unveränderlichen) Privatheit der Familie zugeschrieben, die Männer der (dynamischen und historiographisch relevanten) Öffentlichkeit. Neue Frauenbewegung und feministische Diskurse haben den Begriff der »Öffentlichkeit« in zweifacher Weise in Frage gestellt. Mit dem Slogan »Das Private ist politisch« wurden innerfamiliäre Gewalt- und Ausbeutungsverhältnisse angeprangert und Entscheidungsrechte von Frauen über ihre Gebärfähigkeit eingefordert (vgl. Davis 2008). Andererseits wurde dadurch die geschlechtliche Codierung von Öffentlichkeit als männlicher Sphäre und die ausgrenzende Funktion der Trennung von »öffentlich« und »privat« deutlich und von feministischer Politik und Wissenschaftskritik als dem Prinzip des Gleichheitsgrundsatzes widersprechend sichtbar gemacht. Die Fixierung der Geschichtsschreibung auf das (vermeintlich) Öffentliche wurde infolgedessen von der Frauen- und Geschlechterforschung ebenso grundsätzlich infrage gestellt wie die Zuweisung der beiden Sphären zum einen oder anderen Geschlecht, auch wenn es durchaus nicht an Versuchen gefehlt hat, das Konzept der »getrennten (Geschlechter-)Sphären« konstruktiv zu nutzen. Doch herrscht in der Geschlechtergeschichte heute einigermaßen Einigkeit darüber, dass eine klare Trennung zwischen dem Bereich des »Öffentlichen« und dem Bereich des »Privaten« nicht gezogen werden kann – und dass darüber hinaus beide Bereiche Gegenstand der historischen Forschung sind und sein müssen.

6.1 Wider die Dichotomie »öffentlich – privat«

Michelle Z. Rosaldo

Laut Michelle Z. Rosaldo, einer Anthropologin, deren Überlegungen auch für die Frauen- und Geschlechtergeschichte höchst einflussreich waren, ist die Aufteilung der Gesellschaft in die Sphäre des *public* und des *private* und damit die Gegenüberstellung von Familie und Gesellschaft ein Konzept des 19. Jahrhunderts, welches damals ganz offensichtlich einem Bedürfnis nach normativer Fixierung der Geschlechterverhältnisse entsprochen hat. Dieses Konzept heute noch unbesehen als konzeptionelles Instrumentarium für ethnologische und historische Forschungen einzusetzen, so Rosaldo, habe zur Folge, dass die Aufteilung von Gesellschaften in öffentliche und private Sphären als überzeitliche Universalie erscheine. Damit würden Bedeutung und Dynamik von (privaten wie öffentlichen) Geschlechterbeziehungen negiert oder zumindest übersehen (Rosaldo 1980).

In der Folge ist in der frauen- und geschlechtergeschichtlichen Forschung Rosaldos Forderung, die Reichweite des *public-private*-Konzepts prinzipiell anzuzweifeln, vielfach umgesetzt worden. Heute ist es höchst fraglich, ob es überhaupt je eine gesellschaftliche Wirklichkeit gegeben hat, die zumindest in ihren grundlegenden Beziehungsformen und -praktiken durch das *public-private*-Konzept angemessen beschrieben werden kann. Infolgedessen haben zahlreiche Forscherinnen (und auch einige Forscher) in Europa und den Vereinigten Staaten in den letzten etwa 20 Jahren erfolgreich nachweisen können, wie breit gefächert nicht nur die historischen Entwicklungen innerhalb des »privaten Raums« von Haushalt und Familie waren (s. u.), sondern vor allem auch, wie wesentlich die wechselhaften Implikationen dieses dichotomisch konstruierten Konzepts von »privat« vs. »öffentlich« für die Gestaltung und Erfahrung historischer Realität selbst waren.

So zeigte etwa Michelle Perrot in der *Geschichte des privaten Lebens*, dass »das Verhältnis zwischen Öffentlichem und Privatem [...] im Mittelpunkt jeder nachrevolutionären politischen Theorie« stand – und zwar in ganz Europa und quer durch alle politischen Parteiungen. Die Beziehung zwischen Staat und Gesellschaft, zwischen Gemeinschaft und Individuum wurde hier zum Hauptproblem der öffentlichen Debatten: »Der auffälligste Wandel verdichtete sich in der hohen Bedeutung, die man der Familie als dem Hort der Gesellschaft beimaß. Das häusliche Leben wurde zu einer gewichtigen Regulierungsinstanz; es spielte die Rolle eines verborgenen Gottes« (Perrot 1992: 99 f.).

Michelle Perrot

Die Sozialhistorikerin Catherine Hall belegt am englischen Beispiel, wie das Prestige der Häuslichkeit zu Beginn des 19. Jahrhunderts gleichzeitig von Evangelikalen und Unitaristen propagiert und hochgehalten wurde (Hall 1992; vgl. auch Davidoff/Hall 1987). Und Rebekka Habermas führte in ihrer Arbeit über *Frauen und Männer des Bürgertums* eindrucksvoll vor, wie die Kultur, Lebenswelt und Weltanschauung des deutschen Bürgertums am Anfang des 19. Jahrhunderts aus der »privaten« Perspektive der »Familiengeschichte« besonders überzeugend analysiert werden kann (Habermas 2000). Die Schweizer Historikerinnen Heidi Witzig und Elisabeth Joris sprechen in diesem Zusammenhang gar von »familialisierter Öffentlichkeit«, die Frauen (besonders im 19. und beginnenden 20. Jahrhundert) ermöglicht hätte, sich für gesellschaftspolitische Fragen »öffentlich« zu engagieren, in der Meinung, sich eigentlich nur in einem erweiterten familiären Milieu zu bewegen (Joris/Witzig 1991).

Catherine Hall

Carola Lipp

Ähnliche Befunde präsentierte Carola Lipp für die Geschlechterbeziehungen im symbolischen Diskurs der Revolution 1848/49. Ihrer Beobachtung nach war das Begriffspaar »öffentlich–privat« in der liberalen Staatstheorie wie auch in den aktuellen politischen Auseinandersetzungen des Vormärz ein politischer Kampfbegriff. Bezogen auf Entscheidungsprozesse in »Gesetzgebung, Verwaltung und Rechtspflege« stand die Idee der Öffentlichkeit im Gegensatz zu (fürstlicher) Geheimpolitik und Autokratie. Eine zweite Dimension des Öffentlichkeitsbegriffs betraf den Prozess der politischen Meinungsbildung. Die Idee der Öffentlichkeit war eng verbunden mit »Pressfreiheit« und der Forderung nach einem politischen Vereinswesen als Ort der diskutierenden Staatsbürger, die Anteil nahmen »an den vaterländischen Angelegenheiten«. Zwar schrieb Friedrich Hegel 1821 in seinen *Grundlinien der Philosophie des Rechts*: »[D]ie Individuen sind als Bürger dieses Staates Privatpersonen, welche ihr eigenes Interesse zu ihrem Zweck haben« (Hegel 1986: 343). Die Hegel'sche Scheidung von bürgerlicher Gesellschaft und Staat, von privat und öffentlich, war indes, so Lipp, noch keineswegs Allgemeingut. Privatheit war eine Idee, die damals erst in Mode kam und eher als sozialer Orientierungsbegriff verstanden wurde, welcher es erlaubte, die Stellung des bürgerlichen Individuums zu definieren und gesellschaftliche Handlungsräume voneinander zu scheiden. Dies galt sowohl für den Verkehr der Privatleute untereinander, zum Beispiel im Bereich des Wirtschaftslebens, wie auch für das Verhältnis von Familie und Staat. Ihren Niederschlag findet diese Definition des Privaten in der Fixierung eines sogenannten Privatrechts, mit dem Eigentumsfragen ebenso wie die Organisation der bürgerlichen Familie geregelt wurden (Lipp 1992).

Drinnen und draußen

Neben diesen rechtlichen und politischen Aspekten gab es in der zeitgenössischen Wahrnehmung eine Dimension des Begriffspaares »öffentlich–privat«, die räumlich gedacht wurde, als »drinnen« und »draußen«. Das »Drinnen« wurde mit dem Haus gleichgesetzt, als »Draußen« erschien im bürgerlichen Denken alles, was *vor* dem Haus lag. Diese Grenze zwischen »Drinnen« und »Draußen« erscheint als eine geschlechtlich markierte Grenze, da Frauen zunehmend (etwa durch die Begrenzung des Wahlrechts auf Männer) aus dem sich etablierenden Bereich des »Öffentlichen« hinausdefiniert wurden und das »Drinnen« schließlich – symbolisch – ganz zum »Ort der Frauen« wurde, der zunehmend schärfer vom öffentlichen »Draußen« abgetrennt erschien (vgl. Hausen 1976; Gray 2000). In späteren Theorien wurde die Familie dann zum Kern des Privaten und in modernen wissenschaftlichen Öffentlichkeitstheorien erscheint sie gar als Gegenpol zu den Orten der Geselligkeit und des gesellschaftlichen Austausches.

Dass das dichotomische und geschlechtsspezifisch zugeordnete Begriffspaar »öffentlich–privat« problematisch ist, ist mittlerweile unbestritten. Jedoch wurde das Konzept – als *separate spheres*, also: »getrennte Sphären« – zeitweilig auch im feministischen Umfeld zustimmend zitiert und genutzt. Der Erkenntnisgewinn schien zum einen darin zu liegen, dass hier ein Erklärungsmodell für die Asymmetrie der Geschlechter bereitstand, das deutlich nicht auf physiologische, sondern auf soziohistorische Ursachen rekurrierte, die durch historische Forschung aufgezeigt und damit gegebenenfalls beseitigt werden konnten. Das Konzept ermöglichte es zum zweiten, die bislang von der Geschichtswissenschaft ausgeblendeten Frauen gezielt dort zu suchen, wo sie sich anscheinend zumeist aufhielten: in Haushalt und Familie. Die Folge davon war, dass nun nicht nur die Historizität und Bedeutsamkeit eines vermeintlich »natürlichen« Gesellschaftsbereichs erarbeitet, sondern die »heimliche Macht« der Frauen in ihrer Einflusssphäre »entdeckt« und nicht selten verklärt wurde.

Ebenfalls verbunden mit dem Konzept der *separate spheres*, demzufolge Frauen und Männer (vor allem im 19. Jahrhundert) in gewissermaßen getrennten Welten gelebt hätten, war die Idee von spezifischen Formen der Soziabilität unter Frauen (vgl. Smith-Rosenberg 1975; 1984; zur Kritik Kerber 1997). Im Kontext der Diskussion um das Konzept der *separate spheres*, das maßgeblich von Caroll Smith-Rosenberg geprägt worden war, konnte sich bald auch eine Erforschung der Geschichte der weiblichen Homosexualität entfalten. Smith-Rosenberg ging von der Vorstellung aus, dass (homosexuelle) Frauenfreundschaften bis zum 20. Jahrhundert ohne Weiteres toleriert und erst mit der modernen sexualwissenschaftlichen Klassifizierung durch Freud und andere als pathologische und damit auch sozial abweichende Form

Separate spheres

weiblicher Sexualität gesehen wurde. Dass diese Sicht insgesamt wohl etwas zu optimistisch war, zeigte wenige Jahre später Lilian Faderman mit ihrer Studie über romantische Freundschaft und Liebe zwischen Frauen von der Renaissance bis heute (Faderman 1990). Faderman gelingt es zu zeigen, dass Sexualität im modernen Sinn in der Bewertung, wie vor allem auch in der Erfahrung, von Freundschaft zwischen Frauen im Laufe der Jahrhunderte einem erheblichen Wandel unterlag. Während leidenschaftliche Frauenfreundschaften ihrer Auffassung nach in der westlichen Kultur der Moderne zum Teil als höchst gefährlich galten, schien das noch im 19. Jahrhundert deutlich anders gewesen zu sein. Allerdings stellte sie ebenfalls fest, dass es durchaus Frauenbeziehungen gab, die öffentlich sanktioniert und verfolgt wurden, solche nämlich, in denen eine der Frauen in Männerkleidern in Erscheinung getreten war (und oft auch das Leben eines Mannes führte). Damit wurde indes weniger sexuell abweichendes Verhalten sanktioniert; vielmehr galt die Tatsache, als Frau wie ein Mann aufzutreten, als Anmaßung und krimineller weiblicher Angriff auf männliche Privilegien. Auch Faderman macht indes deutlich, dass von einer klaren Trennung innerhalb der »weiblichen Sphäre« (der Frauenfreundschaft und der weiblichen Soziabilität) keine Rede sein kann – und dass zu jeder Zeit Zugriffe »von außen« auf die Intimität der Frauenbeziehungen möglich waren (ebd.; vgl. dazu auch Vickery 1993: 393 f.).

Das Konzept der *separate spheres* war eng verbunden mit der Vorstellung von »Frauengeschichte« bzw. *her-story* als einem klar umrissenen Komplement der *his-story*, der von Männern gemachten Geschichte, wie sie sich zu Beginn der 1980er Jahre in den USA etablierte. Es wurde deshalb auch bald schon ähnlich heftig kritisiert wie der *her-story*-Ansatz. Vor allem ließ sich dagegen einwenden, dass es die Geschlechterhierarchien und die Machtverhältnisse entschärfe, die zwischen den (männlichen) Nutzern der öffentlichen Sphäre gegenüber denjenigen (weiblichen) der Privatsphäre herrschten.

Frauenräume — Beim Historikertag 1984 wurde dennoch zum Thema »Frauenräume« erstmals eine frauengeschichtliche Sektion präsentiert. In ihren einführenden Bemerkungen problematisierte Karin Hausen allerdings das Konzept »Frauenräume« und wies darauf hin, dass es dabei keineswegs um ausschließlich von Frauen gestaltete und/oder genutzte Räume gehen sollte oder könnte, sondern »das Interesse ist viel schlichter auf die Frage konzentriert, wie eigentlich in der Geschichte die Räume beschaffen waren, in denen Frauen lebten und arbeiteten«. Dies war keineswegs eine Selbstverständlichkeit in der historiographischen Landschaft der 1980er Jahre, denn bis dahin waren die »anerkannten Schauplätze der Geschichte nicht die Plätze [...], auf denen Frauen als handelnde Personen anzutreffen sind« (Hausen 1992: 21). Dass dies so ist, führt Hausen auf längerfristige historische Prozesse zurück, die wiederum in das dynamische 19. Jahrhundert verweisen, als »gegen alle widrigen Zeitläufe« »viel Zeit darauf gewandt wurde, die Frauen- und Männerbereiche deutlich gegeneinander abzugrenzen. Frauen- und Männerräume sollten verschieden ausgestaltet und die Kontakte und Überlappungen von einem Raum zum anderen gesellschaftlich kontrolliert werden. Doch der Versuch, auf diesem Wege die in früheren Jahrhunderten entscheidenden gesellschaftlichen Regulative der Ehrbarkeit und Sittlichkeit wirksam zu halten, war langfristig nicht erfolgreich, weil deren Voraussetzung, die Kontrollierbarkeit kleiner Raumeinheiten, im Zuge von Verstädterung, Industrialisierung und Mobilität verschwinden musste« (ebd.: 21 f.).

Dabei geht Hausen davon aus, dass »Räume nicht durch greifbare Wände abgeteilt sein [müssen]. Auch das zwischen Menschen ausgetauschte Wissen über Grenzlinien kann ausreichen, um Räume auszumessen und zuzuweisen. Häufig genug sind Räume mit symbolischen Bedeutungen ausgestattet. Räume werden gestaltet von den alten und jungen Frauen und Männern, die zusammen oder getrennt in ihnen leben. Umgekehrt prägen Räume und deren Anordnungen auch ihrerseits Menschen und deren Beziehungen« (ebd.).

Im Kontext des neuerdings in der Geschichtswissenschaft zu beobachtenden *spatial turn*, das heißt der Hinwendung zum Raum als wichtiger Grundkategorie menschlicher Erfahrung und historischer Forschung, gewinnen derzeit auch Geschlechterräume und deren Grenzen an Interesse und Bedeutung (vgl.

Spatial turn

Döring 2008; Uteng 2008). Dabei steht insbesondere die Frage nach Grenzziehungen, nach Ein- und Ausgrenzungen zur Diskussion, aber durchaus auch Grenzüberschreitungen und Transgressionen sind hierbei von Interesse. Die Fragestellungen haben sich insofern etwas von der Ausgangsproblematik »öffentlich vs. privat« entfernt, ohne sich aber vollständig von der damit verbundenen Suche nach Machtverhältnissen und kritischer Infragestellung von (Geschlechter-)Hierarchien zu lösen.

Zu einer kritischen Anwendung zählt zunächst und vor allem, »öffentlich« vs. »privat« nicht einfach mit »männlich« vs. »weiblich« gleichzusetzen. Männer hatten zu allen Zeiten (wenn auch in klar umschriebenen Grenzen) Zugang zum Privaten, Frauen aber nicht unbedingt zur (politischen) Öffentlichkeit. Zudem funktioniert(e) das Private als Komplement des Öffentlichen und bestimmte und bedingte damit männliche Identität und Handlungsmöglichkeiten ebenso mit wie die Entscheidungen der Akteure im öffentlichen Raum die Lebensbedingungen im »Privaten« maßgeblich beeinflussten.

6.2 Öffentlichkeit(en) und die »Ordnung der Geschlechter«

Neben der Kritik an dichotomischen, das heißt einander ausschließenden Konzepten wie demjenigen von »öffentlich vs. privat« und deren geschlechtsspezifischen Rahmungen hat sich die geschlechtergeschichtliche Forschung schon seit längerem mit der Frage auseinandergesetzt, wie denn der Begriff »Öffentlichkeit« für sich zu definieren wäre – und welche Bedeutung dabei jeweils den Geschlechterverhältnissen zukäme. So wird »Öffentlichkeit« zum einen als Synonym für »politische Sphäre« oder »politische Institutionen«, etwa Parlamente, Parteien, Vereinigungen etc. gebraucht.

Hier lässt sich ein Ausschluss von Frauen in der Tat – für das 19. Jahrhundert – lediglich dann konstatieren, wenn ein sehr enger Politikbegriff angewendet wird, der sich praktisch ausschließlich auf Verfassung, Verwaltung und Wahlrecht bezieht. Für die Vormoderne gilt dies im Übrigen nicht im gleichen Maß, wie Heide Wunder zu Recht betont, da hier dank der dynastischen (Familien-)Herrschaft (einige) Frauen durchaus in nennenswertem Umfang an politischer Herrschaft beteiligt waren (Wunder 1992a: 205–216; für die Antike Frei Stolba u. a. 2003). Auch darf die massive Präsenz von Frauen während der europäischen Revolutionen nicht übersehen werden, die in der Forschung noch längst nicht angemessen berücksichtigt wird (vgl. dazu die Beiträge in Fauré 1996). Umgekehrt hat die US-amerikanische Revolutionshistorikerin Lynn Hunt die Französische Revolution als »family romance« interpretiert – mit Hilfe von psychoanalytischen Analysekategorien, aber auch in bewusster Überschreitung traditioneller Grenzziehungen zwischen »öffentlicher« Politik und »privaten« Familienkonflikten – etwa zwischen den »Brüdern« (den sich emanzipierenden Angehörigen des Dritten Standes) und ihren Schwestern oder zwischen dem König als Vaterfigur, der Königin als Mutterfigur und den revoltierenden Untertanen als »Kindern« (Hunt 1991).

Versteht man unter Öffentlichkeit dagegen vor allem die »öffentliche« Kommunikation, wie vor allem Pressewesen und Medienwelt, oder auch die »öffentliche Meinung«, so lässt sich hier generell, quer durch Länder und Epochen, ein für Frauen erschwerter Zugang konstatieren, aber keineswegs ein genereller Ausschluss. Wie der erschwerte Zugang, aber auch die dennoch feststellbare Mitwirkung von Frauen an diesen »Öffentlichkeiten« zu deuten ist – welche Voraussetzungen und Konsequenzen beides für die Ordnung der Geschlechter wie für die Handlungsmöglichkeiten (*agency*) von Frauen und Männern hatte, ist jeweils historisch unterschiedlich und offen. So zeigte etwa Ulrike Weckel die Entstehung einer »weiblichen Öffentlichkeit«, die die ersten deutschen Frauenzeitschriften und ihr Publikum im späten 18. Jahrhundert konstituierten, die aber nicht unbedingt als Gegen-Öffentlichkeit zu verstehen ist und die auch von männlichen Akteuren mitgestaltet wurde (Weckel 1998). Weckel fokussiert in ihrer Arbeit genau jene Aus- und Einschlussprozesse, durch die es den weiblichen Zeitschriftenherausgeberinnen und

-autorinnen möglich war, zu publizieren – also »an die (Lese-) Öffentlichkeit zu gehen« – und dennoch ihre »weibliche Ehre« nicht zu verlieren, die im Prinzip durch »öffentliches« Auftreten gefährdet war. Denn eine »öffentliche Frau« war nach damaligem Sprachgebrauch keine Publizistin (oder gar Politikerin), sondern eine Prostituierte (ebd.: 12).

Gegen-Öffentlichkeit

Zur »Verflüssigung« der umstrittenen Grenzziehung zwischen Öffentlichkeit und Privatheit könnte auch die Pluralisierung des Konzepts »Öffentlichkeit« beitragen – etwa im Sinn einer feministischen »Gegen-Öffentlichkeit« gegenüber einer hegemonialmännlichen Öffentlichkeit (vgl. Wischermann 2003). In ähnlicher Weise schlägt Leonore Davidoff vor, von multiplen (zunächst nicht geschlechtlich markierten) Öffentlichkeiten zu sprechen, die indes als »Zonen« betrachtet werden müssen, »in denen Aussagen über das Verhältnis der Geschlechter gemacht wurden« (Davidoff 1993: 15 f.).

Halböffentliche Räume

Des Weiteren wurde vorgeschlagen, speziell für geschlechtergeschichtliche Zwecke das Konzept des »halböffentlichen Raums« zu nutzen. Es fokussiert insbesondere auf die »Zwischen-Räume« zwischen häuslicher und politischer Sphäre, wie Kinos, Restaurants, Wirtshäuser, Bordelle, Parks, Plätze und Straßen, Orte also, in die »gesellschaftliche Funktionen, die in der Welt des Adels noch zum Haus gehörten, ausgelagert wurden« und wo Angehörige beider Geschlechter und diverser sozialer Gruppen aufeinander treffen und interagieren (vgl. Imboden u. a. 2000). Allerdings lässt das Konzept »halböffentlicher Raum« das dichotomische Begriffspaar »privat–öffentlich« intakt und tendiert dazu, den »öffentlichen Raum« weitgehend oder ausschließlich als politische Öffentlichkeit zu setzen, die Privatsphäre dagegen zur (wiederum weiblich konnotierten) Intimität zu reduzieren. Dies aber wäre eher ein Schritt zurück in einer intensiven und durchaus auch kontroversen Debatte.

Auf die Begriffe »öffentlich« bzw. »privat« aber generell zu verzichten, erscheint derzeit nicht opportun, zum einen, weil in der Historiographie die Privilegierung einer mit männlichen Akteuren verbundenen »Öffentlichkeit« nach wie vor unübersehbar ist und einem *mainstreaming* der Geschlechtergeschichte, also dem

Zusammenführen von Geschlechtergeschichte und Allgemeiner Geschichte, weiterhin im Wege steht (vgl. Davidoff 1993). Auch die Bemühungen von Frauen verschiedener Klassen, Schichten oder ethnischer Gruppierungen um Anerkennung als »Staatsbürgerinnen« und damit als vollwertige politische Akteurinnen im Feld der (politischen) Öffentlichkeit, die weiterhin ein zentrales Thema geschlechtergeschichtlicher Forschung darstellen, halten das Interesse am Thema »Öffentlichkeit und Privatheit« wach (vgl. dazu Kap. 7).

So erscheint es immer wieder auf der Tagesordnung der geschlechtergeschichtlichen Diskussion – zuletzt im *Journal of Women's History* von 2003, das den Perspektiven der Frauen- und Geschlechtergeschichte im dritten Jahrtausend gewidmet ist. Hier stellt Joan B. Landes in einem umfangreichen Überblicksartikel einleitend fest, dass neben der Kategorie Geschlecht in der feministischen Historiographie wohl kein anderes Konzept so viel diskutiert wurde und so umstritten war und ist wie jenes von Privatheit und Öffentlichkeit (Landes 2003). Sie betont, dass vor allem von einer Definition des Konzepts Abstand genommen werden sollte, das allzu einseitig auf seine Genese in der (west-)europäischen Debatte des beginnenden 19. Jahrhunderts verweist. Denn in dieses sind Geschlechterdualismen ebenso wie Klassenvorurteile und koloniale Zuweisungen eingegangen, deren Offenlegung und Bekämpfung bis heute explizites Anliegen jeglicher historischen *gender*-Forschung sein sollte. Vielmehr ist erst zu klären, wie (nicht nur geschlechtliche) Machtverhältnisse durch das Konzept von *public–private* strukturiert sind bzw. wie sie damit analysiert werden können. Während etwa die »postmoderne« Revolutionshistorikerin Joan B. Landes in der diskursanalytischen Offenlegung der semiotischen Struktur und der Wirkung von Begriffen und Konzepten wie *public–private* einen »Königsweg« der historischen Analyse sieht, besteht ihre Kollegin Mary P. Ryan auf der Analyse politischer Systeme bzw. des Staates als der Instanz, die sowohl öffentliche wie politische Räume, Institutionen und Handlungsfelder strukturiert und damit auch dominiert. Beide bestehen jedoch darauf, dass Forschungen innerhalb des Konzepts von *public–private* nicht nur theoretisch vielfältig sein sollten, sondern auch auf einer Quellen- und Methodenvielfalt beruhen müssen, die eine breite Absicherung der Erkenntnisse überhaupt erst möglich machen (Ryan 2003). Dabei bleibt die Debatte allerdings weitgehend dem Erklärungsmodell der »Modernisierung« verhaftet. Zwar gehen alle genannten Forscherinnen davon aus, dass das Konzept einem konkreten historischen Ort und Zeitraum – nämlich Europa um 1800 – entstammt; die Frage nach seiner Anwendbarkeit für Zeiträume vor dem Beginn des 19. Jahrhunderts wird bislang kaum gestellt. Wenn Mary P. Ryan auf dem Primat des Staates gegenüber sowohl öffentlicher wie auch privater Sphäre besteht, dann bleibt dabei unberücksichtigt, dass ein Staatswesen im modernen Sinn erst im Laufe der Frühen Neuzeit entstand.

Öffentlich–privat in Antike und Mittelalter Wie Staatlichkeit, Öffentlichkeit und Privatheit etwa im Mittelalter oder in der Antike zu konzipieren wären (einmal abgesehen vielleicht vom athenischen Stadtstaat), ist damit weiterhin offen. Wie Beate Wagner-Hasel schon vor einigen Jahren gezeigt hat, spielt gerade in der Altertumswissenschaft das Konzept von »Öffentlichkeit« und »Privatheit« eine zentrale Rolle bei der Konzipierung von »Geschlecht« als historischer Kategorie. Hierdurch werden nämlich historische Relevanzen und soziale Logiken aus einem neuzeitlichen Blickwinkel festgeschrieben und weibliche Lebenswelten und Aktivitäten aus dem Bereich des Historischen gleichsam ausgeschlossen (Wagner-Hasel 1988; 1998). Dass von den vormodernen Epochen ausgehende kritische Diskussions- und Distanzierungspotential, von dem in der historischen (Geschlechter-)Forschung immer wieder die Rede ist, ist in dieser Hinsicht noch nicht ausreichend ausgeschöpft – zumal dann nicht, wenn auch in der mittelalterlichen Geschichte Begriffe wie der »Personenverbandsstaat« oder das »Lehnswesen« männlich konnotiert und damit als mehr oder weniger »frauenfrei« beschrieben werden, ein Denkvorgang, der deutlich an Konzepte von »öffentlich« und »privat« erinnert und seine Herkunft aus der traditionellen Verfassungsgeschichte nicht verleugnen kann (vgl. Hergemöller 2001: 112). Hier bleibt denn auch weiterhin ein erheblicher Diskussionsbedarf, nicht nur in der deutschsprachigen Geschichtswissenschaft, die insgesamt konservativer ist und sich stärker an älteren verfassungs- und sozialgeschichtlichen Paradigmen orientiert als diejenige im angelsächsischen oder französischen Sprachraum.

6.3 Geschichte des (Nicht-)Privaten: Ehe, Haushalt und Familie

Wurden Frauen traditionell praktisch ausschließlich dem Bereich des Privaten, der Familie und dem Haushalt, zugeordnet, so hatte dies allerdings zunächst keineswegs zu einer privilegierten Erforschung von Geschlechterbeziehungen in diesem Bereich geführt. Dieses offensichtliche Desinteresse ist, wie Karin Hausen in einem Forschungsüberblick feststellt, um so kritikwürdiger, als die hervorragende Bedeutung, die diese Sozialbereiche bis heute für die gesellschaftlichen Verhältnisse insgesamt haben, schwerlich zu übersehen ist. Im Einzugsbereich von Familie und Haushalt vollzog sich lange Zeit ausschließlich und heute noch überwiegend die sogenannte »Reproduktion« des Einzelnen und der Gattung Mensch, will sagen: In der Familie entscheidet sich, wie viele Kinder geboren werden und wie viele davon das fortpflanzungsfähige Alter erreichen. Auch der soziale Aspekt, die Erziehung und Enkulturation der Kinder, ist gesellschaftlich nicht minder wichtig. Darüber hinaus sind Familie und Haushalt zuständig für die tägliche »Reproduktion« jedes einzelnen Menschen. Sie sind nach wie vor der Ort, an dem Erwachsene und Kinder überwiegend ihre konsumtiven, emotionalen und sexuellen Bedürfnisse befriedigen. So betrachtet, erweitert sich die Geschichte von Familie und Haushalt zur Geschichte des Alltags mit seinen Möglichkeiten und Grenzen für die Befriedigung menschlicher Bedürfnisse. Doch waren Familie und Haus über viele Jahrhunderte hinweg nicht nur der Ort der »Reproduktion«, sondern durchaus auch der »Produktion« von Gütern. Zwar scheint es heute so, als seien privates Familienleben und öffentliche Arbeitswelt wenn nicht gegensätzliche, so doch getrennte Welten. Doch dies ist ein spätes Ergebnis lang dauernder historischer Wandlungsprozesse und: Es ist äußerst folgenreich für die Art und Weise, wie Familie und Haushalt funktionieren, wenn die Güterproduktion in der Hauptsache jenseits der Haushalte gesellschaftlich organisiert ist – und umgekehrt (Hausen 1977). Daraus folgt, dass Familie und Privatleben nicht notwendigerweise nur Frauen und deren Lebenserfahrung betrafen (und weiterhin betreffen), sondern auch als prägende Instanzen für männliche Erfahrungen und soziale Situierung zu betrachten sind – was insbesondere, aber nicht nur für die vormodernen Epochen oder für außereuropäische Gesellschaften und Kulturen gilt. Dementsprechend unterstreicht Merry Wiesner-Hanks in ihrem weit ausgreifenden Forschungsüberblick die zentrale Bedeutung von Familienstrukturen und -konzepten über alle kulturellen und historischen Grenzen hinweg (Wiesner-Hanks 2001).

Familiendrama

Eine in geschlechtergeschichtlicher Hinsicht vorbildliche Darstellung des Familienlebens und der Erfahrung von Privatheit präsentiert der vierte Band der *Geschichte des privaten Lebens*, den Michelle Perrot, eine der führenden französischen Geschlechterhistorikerinnen, konzipiert und mit einigen Gleichgesinnten (der Amerikanerin Lynn Hunt und der Engländerin Catherine Hall) realisiert hat. Hier werden Familien- und Geschlechterbeziehungen des 19. Jahrhunderts (vor allem, aber nicht nur in Frankreich) als »Theaterstück« präsentiert. Es beginnt mit einem »Vorspiel« im ausgehenden 18. Jahrhundert, der Französischen Revolution und dem hier angelegten Wandel der Geschlechterordnung – privat wie öffentlich. Danach werden die diversen Akteure vorgestellt: die Vaterfigur, die Mutterrolle, Beziehungen zwischen Eltern und Kindern, Brüdern und Schwestern, Hausherrschaft und Dienstboten sowie Nachbarn und Verwandten. Das »Stück« selbst heißt »Der Triumph der Familie« und thematisiert neben den Problemen des alltäglichen familiären Zusammenlebens die (bürgerliche und proletarische) Festkultur, die weitgehend den familiären *rites de passage* folgt: Geburt, Eheschließung, Todesfall. Auch den Konflikten und »Familientragödien« ist ein eigenes Kapitel gewidmet. Es folgen dann Beobachtungen über räumliche Voraussetzungen und architektonische Niederschläge des familiären Lebens – und schließlich der Blick hinter die Kulissen: auf Sexualität und Intimität, auf Körper und Gefühle (Perrot 1992).

In ihrem Vorwort resümiert Michelle Perrot die Möglichkeiten, aber auch die Schwierigkeiten einer feministisch inspirierten Erforschung des Privaten so: »Eine ›Geschichte des privaten Lebens‹ zu schreiben bedarf einer speziellen Optik. Die klassischen Methoden der Sozial- und Wirtschaftsgeschichte reichen hier nicht aus. Historische Demographie ist zwar unerlässlich, liefert aber nur ein grobes Raster. Die Historische Anthropologie und die sogenannten ›Geschichte der Mentalitäten‹ erwiesen sich da als stimulierender, weil sie Theorie und Praxis in der jeweiligen Zeit zu verbinden suchen. Die Anregungen des Interaktionismus (E. Goffman) und die detaillierten Analysen der Mikro-Historie waren uns nützlich, ebenso die Kultursoziologie. All diesen Verfahren verdanken wir viel. Noch stärker verpflichtet sind wir jedoch den feministischen Untersuchungen, die in den letzten Jahren über das Öffentliche und das Private, die Konstituierung verschiedener Lebenssphären und die Beziehungen der Geschlechter in Familie und Gesellschaft angestellt wurden« (ebd.: 10).

Eng verbunden mit der Geschichte der familiären Beziehungen und für die Geschlechtergeschichte traditionell von größter Bedeutung ist die Geschichte der Ehe. Schon bei Simone de Beauvoir wird unter der Beziehung zwischen Mann und Frau in erster Linie die eheliche wie sexuelle Beziehung verstanden, wobei die Ehe als »Tauschgeschäft« zwischen Ehemann und Ehefrau erscheint – jener gibt der Frau Unterhalt und Lebenssinn, sie gibt ihm ihren Körper und Kinder (Beauvoir 1949). Die Frauenforschung der späten sechziger und der siebziger Jahre des 20. Jahrhunderts hat dieser Vorstellung von – wenn auch etwas asymmetrischer – Wechselbeziehung diejenige von der doppelten Ausbeutung durch sexuelle wie materielle Arbeit entgegengehalten und damit die Opferrolle der Frau schärfer akzentuiert bzw. vereindeutigt. Mit Bebel und Engels sahen viele marxistische Feministinnen insbesondere die Ehefrau als »Sklavin« unter der Eheherrschaft des (Ehe-)Mannes an.

Eine stärker an historischen Quellen interessierte Suche nach Ehefrauen in der Vergangenheit führte indessen zu einem wesentlich differenzierteren und heterogeneren Bild. Insbesondere zeigte sich hier, dass die Stellung verheirateter Frauen vor allem in vormodernen Gesellschaften zwar vom juristischen Standpunkt aus schlechter war als jene der Unverheirateten, und dies insbesondere

Geschichte der Ehe

im angelsächsisch-britischen Recht. Allerdings war ihr soziales Ansehen höher und ihre gesellschaftliche Stellung in der Regel stärker als im Fall der Unverheirateten. Die generelle Unterordnung unter bzw. die Nachordnung gegenüber dem Ehemann gilt mittlerweile als unbestreitbarer Fakt; allerdings ist etwa die sogenannte »Geschlechtsvormundschaft« des Ehemanns – angeblich der früh- und hochmittelalterlichen »Munt« (Bevormundung, Fürsprache) nachgebildet – vor allem in Mittel- und Westeuropa eine vergleichsweise späte Erscheinung, die mehr dem (Wieder-)Erstarken patriarchaler Strömungen im 19. Jahrhundert zu verdanken ist als einer »alteuropäischen« Tradition (vgl. dazu die Beiträge in Gerhard 1997). Vielmehr lässt sich insbesondere das mittelalterliche Stadtrecht als eine Quelle der Individualisierung oder doch zumindest der Aufwertung von Frauen und ihrer wirtschaftlichen und sozialen Kompetenzen verstehen. Es trat der Tradition der »Entmündigung« von Frauen langfristig erfolgreich entgegen, bis sich im Laufe der Frühen Neuzeit – nicht zuletzt mit der Intensivierung römisch-rechtlicher Traditionen und mit der wachsenden Bedeutung des frühneuzeitlichen Obrigkeitsstaates – eine deutliche Verschlechterung des Status insbesondere, aber nicht nur von Ehefrauen herausbildete.

Ehe- und Arbeitspaar Noch deutlicher verschieben sich die Hierarchien zwischen Ehemann und Ehefrau bei der Betrachtung wirtschaftlicher Zusammenhänge. Hier hat insbesondere die Frühneuzeitlerin Heide Wunder gezeigt, wie durch längerfristige Wandlungsprozesse im Wirtschaftsleben des Spätmittelalters und der Frühen Neuzeit eine »Individualisierung zu zweit« erfolgte, die zur Entwicklung eines »Ehe- und Arbeitspaares« führte, welches gemeinsam einem Haushalt vorstand und diesen leitete bzw. konstituierte, allenfalls unterstützt durch Gesinde und Kinder. Die rechtliche Nachordnung bzw. Diskriminierung der Ehefrauen in diesem tendenziell egalitären Lebens- und Arbeitsalltag führte indes immer wieder zu Konflikten. Umgekehrt ermöglichte die starke Stellung der Ehefrau als unverzichtbare »Hälfte« des Arbeitspaars dieser eine starke Stellung im Haus und in der Gemeinde, insbesondere, aber nicht nur in der ländlichen Kultur (vgl. Wunder 1992a: Kap. III–V; Anderson/Zinsser 1992: Bd.1, Kap. 2 u. 5).

Demgegenüber unterstrich die Reformationshistorikerin Lyndal Roper, dass es zu Beginn der Neuzeit in der und durch die Reformation wegen der »Moralisierung von Arbeiten und Leben« zu einer Verschlechterung der Situation von Frauen, nicht zuletzt aber von Ehefrauen gekommen sei. Die Aufwertung der Ehe durch die Reformatoren hätte gerade nicht zu einer Verbesserung der Stellung der Ehefrauen geführt, sondern im Gegenteil zu einer verschärften Kontrolle und Domestizierung aller Frauen, auch der Ehefrauen, die nun zu »Hausfrauen« gewissermaßen degradiert wurden – eine Entwicklung, die etwa Martha C. Howell auch für die Situation der handel- und gewerbetreibenden (Ehe-)Frauen konstatierte (Howell 1986). Doch auch im katholischen Lager lassen sich ähnliche Entwicklungen konstatieren, wie etwa Natalie Zemon Davis für das frühneuzeitliche Frankreich herausgearbeitet hat (Davis 1987).

Diesen widersprüchlichen Befund resümiert Olwen Hufton: »Wenn man die verschiedenen Kulturen im Blick hat und insbesondere die Unterschiede zwischen den Gebieten mit Gewohnheitsrecht und denjenigen mit römischem Recht bedenkt, kommt man zu dem Schluß, dass die patriarchalische Kontrolle in letzterem viel verbindlicher war. Diese Kontrolle wurde durch die Macht und Starrheit des Mitgiftsystems und durch seine Verflechtungen mit dem Scham- und Ehrenkodex verstärkt: keine Ehre ohne finanzielle Mittel. Die enger umschriebenen Tätigkeiten der ehrbaren Frau im Hause stärkten auch die Intensität der patriarchalischen Kontrolle. Doch blieb die Ehe eine Partnerschaft, und die Notwendigkeit, sie mit Leben zu füllen und die gegenseitigen Interessen zu wahren, war in allen Kulturen unabdingbar mit ihnen verbunden« (Hufton 1998: 202).

Status der Ehefrau

Letztlich übersteigen, so Olwen Hufton, »Verallgemeinerungen über die Qualität der Ehe quer durch alle Kulturen und Klassen, durch Zeit und Raum [...] die Möglichkeiten eines jeden Historikers, und es ist [darüber] zu erbitterten Diskussionen gekommen. Das ausgeprägt patriarchalische Modell, wie es die Ratgeberliteratur staatlicher und kirchlicher Provenienz vertrat, stellt sich möglicherweise etwas anders dar, wenn man es am tatsächlichen Erleben konkreter Paare misst, an der ›Ehe in Aktion‹« (ebd.).

Tatsächlich zeigen insbesondere solche Arbeiten, die die Alltagsdimension oder gar die subjektive Seite historischer Geschlechterbeziehungen in der Ehe betrachten, eher die Wechselseitigkeit (wenn auch weniger die »Egalität«) ehelicher Beziehungen (nicht nur) in der Vormoderne. Auch Emotionalität spielt hier eine weit größere Rolle als in Arbeiten, welche die diskursive bzw. institutionelle »Makro«-Ebene des Ehelebens in den Blick nehmen (vgl. Völker-Rasor 1993; Trepp 1996; Habermas 2000; Arni 2004).

So hängt es einerseits von der Quellengrundlage der Forschungen ab, welches Bild vom »Status« der Ehefrau und von der Qualität des ehelichen Lebens entwickelt werden kann. Andererseits spielen beim Herausarbeiten von Wandlungsprozessen insbesondere die Problemfelder und Thematiken eine Rolle, die man untersucht bzw. der Untersuchung zu Grunde legt: Handelt es sich eher um eine rechtsgeschichtliche Studie? Stehen institutionelle Wandlungsprozesse zur Debatte oder werden eher wissenschaftliche, literarische oder andere Diskurse untersucht? Oder spielt eher die Binnenperspektive von (männlichen und/oder weiblichen) Individuen eine zentrale Rolle? Und welchen Stellenwert misst man gesellschaftlichen Praktiken bzw. dem »Alltag« dabei zu? Gerade diese letzteren Fragen führen in jüngerer Zeit vermehrt zu Forschungen, die (eheliche) Konflikte zwischen den Geschlechtern zum Gegenstand haben. Hier zeigt sich nicht zuletzt, wie strukturelle bzw. institutionelle und diskursive Voraussetzungen individuelles Verhalten von Männern und Frauen mit bedingen und in (mehr oder weniger begrenzte) Bahnen leiten (vgl. Beck 1992; Habermas 1992; Burghartz 1999; Arni 2004; Lutz 2006).

Wandel und Kontinuität

In der Tat lassen sich viele der Widersprüche in den Erklärungsansätzen und Thesen zum Wandel bzw. der Kontinuität ehelicher Beziehungen auf solch unterschiedliche Akzentsetzungen in der Anlage der Forschungsarbeit bzw. der Theoriebildung zurückführen. Wichtig ist indes zu sehen, dass über Jahrhunderte hinweg (und in manchen Kulturen gilt dies bis heute) Ehe und Familie tatsächlich nicht (oder nicht eindeutig) zum Bereich des »Privaten« zu rechnen waren, da es den Bereich des Öffentlichen, des Staatlichen, des Marktes usw. nicht oder nur in Ansätzen gab. Dies führt dann dazu, dass aus heutiger Sicht familiäre Rollen und Funktionen keineswegs (oder nicht in derselben Weise wie seit dem 19. Jahrhundert) »privater Natur« waren, sondern vielmehr »öffentliche« (politische) Funktionen innehatten. Dies gilt insbesondere für die Rolle des »Vaters«, dem etwa in der politischen Theorie der Frühen Neuzeit eine herausragende politische Funktion zugeschrieben wurde, jedenfalls in symbolischer Hinsicht (vgl. Opitz 2002a; Opitz-Belakhal 2006: Kap. 2). Dasselbe gilt aber ebenso, wenn auch in abgeschwächter Form, für die Rolle und Funktion der »Hausmutter« (vgl. Opitz 1997). Über die rein ökonomische Bedeutung von Haushalt und Familie hinaus, die schon in der sozialhistorischen Perspektivierung durch Karin Hausen und Heide Wunder unterstrichen wurde, zeigt sich hier eine »öffentliche« Bedeutung dieses vermeintlich »privaten Bereichs«, auf den hinzuweisen insbesondere die Frauen- und Geschlechtergeschichte der Frühen Neuzeit nicht müde wird (vgl. dazu Wunder/Engel 1998; Labouvie 1998). Dies hat nicht nur erhebliche Auswirkungen auf die (Neu-)Konzipierung familiärer Strukturen in Bezug auf den gesellschaftlichen Wandel seit der Aufklärung, sondern auch auf die Konzipierung von Geschlechterrollen und deren jeweiliges »Machtpotential« in der Vormoderne (vgl. etwa Klapisch-Zuber 1994; Späth/Wagner-Hasel 2000). Es bedeutet nicht zuletzt auch, den Gegenstand der Geschichte insgesamt neu zu konstituieren, wie Rebekka Habermas fordert, die Allgemeine Geschichte« als Geschichte von Männern und Frauen zu verstehen, die innerhalb eines sozialen und kulturellen Settings handelten und Erfahrungen machten, das (zumindest für den von ihr gewählten Zeitraum) in höchstem Maß von Familienbeziehungen geprägt war – sozusagen »öffentlich« und »privat« gleichermaßen (Habermas 2000: 1–33).

Ob in ähnlicher Weise auch die Geschichte anderer gesellschaftlich-historischer Formationen untersucht werden kann, hängt unter anderem davon ab, ob die dazu notwendigen Quellen zur Verfügung stehen. Insgesamt erscheint die von Habermas und anderen erhobene Forderung nach einer Neukonzipierung von historischen Formationen und Gegenständen gewissermaßen jenseits der Dichotomie von Öffentlichkeit und Privatheit unbe-

Fazit

streitbar und die Ergebnisse dieser Art der Forschung als überaus überzeugend. Nicht zuletzt geht von hier auch ein wichtiger Impuls für die historische Männerforschung aus. Gerade familiäre Männerrollen treten hier neuerdings gegenüber »öffentlichen« (wie etwa die besonders gut dokumentierte Rolle des Soldaten) stärker in Erscheinung, weil deren Macht- wie Konfliktpotential durch die Neubewertung der Familie nicht nur in der Vormoderne eine größere gesamtgesellschaftliche Bedeutung erhält (vgl. Kühne 1996; Martschukat/Stieglitz 2008).

Dabei stellt allerdings die Familie der Neuzeit und der Gegenwart nach wie vor einen im Vergleich zur Vormoderne relativ wenig beachteten Gegenstand der historischen Forschung dar. Sie habe sich, so Robert Moeller, gleichsam aufgelöst in verschiedenen anderen Themenfeldern, etwa der Sozialpolitik- und der Wohlfahrtsstaatsforschung; aber auch im Bereich der Nationalismusforschung, in der Wirtschafts-, Sozial- und schließlich in der Sexualitätsgeschichte sei sie gleichzeitig »unbenannt und allgegenwärtig« (Moeller 2008) – was auch als Hinweis darauf zu verstehen ist, dass die Grenze zwischen Privatem und Öffentlichem in der Geschlechterforschung mittlerweile tatsächlich sehr weitgehend abgebaut oder zumindest doch weit geöffnet ist.

6.4 Geschichte der Sexualität(en)

Aber auch wenn wir zugestehen, dass die Grenzen zwischen »Öffentlichem« und »Privatem« in verschiedenen historischen Gesellschaften und Kulturen unterschiedlich gezogen sein konnten, so bedeutet das nicht, dass es nicht durchaus Verschwiegenes, Verborgenes bzw. »Geheimes« gegeben hat, an das auch mit allem forscherischen Fingerspitzengefühl kaum heranzukommen ist, wie Michelle Perrot unterstreicht, die zugleich weiter ausführt: »Es ist unmöglich, *hinter* den Spiegel zu gelangen. Hier schafft das Sagbare das Unsagbare, Licht erzeugt Dunkelheit. Das Ungesagte, das Unbekannte, das, was wir niemals kennen werden, bewegt sich im selben Maße voran wie unser Wissen, das vor unseren Füßen Geheimnisse aufreißt. Es bleibt die ungreifbare Undurchsichtigkeit des Gegenstands, sobald man über eine Sozialgeschichte des privaten Lebens hinausgehen und jenseits von Gruppen und Familien die Geschichte der Individuen mit ihren Vorstellungen und Emotionen erfassen möchte: die Geschichte der Handlungs- und Lebensformen, der Art zu fühlen und zu lieben, der Regungen des Herzens und des Körpers, der Flugbahnen der Träume und Phantasien« (Perrot 1992: 10 f.).

Dennoch trieb gerade das Interesse am »Verborgenen« in der Geschichte bereits die historische Frauenforschung seit ihren Anfängen voran und beflügelte sie dazu, Frauen in der Geschichte zu suchen oder die Geschichte der Frauen zu finden. Dafür richtete sich schon früh das Interesse auch auf Geschlechterbeziehungen im engsten Sinm, das heißt auf die Bedeutung von Sexualität als Teil des patriarchalen »Geschlechterkontrakts« (Pateman 1988). Infolgedessen zog die Prostitution als vermeintlich typisches Phänomen der patriarchalen Doppelmoral der bürgerlichen Gesellschaft des 19. Jahrhunderts schon früh das Interesse von Frauenhistorikerinnen auf sich. Im Phänomen »Prostitution« konnte einerseits die enge Verknüpfung von wirtschaftlicher und sexueller Ausbeutung, andererseits aber auch die Doppeldeutigkeit und Doppelmoral der bürgerlichen Geschlechterordnung – und zwar bezüglich der öffentlichen wie auch der Privatsphäre – besonders eindrücklich herausgearbeitet werden (vgl. Walkowitz 1980; 1993; Frevert 1986: 128–132). Andere thematische Schwerpunkte, die sich aus diesem geschlechtspolitischen Interesse an der Geschichte der Sexualität herleiteten, waren und sind die Ideengeschichte der Sexualität sowie die Geschichte sozialer Bewegungen, die insbesondere der »Sexualreform« gewidmet waren, die Geschichte sexueller Gewalt und schließlich die Geschichte der Homosexualitäten – bis hin zu den *queer studies* (vgl. Vicinus 1983; Corbin 1992).

Hinsichtlich der Ideen- und Diskursgeschichte von »Sexualität« und Sexualverhalten hob die Geschlechterforschung – in Anlehnung an Überlegungen Michel Foucaults in seiner wegweisenden Studie über *Sexualität und Wahrheit* (Foucault 1977) – vor allem den Prozess der Kriminalisierung und Normierung von Sexualität

Sexualität und Wahrheit

im Laufe der Frühen Neuzeit heraus. Mittlerweile zeigen uns weiterführende interdisziplinäre Studien, dass viele der Vorstellungen, Normierungen und moralpolitischen Aktivitäten, die Frauenhistorikerinnen eindeutig dem 19. Jahrhundert zugeschrieben haben, ihre Vorläufer oder auch Wurzeln in der mittelalterlichen städtischen Gesellschaft haben – und dies gilt ebenso für die Moralisierung oder gar Kriminalisierung von Prostitution wie für die Intimisierung von ehelicher Liebe (vgl. Otis-Cour 2000; Crawford 2007).

Sexualitätsbegriff Dennoch bestehen eindeutig epochenspezifische Unterschiede in der Betrachtung und Bewertung (und wohl auch im Praktizieren) von Sexualität. Ein wesentlicher Unterschied ist bereits, dass der Begriff »Sexualität« in der Eindeutigkeit und technizistischen Weise, wie er physische Handlungen zwischen Menschen »verdinglicht« und versachlicht, ein Phänomen des 20. Jahrhunderts und insbesondere der »Sexualwissenschaft« war (vgl. Hull 1996; Duden 1987). In der Frühen Neuzeit hingegen dominierte der Begriff der »Unzucht«, der jegliche vor- und außereheliche, auch homosexuelle Beziehungen und Prostitution tendenziell auf eine Stufe stellte und kriminalisierte. Im Mittelalter schließlich wurde das Phänomen »sexuelle Handlungen bzw. Beziehungen« eher durch Begrifflichkeiten wie »Laster« bzw. »Tugend« zu erfassen gesucht und dabei etwa Fresssucht und erotische Leidenschaft (»Geilheit«) auf eine Stufe gestellt (vgl. Bynum 1996: 61–108; vgl. dazu auch die Beiträge in *L'Homme*, 9. Jg., H. 1, 1998). Dabei finden sich jeweils unterschiedliche geschlechtsspezifische Zuordnungen und Bewertungen, die zumindest zu der Hypothese Anlass geben, dass Frauen stärker durch sexuelle Handlungen bzw. »Gier« charakterisiert erschienen als Männer – und dementsprechend auch stärker (oder jedenfalls anders) in den Verdacht obrigkeitlicher Kontrolle gerieten (vgl. Burghartz 1999; Gleixner 1994). Ein für Frauen fataler »Sonderfall« dieser Regel ist die Hexenverfolgung, deren sexuelle Konnotationen eindeutig zu Lasten des weiblichen Geschlechts gingen und die Opferzahlen der wegen Hexerei verurteilten Frauen überproportional anwachsen ließen (vgl. Opitz 1995).

Die Geschichte von Aristoteles und Phyllis gehört zu den sogenannten »Weibermacht«-Motiven, die sich im späten Mittelalter und zu Beginn der Neuzeit großer Beliebtheit beim Publikum erfreuten. In der Druckversion, wie sie hier vorliegt, konnte das Motiv dann zum Massenprodukt werden, das auch Personen erreichte, die kaum oder gar nicht lesekundig waren – also auch Frauen. Die Geschichte, die hier erzählt wird, ist einerseits eine Anekdote aus dem Leben des großen Philosophen Aristoteles, der sich in die schöne Braut seines Zöglings Alexander dem Großen, Phyllis, verliebt und darüber den Verstand verliert, so dass er sich von der jungen Frau zum Reittier bzw. »Esel« machen lässt. Zum anderen aber wird hier auch die Geschichte von der Macht der Liebe und der Erotik erzählt, die noch aus dem klügsten Mann einen Esel machen kann – und schließlich wird etwas über Geschlechterordnungen ausgesagt, denn eine Frau, die »obenauf« sitzt, die einen Mann dominiert, erscheint widernatürlich und bedrohlich – und der Mann schlicht lächerlich. Die enge Verbindung von Herrschaft, Knechtschaft und Sexualität ist kaum anschaulicher ins Bild zu setzen als in dieser Ikone der sexuellen Hörigkeit.

(*Lucas van Leyden*, Aristoteles und Phyllis, *Einblattdruck, um 1515.* © Archiv für Kunst und Geschichte Berlin, *als Bildquelle Nr. 2 unter* www.historische-einfuehrungen.de)

Bedenken gegenüber den modernen Kategorien »sex« und »Sexualität« äußern auch Historikerinnen und Historiker, die sich mit nichteuropäischen bzw. nichtwestlichen Gesellschaften befassen. Auch hier erscheint die heteronormative Matrix der Zweigeschlechtlichkeit kritikwürdig; die Bemühungen gegen essentialisierendes, normalisierierendes wie aber auch »verwestlichendes« Denken bleiben hier eine zentrale Herausforderung der Geschlechtergeschichte (vgl. Najmabadi 2006).

Sexualität und Macht

Umgekehrt erscheint aber auch die von Foucault ausgehende Differenzierung oder Dekonstruktion von Machtprozessen durch Sexualitätsdiskurse aus geschlechtergeschichtlicher Sicht weiterhin revisionsbedürftig. Wie Martha Vicinus schon vor Jahren zeigte, vermeidet es Foucault, »Handelnde in seinem Szenario immanenter Macht zu benennen; in der Tat ist das stillschweigende Übergehen der Handelnden in seinem System die größte Schwäche«. Unklar bleibe damit nicht nur, wodurch überhaupt Wandel im Diskurs zustande kommt, sondern auch, wie und wo die »Vielzahl von Widerständen, welche nur im strategischen Feld der Machtverhältnisse existieren können«, zustande kommen bzw. wirken. Wenn weder Personen noch Ereignisse, Institutionen oder Ideologien benannt werden, so schlussfolgert Vicinus, bleibt Widerstand historisch unbestimmt – und damit für eine geschlechtergeschichtliche Analyse unbefriedigend (Vicinus 1983: 144). Die »Geschlechterblindheit« der »allgemeinen Geschichte« scheint sich hier in eklatanter Weise zu wiederholen bzw. zu vertiefen, was sich deutlich etwa an der Geschichte weiblicher Homosexualitäten erkennen lässt.

Weibliche Homosexualität

Während in Foucaults *Sexualität und Wahrheit* der männlichen Homosexualität eine Schlüsselrolle zukommt insofern, als an ihr zentrale Aussagen zur diskursiven Logik und deren Wandel festgemacht werden können (»Der Sodomit war ein Gestrauchelter, der Homosexuelle ist eine Spezies«), findet weibliche Homosexualität hier zunächst keine Beachtung, wie Helmut Puff betont: »Was für den homosexuellen Mann gilt, kann allerdings für die homosexuelle Frau noch lange nicht gelten. Das […] zitierte Diktum Foucaults wirkte ja nicht allein durch seine Kernaussage, sondern ebenso durch seine Leerstellen. Und eine Diskursfigur hatte Foucault ganz unterschlagen: die Lesbe als weibliches Pendant zum männlichen Homosexuellen – Pendant zumindest im modernen Homosexualitätsverständnis, das bei Foucault wie bei so vielen anderen Denkern männlich besetzt ist« (Puff 1998: 135). Dies führte nicht zuletzt dazu, dass, wie schon Lilian Faderman zeigte, vor dem Beginn des 20. Jahrhunderts intensive Frauenfreundschaften in aller Regel nicht als sexuelle Abweichung wahrgenommen wurden, weil sie gar nicht als »sexuell« wahrgenommen wurden. Wie Faderman und andere zeigten, war es vor allem die als Mann »verkleidete« Frau, die als abweichend bzw. kriminell angesehen und verfolgt wurde (Faderman 1990; vgl. auch Dekker/Pol 1989). Es ist insofern fraglich, ob sich eine Geschichte weiblicher Homosexualität vor dem Ende des 19. Jahrhunderts überhaupt schreiben lässt, während die Erforschung männlicher Homoerotik und -sexualität wegen der Kriminalisierung und Verfolgung in früheren Epochen, aber auch dank ihrer Idealisierung etwa im antiken Griechenland eine weit größere Überlieferungsdichte gewonnen hat. Dennoch geht Helmut Puff in seinem programmatischen Überblicksartikel davon aus, dass eine Geschichte der Homosexualitäten eine sein muss, die männliche wie weibliche Homosexualität zusammenbindet, weil nur sie dazu geeignet ist, »binär-dualistisches Denken vom Typ Frau/Mann« aufzubrechen und normative Weiblichkeits- und Männlichkeitskonzepte zu problematisieren. Eine Geschichte der Homosexualitäten ergibt jedoch seinem Erachten nach »kein identisches Abbild, sondern ein je eigenes Bild, mit strukturellen Eigenschaften, die über das soziale Gefüge, seine Normen und deren Handhabung in produktiver Weise Auskunft zu geben vermögen« (Puff 1998: 135). In der geschlechtergeschichtlichen Öffnung der Homosexualitätsforschung liegt also ebenfalls eine spezifische Herausforderung darin, dass nicht länger nur die Sexualitätsforschung die Frauen- und Geschlechtergeschichte erhellt und erklärt, sondern auch umgekehrt, dass durch die geschlechtergeschichtliche Perspektivierung die Geschichte der Homosexualitäten neue bzw. schärfere Konturen erhält.

7. Vom weiblichen Widerstand zur Politik der Geschlechter

Die frühe feministische Geschichtsbetrachtung stand ganz unter dem Vorzeichen der jahrtausendelangen, ununterbrochenen Unterdrückung der Frau durch den Mann bzw. das »Patriarchat«, ein Begriff, den die feministische Bewegung aus der marxistischen Geschichtsphilosophie übernommen hatte. Doch wenn auch die Vordenkerinnen der Frauengeschichte sich dieser Ansicht im Prinzip anschlossen, so plädierten sie gleichzeitig dafür, den Opferstatus von Frauen nicht absolut zu setzen, sondern zu beachten, dass es die männlich geprägte Geschichtsschreibung gewesen sei, die weibliche Erfahrungen und Handlungsmöglichkeiten übersehen oder unangemessen dargestellt habe (vgl. Conrad 1995). Gegen feministische Vorurteile, aber auch gegen eine »männliche« Geschichtsschreibung, die die Geschichte »aufgrund der patriarchalen Werte, die unsere Kultur und unser Denken durchdringen« einseitig bzw. geschlechtsblind gestaltet und überliefert habe, betonte etwa Gerda Lerner, dass »Frauen eine Geschichte *haben*« – und dass es gälte, diese Geschichte zu entdecken bzw. gegen die bislang gültigen patriarchalen Werte der Geschichtsschreibung Widerstand zu leisten, um so die Geschichte der Frauen offen zu legen (Lerner 1995a: 164). Der Idee von der Ohnmacht der Frauen gegenüber dem allmächtigen Patriarchat standen damit bald schon Vorstellungen von einer gewissen Handlungsfähigkeit von Frauen gegenüber, die sogar bis zur – verborgenen bzw. von der historischen Forschung bislang unbeachteten – »Macht der Frauen« reichten.

7.1 Geschichte der Frauenbewegungen und des Feminismus

Besonders greifbar wird dieser Widerstand von Frauen gegen »das Patriarchat« in der Geschichte der Frauenbewegungen, deren Erforschung sich ein Gutteil der frühen, wie aber auch der aktuellen Frauen- und Geschlechterforschung zum Gegenstand gewählt hat. Schon einer der ersten Sammelbände zur US-amerikanischen Frauengeschichte stand unter dem bezeichnenden Titel *Liberating Women's History* – was ebenso heißen kann »Die Frauengeschichte befreien« wie »Die Geschichte der Frauen, die sich befreien«. Hier spielt die Auseinandersetzung mit der historiographischen (insbesondere der marxistischen) Tradition eine große Rolle, aber auch der Geschichte der Frauenbewegungen und des Feminismus innerhalb und außerhalb der USA (vor allem in Südamerika) wird breite Beachtung geschenkt (Carroll 1976). Und bereits hier wird als entscheidende Frage der Geschichte des Feminismus ausgemacht, was genau »Feminismus« und was »Frauenbewegung« bedeuten – und wie sie sich von der »Frauengeschichte« als Gesamtphänomen unterscheiden (Smith 1976).

Der allgemein verwendete Feminismus-Begriff entstammt dem 19. Jahrhundert und kreist um die Frage der Frauenrechte (bzw. weiblicher Bürgerrechte) in den USA und Europa. Problematisch ist dabei, nach Hilda Smith, die Tatsache, dass feministische Aktionen in der Regel von ihren Zielen her definiert werden und damit Konstituierungs- und Entscheidungsprozesse rund um diese Ziele und deren Umsetzung aus dem Blick geraten. Ihrer Meinung nach ist es falsch, lediglich die Ziele und Aktivitäten einer Gruppe von Aktivistinnen herauszugreifen, sondern »one must look for the unifying element in all periods and varieties of feminist thought«. Sie schlägt vor, zu diesem Zweck insbesondere die Selbst- und die Fremddefinitionen der Aktivistinnen zu kontrastieren: »How are the ways feminists view women different from the ways non-feminists view them?« Insgesamt plädiert sie für eine breite, aber dennoch konzise Definition von »Feminismus«, die zeit- und raumübergreifend sein soll: Feminismus sei

»Feminismus« definieren: Hilda Smith

ein »system of thought«, ein Ideengebäude, das die Beziehungen zwischen Männern und Frauen zu erklären sucht – und das von der Überzeugung getragen ist, dass das gesamte gesellschaftliche System von den Beziehungen zwischen Männern und Frauen konstituiert sei, die verändert werden müssten (»a feminist explanation of social phenomena in addition to formulating complaints about the position of either men or women«) (ebd.: 371).

Diese breite Definition von Feminismus erlaubt es Hilda Smith zufolge auch, feministische Reflexionen vor dem 19. Jahrhundert zu suchen und zu finden, wie sie es im Weiteren für England im 17. Jahrhundert unternimmt. Joan Kelly-Gadol, die Renaissance-Historikerin, konnte auf der Grundlage einer ähnlichen Definition die Anfänge des Feminismus im 15. Jahrhundert in der französischen »querelle des femmes« glaubhaft machen (Kelly-Gadol 1992). Gerda Lerner, die Vordenkerin der US-amerikanischen Frauengeschichte, legte 1993 sogar eine fast 400 Seiten starke Monographie über die *Entstehung des feministischen Bewußtseins* vor, in der sie »feministisches Bewusstsein« in der europäischen Geschichte seit der Antike (vor allem in der christlichen Tradition feministischer Bibelkritik und in der »Frauenmystik« des Hochmittelalters) nachzuweisen versuchte (Lerner 1993: 9).

Gegen eine solch breite, themen- wie epochenübergreifende, aber auch eurozentrische Definition des Feminismus legte Karen Offen Widerspruch ein. In ihrem Aufsatz »Defining Feminism« plädiert sie dafür, den Feminismus-Begriff zu präzisieren, um daraus eine bessere Waffe für den politischen Kampf (der Feministinnen) zu schmieden. Ihrer Definition nach ist Feminismus ein gesellschaftskritisches Ideengebäude »in its own right« (Offen 1988: 12). Darüber hinaus sollte »Feminismus« vor allem als Oberbegriff dienen zur Bezeichnung von sozialen Bewegungen mit feministischen Zielen, das heißt Bewegungen, die auf einer kritischen Analyse männlicher Privilegien und weiblicher Unterordnung basieren, in welchem gesellschaftlichen Kontext auch immer.

Karen Offen hat ihre Vorstellungen von der Geschichte der Frauenbewegungen und des Feminismus in Europa weiter verfolgt und die Ergebnisse in einer umfangreichen Monographie über *European Feminisms* publiziert (Offen 2000). Die besondere Leistung ihrer Studie ist es, die internationale Einbindung von Frauenbewegungen aufzuzeigen und den Austausch von Ideen und Aktivitäten über nationale Grenzen hinweg deutlich zu machen. Sekundär bleiben dabei jedoch differente (soziale wie kulturelle) Ideologien und Organisationsformen; es dominiert hier das »emanzipatorische Projekt« von politischer Gleichheit und gleichen Rechten für Frauen. Diese Schwierigkeit hat Nancy F. Cott in ihrer Darstellung des frühen US-amerikanischen Feminismus gesehen und explizit benannt. Auch sie geht von einem breiten Feminismus-Begriff aus, der drei Komponenten enthält, nämlich erstens die Kritik an Geschlechterhierarchien, zweitens die Überzeugung, dass die Situation und Rolle von Frauen gesellschaftlich konstituiert und damit historisch wandelbar ist (und nicht etwa durch göttliches Gebot oder »Natur« festgelegt) und schließlich drittens eine geschlechtlich definierte Gruppenidentität, das heißt Feministinnen sind Frauen, die sich nicht nur durch biologische Geschlechtszugehörigkeit (*sex*) definieren, sondern vor allem als soziale Gruppe (*gender*). Die daraus entstehende gemeinsame Identität ermöglicht es den Frauen, gemeinsam zu handeln (Cott 1987: 4f.). Da es ihr insbesondere um die US-amerikanische Frauenwahlrechtsbewegung geht, schließt sie bewusst vor allem auch solche Aktivitäten und Gruppierungen ein, die sich nicht explizit als feministisch im oben genannten Sinn verstanden – dies waren zum Beispiel religiös orientierte Gruppierungen und vor allem auch solche, in denen afroamerikanische Frauen aktiv waren.

Allen Bemühungen Offens und Cotts um eine offene, aber eindeutige Definition des Begriffs »Feminismus« zum Trotz, spaltete sich die US-amerikanische Frauenbewegung nicht nur in linke und liberale Feministinnen, sondern dazu kamen auch noch ethnisch orientierte und/oder auf die Emanzipation von Homosexuellen hin orientierte Feministinnen, die sich in diesem von »weißen« Feministinnen formulierten Projekt nicht aufgehoben fühlten. Die 1990er Jahre waren infolgedessen angefüllt von einer Debatte über *feminisms* – im Plural –, die der mangelnden Flexibilität der bis dahin benutzen Begriffe den Kampf ansagte, nicht zuletzt auch deshalb, weil die historischen Erscheinungsformen feministischen Bewusstseins und feministischer Aktionen hinter einer einengenden bzw. einseitigen Definition zu verschwinden drohten (vgl. De Lauretis 1993). Die Folge war eine enorme Verbreiterung der Perspektiven auf feministische Bewegungen und Aktivitäten über die Grenzen der USA und Europas, aber auch über die bisherigen thematischen und methodischen Grundlagen hinaus, wie sich nicht zuletzt an der großen Zahl von Sammelbänden sowie Sonderheften frauen- und geschlechtergeschichtlicher Zeitschriften ablesen lässt (vgl. etwa Scott 1996; Brooks 1997; Heywood/Drake 1997; Gubin u. a. 2004).

7.2 Kontinuität oder Kontingenz des Feminismus?

Auch in Frankreich wurde die Geschichte der Frauenbewegung von der Frauenbewegung wiederentdeckt – und in der historischen Forschung kritisch überprüft. Hier legte 1977 ein Autoren-Paar, Maité Albisthur und Daniel Armogathe, eine »Geschichte des französischen Feminismus vom Mittelalter bis heute« vor (Albisthur/Armogathe 1977). Doch auch hier regte sich bald Kritik an der Geschichte des Feminismus als einer reinen Vorgeschichte der Neuen Frauenbewegung in Frankreich. Im Rahmen einer von Michelle Perrot geleiteten Tagung zur Frage »Ist eine Geschichte der Frauen möglich?« beleuchtete Geneviève Fraisse 1984 die Feminismus-Historiographie kritisch. Sie stellte die nach wie vor interessante Frage, »wo der Feminismus beginnt und wo er aufhört« (Fraisse 1985). Ist er eher als kontinuierlicher Fortschritt oder als Revolte zu betrachten? Verdankt er sich im Wesentlichen den Wertsetzungen einer bestimmten Epoche – oder stellt er nicht vielmehr einen Anachronismus dar (den Anachronismus der zu früh Gekommenen)? Und wie kann man ältere feministische Strömungen erfassen und beschreiben, wenn man doch weiß, dass der Begriff selbst erst am Ende des 19. Jahrhunderts in Frankreich in Umlauf kam?

Geschichte des Feminismus schreiben

Fraisses Ansicht nach ist die einzig angemessene Methode, die Geschichte des Feminismus zu untersuchen, die diskursanalytische – eine Methode also bei der die einzelne Person mit ihrer biographischen Prägung in den Hintergrund tritt zugunsten des Gesagten bzw. des Geschriebenen und dessen diskursiver Dynamik. Daraus lässt sich das häufige Scheitern feministischer Akteurinnen und ihrer Aktionen besser erklären als etwa aus eher verschwörungstheoretisch gefärbten Annahmen über das allmächtige Patriarchat. Vor allem aber weist Fraisse auf einen Umstand hin, der in der Geschichte des Feminismus weiterhin Aufmerksamkeit verdient, die Tatsache nämlich, dass er keine (kontinuierliche) Geschichte hat, »dass er negiert wird im Moment selbst, wo er geschieht«. Er provoziert ständig Missachtung und das Verbot der Anerkennung (»une méconaisssance et une interdiction de reconnaissance«) (Fraisse 1984: 200). Es gibt nämlich keine Institution, die für die Geschichte des Feminismus »zuständig« wäre, denn er ist durch und durch »Opposition« zu allen (männlich geprägten) Institutionen. Deshalb muss er auch mit anderen Begriffen und Konzepten definiert bzw. analysiert werden als alle anderen sozialen Bewegungen, ein Umstand, auf den ja auch Karen Offen schon hingewiesen hatte. Dennoch, oder gerade deshalb, weist Fraisse der Erforschung der Geschichte des Feminismus einen zentralen Stellenwert für die feministische Geschichtsforschung insgesamt zu. Denn durch ihn werden Frauen zu historischen wie letztlich auch zu politischen Subjekten – auch wenn diese Subjektwerdung durch und durch paradox ist, da ja erst durch die geschlechtliche Differenz zwischen Männern und Frauen der Ausschluss aus der politischen Sphäre möglich wird, genauso wie die feministische Selbst-Ermächtigung, die weibliche Subjektwerdung.

Fraisses Argumente sind auf fruchtbaren Boden gefallen: So hat Joan Scott 1994 eine Studie über französische Feministinnen und die Menschenrechte vorgelegt, in der sie einleitend die bisherige Geschichtsschreibung über Feminismus und Frauenbewegungen wegen ihrer epistemologisch unhaltbaren Prämissen scharf kritisiert. Sie setzt dem tendenziell teleologischen Geschichtsbild der »klassischen« Feminismusgeschichte à la Lerner und Cott eine historische Analyse entgegen, die nicht nur auf der unbedingten Kontingenz (das heißt Zufälligkeit) historischer Prozesse besteht, sondern auch auf der zeit- und raumspezifischen Kontextualisierung feministischer Ideengebäude und Handlungsweisen. Dabei

Kontextualisierung

betont sie vor allem auch die Anerkennung von immanenten Widersprüchen nicht nur zwischen Feministinnen, sondern auch in den Aussagen (bzw. Schriften) und den Handlungen einzelner (feministischer) Individuen (Scott 1994a; vgl. auch Scott 2004). Das Ergebnis dieses kritischen Neuansatzes sind biographische Einzelstudien, die insbesondere die (historisch unterschiedlichen) Bezugssysteme feministischer Identitätsbildung herausstreichen und damit erkennbar werden lassen, dass es nicht eine einzige »feministische Wahrheit« und einen einzigen feministischen »Heilsweg« geben kann und darf. Allerdings wird hier »Feminismus« relativ eng auf die Erringung von politischen bzw. Bürgerrechten bezogen. Dass sich Frauenbewegungen schon früh auch auf andere (etwa soziale) Rechte bezogen und im Feld der Sozialpolitik agierten, wird in dieser Studie – etwa im Unterschied zu der Gesamtdarstellung von Karen Offen – nicht deutlich.

Dennoch bleibt die von Fraisse und Scott formulierte Kritik ein gutes Stück weit berechtigt, insofern als eine allzu eng auf moderne Ideen und Aktivitäten bezogene Untersuchung von feministischer Politik bzw. von Frauenbewegungen zu kurz greifen muss. Auch ist eine allzu eindeutig auf demokratische Ziele bzw. auf individuelle Freiheit *und* Gleichheit begrenzte Definition und Beschreibung historischer Frauenbewegungen insofern problematisch, als hierdurch von diesen Idealen abweichende Frauenvereinigungen und -aktivitäten sowie Ideologien generell nicht mit erfasst werden können – etwa der sogenannte »Differenzfeminismus«, der durch eine Radikalisierung der Geschlechterdifferenz »weibliche Freiheit« vorantreiben will. Ausgeblendet werden hierdurch aber auch feministische Strömungen in faschistischen, religiösen oder fundamentalistischen Bewegungen, die erst in jüngerer Zeit in den Blick der historischen Forschung gekommen sind (vgl. dazu etwa das 1991 erschienene Sonderheft von *Gender and History*, 3. Jg., H. 3, über »Gender and the Right«, die Beiträge über »Right Wing Women in Women's History: A Global Perspective« im *Journal of Women's History*, Bd. 16.3, 2004; sowie zum Beispiel Streubel 2006).

Allerdings erscheint nicht allen Forscherinnen das Argument unmittelbar einleuchtend, der Feminismus habe keine (eigene)

Geschichte, auch wenn die von Karen Offen und anderen formulierte Überzeugung, der Feminismus sei immer vorhanden gewesen, hätte sich aber unter unterschiedlichen historischen Bedingungen unterschiedlich (gut oder schlecht) entfalten können, durchaus nicht unproblematisch erscheint. So hat ja nicht nur Karen Offen an ihrem Projekt einer übernationalen Geschichte des Feminismus festgehalten, sondern in den letzten 15 Jahren wurden mehrere Synthesen zur Geschichte des Feminismus und der Frauenbewegung in verschiedenen europäischen Ländern vorgelegt – auch in Deutschland (vgl. Frevert 1986; Gerhard 1990; Schaser 2006).

Und erst neulich haben Historikerinnen aus mehreren Ländern eine Darstellung über das »Jahrhundert der Feminismen« vorgelegt, die nicht nur eine Bilanz der Erfolge der Frauenbewegungen des 20. Jahrhunderts darstellt, sondern die darüber hinaus davon ausgeht, dass die Frauenbewegungen eine der bedeutendsten Triebkräfte zur Gestaltung der politischen und der gesellschaftlichen Strukturen in ihren jeweiligen Ländern (und darüber hinaus zum Beispiel auch innerhalb der EU) darstellen (Gubin u. a. 2004). Die Herausgeberinnen treten selbstbewusst an die Öffentlichkeit, problematisieren aber gleichzeitig die historische Forschung über Feminismus und Frauenbewegungen explizit. *Le siècle des féminismes* ist nämlich nicht zuletzt auch das Resultat von 30 Jahren historischer Forschung – womit die Verbindung zwischen feministischer Forschung und feministischer Politik nochmals unterstrichen wird, allerdings nicht ohne fällige Distanzierungen. Wie Brigitte Studer und Françoise Thébaud in ihrer Einleitung deutlich machen, braucht die Frauenbewegung als soziale und politische Bewegung ein »Gedächtnis«, aber auch eine reflexive, kritische Geschichtsschreibung. Sie soll und kann deshalb weniger eine »Heldinnengeschichte« sein, als vielmehr eine Untersuchung der (verschiedenartigen) Organisationsstrukturen und der diversen Strategien, eine Analyse der (wechselnden) diskursiven wie kulturellen Kontexte – mit eingeschlossen auch den Antifeminismus, der die Frauenbewegungen des 20. Jahrhunderts über sehr lange Zeit hinweg treu begleitet hat; aber schließlich auch die Anerkennung der Tatsache, dass Feminismus kein

Das »Jahrhundert der Feminismen«

weibliches Privileg war und ist, sondern dass es der »männlichen Verbündeten«, der »féministes au masculin« bedurfte, um die genannten Erfolge zu erreichen (Gubin u. a. 2004: 22–47).

Das umfangreiche Werk ist dementsprechend keine monographische »große Erzählung« – und auch nicht wirklich chronologisch angelegt –, sondern ein überlegt zusammengestellter Sammelband. Er macht nicht zuletzt deutlich, wie sehr sich die Erforschung von Feminismen und Frauenbewegungen – bei aller Treue zu ihrem »sozialgeschichtlichen Erbe« – einer »postmodernen«, diskurs- und kulturhistorischen Methodologie geöffnet hat. Daraus kann sie erheblichen Profit ziehen, nicht zuletzt durch die Einbeziehung außereuropäischer Länder und Kulturen.

7.3 Querelle des femmes als (Proto-)Feminismus?

Ist die historiographische Forschung zum Feminismus und zu den Frauenbewegungen in der Moderne mittlerweile fest etabliert, so gilt das nicht für die Beschäftigung mit »feministischen« Texten und Strömungen vormoderner Epochen. Schon 1978 hatte Joan Kelly-Gadol zwar die längerfristige Vorgeschichte des neuzeitlichen Feminismus bzw. einen »frühneuzeitlichen Feminismus« in der sogenannten *querelle des femmes*, im »Streit um die Frauen«, sehen wollen, aber sie stieß damit durchaus nicht überall auf Zustimmung (vgl. Bock 1997).

Unter *querelle des femmes* – ein Begriff, der im 16. Jahrhundert geprägt wurde – wird heute ein umfassender »Geschlechterstreit« in Wort und Bild verstanden, der am Ende des Mittelalters begann und bis zur Zeit der Französischen Revolution (oder sogar noch darüber hinaus) andauerte und sich über ganz Europa erstreckte. An dieser Debatte beteiligten sich zahlreiche Männer und etliche Frauen als Autorinnen und Autoren, Künstlerinnen und Künstler oder Gelehrte. Gestritten wurde hier um männliche und weibliche Tugenden, Fähigkeiten oder auch Laster und Fehler, um Geschlechterhierarchien, um die Ehe, um die weibliche Bildungs- oder

> Herrschaftsfähigkeit sowie darum, ob die männliche Behandlung des
> weiblichen Geschlechts – im literarischen wie im alltäglichen Leben – angemessen oder nicht vielmehr ganz und gar verfehlt sei (vgl. Bock/Zimmermann 1997: 9–38).

Neben den im Kasten ernannten Punkten diente der »Streit um die Frauen« auch ganz anderen Zwecken, etwa der Diskussion um künstlerische oder literarische Stilfragen, der Präsentation rhetorischer Fähigkeiten, der Gelehrten- und der Wissenschaftskritik oder schließlich der persönlichen Profilierung von Künstlerinnen und Künstlern oder Gelehrten. Unter den *querelle*-Autorinnen und -Autoren gab es Stimmen, die behaupteten, Frauen seien wesentlich besser, da tugendhafter, klüger und schöner als Männer, und solche, die sich für die »Gleichheit der Geschlechter« stark machten. Ein Beispiel ist die Schrift »Von dem Vorzug und der Fürtrefflichkeit des weiblichen Geschlechts vor dem männlichen« von Cornelius Agrippa von Nettelsheim (als Quelle Nr. 5 unter *www.historische-einführungen.de*). Andere wiederum plädierten für ein ausgewogenes Urteil – also etwa: Jedes Geschlecht hat Fehler und Schwächen, aber auch Stärken und besondere Fähigkeiten. Schließlich finden sich auch bösartige Invektiven sowohl gegen die Angehörigen des männlichen wie des weiblichen Geschlechts (Bock/Zimmermann 1997: 9–38).

Ob diese heterogene frühneuzeitliche Schrifttradition tatsächlich als »Feminismus« *avant la lettre* gelten darf – zumal sie offenbar überhaupt keine gesellschaftliche Wirkung entfaltete –, darüber streiten sich die Geister innerhalb und außerhalb der historischen Frauen- und Geschlechterforschung. Gisela Bock und Margarethe Zimmermann gehen davon aus, dass es sich bei der *querelle des femmes* um ein europäisches Phänomen mit enormer thematischer Breite und von langer Dauer handelt – der Beginn wird in der Regel in der »Renaissance« situiert (ein höchst dehnbarer Epochenbegriff und Zeitraum) und ihr Ende mit der Französischen Revolution bzw. mit der dort beobachtbaren »Politisierung« der Geschlechterdebatten durch die Demokratiebewegung. Doch gibt es gegen solche Datierungen auch gewichtige Einwände – so etwa die Beobachtung, dass es auch nach 1800 noch ganz ähnliche Geschlechterdebatten gab und viele Argumente bis weit ins 20. Jahrhundert hinein fast unverändert weitergeführt wurden, während andererseits das religiöse Bezugssystem, das in der frühen *querelle* eine erhebliche Bedeutung hatte, mit der »cartesianischen Wende« um 1670 zurücktritt gegenüber moderneren naturrechtlichen und naturphilosophischen Begründungen (ebd.: 19–22; vgl. auch Heft 1, 2000 der *Feministischen Studien*, 6. Jg., zum Thema »Geschlechterstreit um 1900«).

Die Frage nach dem feministischen Gehalt der *querelle* trennen sie allerdings von der Definitionsfrage ab. Hier plädieren die Verfasserinnen für einen fruchtbaren Dialog mit der Kultur- und Mentalitätengeschichte, für die »historische Reflexion auf Sprache und geschlechterbezogene Ansätze der neueren *intellectual history* anstelle einer enggeführten sozialgeschichtlichen Betrachtung, die der *querelle* als (überwiegend männlich geprägter) Elitetradition die Relevanz für eine frauengeschichtliche Forschung abspricht« (ebd.). Hier wird eine problematische »Frontstellung« innerhalb der frauen- und geschlechtergeschichtlichen Forschung deutlich, die sich durch die gesamte Feminismus-Forschung zieht und für die die *querelle des femmes* einen Prüfstein besonderer Güte darstellt: die konzeptuelle Trennung von einer sozialen gegenüber einer intellektuellen Bewegung. Im Begriff »Feminismus« wird diese Problematik bisweilen nicht deutlich genug herausgearbeitet, wie sich an Karen Offens Definition erkennen lässt. Ihr zufolge kann es keine Frauenbewegung ohne irgendwie geartete feministische Programme geben, aber wie steht es mit »Feminismen« ohne soziale Bewegung, ohne sichtbare politische Einflussnahme, ohne institutionelle Wirkungen? In der Debatte über den modernen Feminismus des 19. und frühen 20. Jahrhunderts erscheint diese Unterscheidung sekundär. Für die ältere *querelle des femmes* stellt sich diese Frage mit größerer Schärfe. Für ihre Lösung stehen bislang verschiedene Vorschläge im Raum: Einerseits betonte zum Beispiel die Philosophiehistorikerin Elisabeth Gössmann schon länger die unübersehbar »praktische« Relevanz der *querelle* für die (Vor-)Geschichte der Mädchen- und Frauenbildung. Dieses Thema gewann in der »Alten Frauenbewegung« an Brisanz und Aktualität und konnte schließlich, mit der Institutionalisierung der höheren

Mädchenbildung und des Frauenstudiums im 19. und zu Beginn des 20. Jahrhunderts, zu einer wirklichen Erfolgsgeschichte feministischer Reflexion wie feministischer Bewegung werden (vgl. Gössmann 1998; Kleinau/Opitz 1996). Schließlich plädiert Gisela Bock in ihrem den »Feminismus-Streit« resümierenden Fazit sogar dafür, die *querelle des femmes* nicht ausschließlich als »feministische« Debatte zu verstehen, weil sie gleichzeitig breiter gefasst ist als unser modernes Feminismus-Verständnis, da sie »nicht nur die frauenfreundlichen, sondern auch die frauenfeindlichen Texte einschließt«, und enger, weil sie »nicht sämtliche Arten von frauenfreundlichen beziehungsweise ›feministischen‹ Äußerungen« umfasst (Bock 1997: 343; ähnlich auch Hassauer 2004).

Wer mit Margarethe Zimmermann »Feminismus« als »ein Phänomen der *longue durée*« sehen will und seine Entstehungszeit ins späte Mittelalter datiert, muss sich immerhin bewusst machen, dass dieser Begriff, wie Beatrice Gottlieb schon 1985 betonte, anachronistische Werthaltungen transportieren kann, da hier in der Regel der historische Gegenstand aus dem historischen Kontext gelöst werde im Bedürfnis nach aktueller Selbstvergewisserung (Gottlieb 1985). Der Begriff selbst – der meist von weniger skeptischen Forscherinnen benutzt wird, denen in der Regel daran gelegen ist, Kontinuitäten in der europäischen Geschichte über den großen Graben der »Modernisierung« hinweg deutlich zu machen – muss deshalb zumindest modifiziert werden, soll er auf die frühneuzeitliche *querelle des femmes* sinnvoll angewandt werden. Dafür wurden Formulierungen wie »Proto-Feminismus« oder »Früh-Feminismus« vorgeschlagen, aber auch modifizierende Kombinationen wie etwa »elitärer Feminismus« (für die Zeit vor 1700), »rationalistischer« bzw. »Aufklärungs-Feminismus« (für den Zeitraum 1750–1800), »liberaler« bzw. »radikaler Feminismus« usw. (Bock 1997: 346).

In ihrem Überblick über die *Frauen in der europäischen Geschichte* hat Gisela Bock der *querelle des femmes* jedenfalls einen hohen Stellenwert zugemessen. Die *querelle* bestimmt ihre Darstellung frühneuzeitlicher Geschlechterbeziehungen unter dem Motto: »Ein europäischer Streit um die Geschlechter« (Bock 2000). Bock führt hier insbesondere die Debatte um die Ehe als einer zentralen Institution frühneuzeitlicher Lebens- und Arbeitsverhältnisse nicht nur von Frauen, sondern auch von Männern vor. Gerade auch die Frage nach der »Macht der Väter«, der »Macht der (Ehe-)Männer« wie auch der »Macht der Frauen« in der frühneuzeitlichen Kultur und Gesellschaft lässt sich von hier aus problematisieren. Die *querelle* wird damit, ganz im Sinne von Scotts *gender*-Definition (Scott 1994; vgl. Kap. 2), zum prioritären Bezugsrahmen nicht nur für weiblichen Widerstand und Protest, sondern für gesellschaftliche Diskussionsprozesse um Macht, Herrschaft und Unterwerfung insgesamt. Und mehr noch: Die Geschlechterdebatten sind mit dem Beginn der Moderne nicht beendet, sondern Bock diagnostiziert einen zweiten und schließlich dritten »Streit um die Geschlechter« in der Zeit der Französischen Revolution und im 19. Jahrhundert, bis zur (bürger-)rechtlichen Gleichstellung der Frauen und damit ihrer Aufnahme in den Bereich des Politischen. Einen letzten Geschlechterstreit lokalisiert sie schließlich in der Zeitgeschichte, mit der Genese und der öffentlichen Präsenz der Neuen Frauenbewegung. Sie dreht damit die Begrifflichkeiten von »Feminismus« und *querelle des femmes* gleichsam um: Nun stehen weniger die Feminismen, sondern vielmehr die diversen Auseinandersetzungen um die jeweiligen Rollen und Rechte von Frauen und Männern im Vordergrund des Interesses, nach dem Motto: In jedem Jahrhundert und in jeder Epoche und gesellschaftlichen Konstellation sind die Rollen, Rechte und Positionen von Männern und Frauen (bisweilen ähnlich, bisweilen anders) umstritten.

7.4 Weibliche Macht und »Listen der Ohnmacht«

Eine andere Möglichkeit, der ahistorischen Patriarchatsthese, die die Frauengeschichtsforschung seit ihren Anfängen herausforderte, zu begegnen, war über den mehr oder weniger klar umrissenen Kontext von Feminismen und Frauenbewegungen hinaus die Suche nach »widerständigen« Frauen in der Geschichte, vor allem in der älteren Geschichte, da sich Frauenbewegungen vor dem 19. und 20. Jahrhundert kaum finden ließen. Was war mit

Querdenkerinnen und Widerständigen in früheren Zeiten? Gab es keine Verbindung zwischen den machtvollen Urmüttern matriarchaler Vorzeiten und den Kämpferinnen für Frauenrechte in der unmittelbaren Vergangenheit?

Tatsächlich ließen sich hie und da weibliche Stimmen identifizieren, die sich schon in der Antike und vor allem im Mittelalter zu Wort meldeten: Die achtziger Jahre des 20. Jahrhunderts waren die goldene Ära der Wiederentdeckung und der Dokumentation schreibender, dichtender, komponierender, malender, philosophierender usw. Frauen in Quellensammlungen und Anthologien, die – meist als Töchter und Schwestern berühmter Männer – einen privilegierten Zugang zur eigentlich verschlossenen (Männer-)Welt der Bildung erhielten (vgl. die Beispiele bei Lerner 1993). Kritisch wurde hiergegen aber vermerkt, dass diese additive Art der Geschichte der Frauen, die recht unverbunden neben der vermeintlich allgemeinen, aber eigentlich nur von Männern gemachten Geschichte stehe, Letztere in ihrer Eigendynamik bestehen lasse und damit gewissermaßen die von Simone de Beauvoir getroffene Feststellung bestätige, dass Männer Geschichte machten und Frauen bestenfalls dabei waren; schlechtestenfalls waren und sind sie Opfer einer patriarchalen Weltordnung (vgl. dazu Bock 1988 sowie unter *www. historische-einfuehrungen.de* als Quelle Nr. 12 einen Auszug aus Beauvoir 1949). Eine feinere Konzeptionalisierung des Verhältnisses von (männlicher) Macht und (weiblichem) Heldentum oder Widerstand war deshalb von Nöten, unterstrichen die Kultursoziologinnen Claudia Honegger und Bettina Heintz in ihren Ausführungen über die *Listen der Ohnmacht* (Honegger/Heintz 1991). Gegen das allzu euphorische Bild weiblichen Heldentums und weiblicher Autonomie in der Geschichte setzen Honegger und Heintz die Forderung, die vielfältigen Bedingungen weiblicher Macht zu sehen und den »verschlungenen Beziehungen zwischen objektiven Strukturen, kulturellen Deutungen, sozial verbindlichen Normen und Werten einerseits, weiblichen Handlungspotentialen, Mustern der Selbstwahrnehmung, konformen wie abweichendem Verhalten andererseits« genügend Aufmerksamkeit zu schenken (ebd.: 7 f.).

Frauen und Macht

Die Diskussion über weibliche Widerstandsformen führte in der Folge zu einer deutlichen Verbreiterung des frauengeschichtlichen Themenspektrums – die Anfänge der sogenannten »Körpergeschichte« sind hier ebenso angelegt wie die einer kritischen Medizingeschichte usw. (vgl. Kap. 3) – und sie brachte die Frage des Verhältnisses von Frauen und Macht neu ins Spiel. Während etwa bei einer ersten interdisziplinären »Frauentagung« an der Technischen Universität Berlin 1982 das Thema noch lautete »Mythos Frau – Projektionen und Inszenierungen im Patriarchat«, stand ein Jahr später das Thema »Frauen und Macht« auf dem Programm (Schaeffer-Hegel/Wartmann 1984; Schaeffer-Hegel 1984). Mit Foucault waren die Veranstalterinnen der Meinung, »dass es heute kein deduktives Machtzentrum mehr gibt, sondern dass patriarchale Machtstrukturen in einen neuen Machttypus involviert sind, der als ein ›produktives Netz‹ aufzufassen ist, das den sozialen Körper überzieht und durchkreuzt. Bei diesem ›Netz‹ handelt es sich um das Paradox einer anonym ausgeübten Macht, die gleichzeitig von seiten der Individuen selbst produziert und als ihr subjektives Selbstverständnis hervorgebracht wird« (Schaeffer-Hegel 1984: 6).

In Frankreich formulierte zur selben Zeit die Vordenkerin der französischen Frauen- und Geschlechtergeschichte, Michelle Perrot, Überlegungen zum Zusammenhang von Frauen, Macht und Geschichte. Ausgehend von der Erkenntnis, dass »›Macht‹ ein höchst mehrdeutiger Begriff« ist, der im Singular »die Kardinal-Gestalt des Staates«, im Plural eher »diffuse, periphere ›Einflüsse‹ und ›Kräfte‹« verkörpert, »an denen die Frauen beträchtlichen Anteil haben«, formuliert sie folgende Hypothese: »Die Frauen haben zwar nicht die Macht, verfügen aber über gewisse Kräfte. In der westlichen Welt des 19. und 20. Jahrhunderts besetzen sie die Sektoren des Privaten, der Familie, des Sozialen der bürgerlichen Gesellschaft; sie herrschen über das männliche Imaginäre, bevölkern die Nächte und Träume der Männer« (Perrot 1989: 225).

Perrot verweist darauf, dass dieses Bild von der »eigentlichen« Macht der Frauen schon im 19. Jahrhundert »gängige Münze« war, die auch heute wieder von Politikern ganz unterschiedlicher Couleur aufgegriffen und in Umlauf gebracht wird. Auch die feministische Forschung habe zu dieser »Wiederentdeckung« der Macht der Frauen beigetragen, so Perrot weiter. Sie »war es leid, immer nur das Bild von Elend und Unterdrückung weiter auszumalen, sie wollte den Standpunkt der Herrschaft umkehren und hat deshalb versucht, die Präsenz und das Handeln der Frauen, die Fülle und Vielfalt ihrer Rollen, ja sogar die Kohärenz ihrer ›Kultur‹ und die Wirkungsweise weiblicher Macht nachzuweisen« (ebd.: 228).

Vor allem aus der ethnologischen Forschung sieht Perrot solche Vorstellungen gespeist; die Arbeiten von Martine Segalen (1980) und (etwas weniger ausgeprägt) auch von Yvonne Verdier (1982) legen eine solche Sichtweise nahe. Der Kulturhistoriker Ivan Illich hat sie sogar zu einer systematischen Theorie ausgearbeitet (Illich 1983). Doch auch Historikerinnen haben diese Überlegungen aufgegriffen, wie etwa Régine Pernoud (1984) für die Frauen im Mittelalter oder Bonnie Smith (1981) für die Frauen im französischen Bürgertum des 19. Jahrhunderts. Doch Perrot hegt Zweifel an dieser »Umpolung der Geschichte«. Dass damit das Thema »weibliche Unterdrückung« einfach *ad acta* gelegt werden könnte, findet Perrot problematisch: »Wenn die Frauen so viel Macht und Einfluß bereits besitzen, was wollen sie dann eigentlich noch? Bei der Analyse der Macht der Frauen geht es selbst um Macht« (Perrot 1984: 231).

Perrot geht es deshalb im Weiteren weniger um die »reale Macht der Frauen«, sondern vielmehr darum zu zeigen, wie die Entwicklung einer bestimmten Fragestellung mit gesamtgesellschaftlichen Konstellationen und Entwicklungen (hier: der Geschlechterordnung) zusammenhängen. Die Frage nach der »Macht der Frauen« hängt für Perrot eng mit der Entwicklung moderner repräsentativer Demokratien und ihrer Vorstellung von politischer Partizipation zusammen, die »von einer strengeren Definition des Öffentlichen und Privaten und der Geschlechterrollen begleitet ist, ja, sich geradezu auf sie stützt« (ebd.: 232). Daraus erwächst für Perrot die Überzeugung, dass die Frage nach der »Macht der Frauen« wenig sinnvoll, da unpräzise ist. Vielmehr gehe es darum, das Verhältnis von Frauen zum Politischen jeweils epochen- und kulturspezifisch zu untersuchen und zu bestimmen (vgl. dazu auch Dauphin u. a. 1986, engl. in Scott 1996: 568–579; sowie Davis 1994).

7.5 Politikgeschichte als Geschlechtergeschichte

Dementsprechend etablierte Joan Scott in ihrem *gender*-Konzept einen grundsätzlichen Konnex zwischen Geschlechter- und Machtverhältnissen, denn *gender* sei »ein konstitutives Element von gesellschaftlichen Beziehungen« bzw. »eine grundlegende Art und Weise, Machtbeziehungen zu bezeichnen« (Scott 1994: 52). Diese Überzeugung hat sich durch die breite Rezeption des Werkes von Michel Foucault in der historischen Geschlechterforschung noch weiter verstärkt. Dieser leitete in seiner Theorie, wie Lynn Hunt bemerkte, durch die Historisierung von Sexualität und ihrer Verbindung zu den okzidentalen Erkenntnisweisen und zur Wissensproduktion der Geschlechtergeschichte »wichtige Schützenhilfe« (Hunt 1998: 66 f.). Allerdings sind in Folge der »postmodernen« Wende in der Geschlechtergeschichte nicht notwendigerweise politische Institutionen im engeren Sinn in den Blick der historischen Geschlechterforschung geraten; im Gegenteil wurde das bei Foucault zumindest unterschwellige Misstrauen gegenüber der »juridischen Konzeption der Macht« gerne aufgenommen. Andere (von Foucault selbst stark postulierte) Formen und Funktionsweisen der (Geschlechter-)Herrschaft traten an deren Stelle, allen voran medizinische (und allenfalls gerichtsmedizinische) sowie andere wissenschaftliche Diskurse, die in vieler Hinsicht als *male gendered* erscheinen, da sie Frauen ausschließen und damit patriarchale Beziehungen stabilisieren (vgl. etwa Honegger 1991; Laqueur 1992).

Infolgedessen hat die Geschlechtergeschichte die Sphäre des Politischen im engeren Sinn bzw. den Bereich der (modernen) Staatlichkeit erst relativ spät als wichtiges Forschungsfeld entdeckt, wenn man von der Erforschung des Kampfes um Staatsbürgerinnenrechte einmal absieht (s. u.). Dies gilt im Prinzip für die gesamte geschlechtergeschichtliche Forschung, wie Thomas Kühne bemängelt (Kühne 1998) und in besonderem Maß für die Erforschung vormoderner Verhältnisse und Institutionen. Hier wurden vor allem Frauen als Opfer staatlicher Gewalt betrachtet (etwa im Kontext der historischen Kriminalitätsforschung); ausgesprochen zurückhaltend näherte man sich von Seiten der Frauen- und Geschlechterforschung politischem Handeln von Akteuren beiderlei Geschlechts – eine Sichtweise, die ja durch die konzeptionellen Vorgaben Foucaults durchaus noch Auftrieb erhalten hat. Dies hat zu erheblichen Defiziten in der historischen Herleitung der modernen Geschlechterverhältnisse geführt. Die politologisch dominierte Forschung betrachtet nämlich (nicht zuletzt infolge dieses Defizits) die historische Entwicklung der modernen Geschlechterverhältnisse in der Regel von einem modernistischen Blickwinkel aus, der den epistemologischen Bruch mit der »Vormoderne« zur Grundvoraussetzung hat, der in der Regel im 18. Jahrhundert angesetzt wird. Infolgedessen konzentriert sich die Forschungsdiskussion auf die von der Naturrechtsdebatte der Aufklärung proklamierte Vertragstheorie, auf (moderne) Demokratietheorien seit der Französischen Revolution bzw. seit der Etablierung moderner Nationalstaaten im 19. Jahrhundert und schließlich auf den Sozialstaat (vgl. Pateman 1988; Sauer 2001). In beiden Fällen werden einerseits Grundüberzeugungen und -institutionen der modernen westlichen Demokratien (Gleichheit, Wahlrecht, republikanische Verfassung etc.) rückprojiziert, woraus eine Verminderung der kritischen Potentiale für die aktuellen Debatten resultiert. Zum anderen werden (differente) historische Verhältnisse und Entwicklungen eingeebnet und deren Bedeutung für das Zustandekommen moderner Demokratien bzw. »des modernen Staates« ignoriert – was insbesondere für das *gendering* moderner Institutionen höchst problematisch erscheint, da auf diesem Wege unzutreffende Traditionslinien (oder mehr noch: Brüche) konstruiert werden, die der historischen Probe aufs Exempel nicht standhalten können.

Erst seit wenigen Jahren finden sich in der geschlechtergeschichtlichen Forschung Ansätze für eine Neubetrachtung von Staatlichkeit und Politik, etwa im Umfeld der Revolutionen in England und Frankreich, oder aber auch hinsichtlich der Beteiligung von Frauen an der politischen Kultur, wie sie vor allem an den europäischen Fürstenhöfen praktiziert wurde (vgl. die Beiträge in Schulte 2000; Erler/Kowalewski 1988; Wunder 1997; 2002; Opitz-Belakhal 2006; als Quelle zu diesem Thema siehe die Beschreibung der Courtisane Ninon de Lenclos durch den

Herzog de Saint-Simon: Quelle Nr. 6 unter *www.historische-einfuehrungen.de*). Auch die Rolle von Frauen in antiken Macht- und Herrschaftsstrukturen wird sukzessive ausgeleuchtet (vgl. Dettenhofer 1994; Späth/Wagner-Hasel 2000: Kap. IV).

Staatsbürgerinnen-Rechte Dank der breit verankerten Feminismusforschung ist die Frage des geschlechtsspezifischen Zugangs zur Sphäre des Politischen bzw. der Ausgrenzung von Frauen aus der (politischen) Öffentlichkeit dagegen ein relativ gut bearbeiteter Aspekt der geschlechtergeschichtlichen Betrachtung von Staatlichkeit und Politik. Ihren Ausgang nahm die Debatte von der Frage nach dem »Geschlecht« der Menschen- und Bürgerrechte und nach den dem modernen bürgerlichen Rechts- und Verfassungsstaat inhärenten Ausgrenzungsmechanismen für Frauen und weibliche Interessen und Bedürfnisse. Schon im Moment der erstmaligen Realisierung moderner demokratischer Staatlichkeit, während der Französischen Revolution, sei die Frauen diskriminierende Grundstruktur des Staatsbürgerkonzepts bzw. das *male gendering* des politischen Subjekts deutlich zum Ausdruck gekommen, das bis heute Staatsbürgerrechte und politische Sphäre präge, so ein wichtiges Ergebnis interdisziplinärer feministischer Forschung (Gerhard u. a. 1990; Scott 1994a). Dabei sei der Ausschluss von Frauen keineswegs ein »zufälliges« oder peripheres Phänomen, sondern konstitutiv für das Projekt der bürgerlichen Gesellschaft bzw. für moderne Demokratien (vgl. Pateman 1988; Fraisse 1989; 1995). Dagegen betont etwa Jürgen Habermas, der Ausschluss von Frauen (wie auch der von Unterschichtsangehörigen) sei keine Strukturnotwendigkeit des liberalen Verfassungsstaats: einerseits, weil Frauen (wie andere diskriminierte Gruppen) am öffentlichen Diskurs hätten teilnehmen und sich damit ihr »Recht verschaffen« können; und andererseits, weil Ungleichheit strukturell im liberalen Gleichheitsdenken keinen systematischen Ort hätte und damit früher oder später ausgeräumt werden könnte und müsste (Habermas 1990: 18 ff.). Ähnlich hatte schon Jürgen Kocka 1991 gegenüber der Rechtshistorikerin und Soziologin Ute Gerhard argumentiert, die ebenfalls auf die Tatsache der strukturellen Ausgrenzung von Frauen aus der »bürgerlichen Öffentlichkeit« bestanden hatte mit Verweis auf die strukturell verankerte »Zweiteilung« der bürgerlichen Gesellschaft in Privatsphäre und Öffentlichkeit (in: Frevert 1988). Im Jahre 2000 hat die Schweizer Historikerin Brigitte Studer erneut den Versuch unternommen, die »Geschlechterordnung in der bürgerlichen Gesellschaft« strukturell zu erklären als einen – geteilten – Prozess der gleichzeitigen (weiblichen) Familialisierung und der (männlichen) Individualisierung. Sie zeigt allerdings, dass »die Geschichte des weiblichen Ausschlusses von den Individualisierungsopportunitäten der bürgerlichen Gesellschaft […] weder einfach die Geschichte einer Ausnahme von der Regel [ist], die mit der Zeit korrigiert wurde, noch die Geschichte ›des ganz Anderen‹« (Studer 2000: 87 f.). Vielmehr war diese zwar zunächst ein Strukturmerkmal der modernen Nationalstaaten, allerdings musste »die Ausweisung des weiblichen Geschlechts aus dem Kern des historischen Projekts der Rechtsgleichheit und Freiheit […] verteidigt und stets wieder erneuert werden. Die juristische und symbolische Bindung der Frauen an die Familie war angesichts des strukturellen Wandels, sich verändernder sozialer Praktiken und daraus abgeleiteter Gegenargumentationen immer wieder aktualisierungsbedürftig, was eine Konstruktionsleistung darstellt, die in den letzten zwei Jahrhunderten einen guten Teil der geistigen Ressourcen der bürgerlichen Gesellschaft mobilisiert hat« (ebd.: 90).

Diese Legitimations- und Absicherungsstrategien waren vielfältig und nicht selten durchaus widersprüchlich; neben der Naturalisierung von Geschlechterbeziehungen und -hierarchien stand deren Verrechtlichung; neben die Mobilisierung von Frauen als »industrieller Reservearmee« trat die Delegitimierung weiblicher außerfamiliärer Funktionen. Dem hatten Frauen in der Verteidigung ihrer Gleichheitsansprüche häufig wenig (Kohärentes) entgegenzusetzen; das Komplement der vielfältigen Absicherungsstrategien männlicher Dominanz ist, laut Studer, die »Beschränktheit weiblicher Gegenstrategien«, was nicht zuletzt dafür verantwortlich ist, dass die Integration in den »corps politique« von Frauen so spät und auf begrenzte Weise erfolgte. Studer schließt ihre Überlegungen mit der Bemerkung ab, dass erst »die Fokussierung auf dieses Strukturprinzip der Moderne […] eine Sicht auf die Herrschaftsmechanismen der neuzeitlichen Gesellschaft [eröffnet], in welcher die Bedeutung der Geschlechterkategorien für die gesellschaftliche Ordnung klar hervortritt« (ebd.: 103 f.).

Citizenship   Dieses Postulat ist in der historischen Geschlechterforschung insofern aufgegriffen worden, als in jüngster Zeit der Frage weiblicher (politischer) Bürgerrechte innerhalb des Konzepts von *citizenship* nachgegangen wird. »Das Thema *citizenship* zählt zu jenen Themen, die in den letzten Jahren anhaltend an Aktualität gewonnen haben«, schreibt Erna Appel im Editorial eines Heftes der Zeitschrift *L'Homme* zum selben Thema (*L'Homme*, 10. Jg., H. 1, 1999: 7). Es erweitert die für die feministische Forschung lange Zeit zentrale Frage nach dem Zugang von Frauen zu den Staatsbürgerrechten in Richtung auf eine allgemeinere Analyse von Staatsbildungsprozessen und auf damit verbundene Grenzziehungen und Definitionen von Zugehörigkeit (Staatsangehörigkeit, *nationality*). »In der Geschichte der normativen politischen Theorie finden sich ganz unterschiedliche Auffassungen darüber, welche Eigenschaften (männlichen) Bürgern zukommen sollten bzw. wie die Gestaltung des Gemeinwesens auszusehen hätte. Eines haben diese Politikentwürfe jedoch weitgehend gemeinsam: Sie alle begründen und legitimieren männliche Herrschaft über Frauen; sie alle schließen Frauen mit unterschiedlichen Begründungen aus dem Bereich des Politischen aus« (ebd.).

Sie sind, mit anderen Worten, eine Voraussetzung für die Formulierung feministischer Kritik wie aber auch für die Formierung von Frauenrechtsbewegungen seit der Französischen Revolution. Mit der wachsenden Bedeutung von Migrationsprozessen für die europäischen Länder bzw. für deren politische Kultur gewinnt auch das Konzept *citizenship* in neuer Weise an Bedeutung; letztlich führt es zu einer Öffnung der geschlechtergeschichtlichen Betrachtung hin auf das Zusammenspiel von geschlechtsspezifischen und kulturell-ethnischen bzw. nationalen Ein- und Ausgrenzungsprozessen (vgl. dazu Lutz 1999; Canning 2006: Part III; Canning 2008; sowie Kap. 5).

Wohlfahrtsstaat   Etwas später als der Ausschluss der Frauen aus den Bürgerrechten wurde in der historischen Frauen- und Geschlechterforschung, ausgehend von im engeren Sinn sozialgeschichtlichen Fragestellungen, die Beziehung von Frauen(bewegungen) zum entstehenden Sozialstaat als Forschungsfrage entdeckt. Beide Themen gehören im Übrigen eng zusammen, denn, wie Gisela Bock in ihrer Überblicksdarstellung zu Frauen in der europäischen Geschichte zeigt: »Soziale Reform und soziale Rechte waren integraler Bestandteil der Frauenbewegung insgesamt.« Und weiter: »[H]atte sich der Suffragismus mit dem Weg zum vollen Männerwahlrecht überlagert, so überlagerte sich die von und für Frauen anvisierte Sozialreform mit den Anfängen und der Konsolidierung des Sozialstaats« (Bock 2000: 216).

Damit lässt sich eine deutliche Geschlechterdifferenz nicht nur im Zugang zur politischen Sphäre des sich formierenden modernen National- und Wohlfahrtsstaats beobachten, sondern auch in der Nutzung und Gestaltung seiner Leistungen. »Im Zentrum der Auseinandersetzungen stand für Männer das Verhältnis von Erwerbsarbeit, Erwerbsunfähigkeit und Freizeit, für Frauen das Verhältnis von Erwerbsarbeit und Familienarbeit« – manifestiert vor allem im Kampf um den »Mutterschutz« einerseits, den sogenannten »Arbeiterinnenschutz« andererseits. Ein dritter Strang, die Witwen- bzw. Hinterbliebenenfürsorge, gehört ebenfalls in dieses Szenario, wenn auch mit etwas anderer Akzentsetzung. Dieser Kampf führte, so Gisela Bock – bei aller national unterschiedlichen Gesetzgebung und sozialstaatlichen Struktur –, zu einer »Spaltung« des Sozialstaates und einer Privilegierung der männlichen Arbeitsbiographie: »Männer profitierten in höherem Maß von der neuen Sozialpolitik, und Frauen blieben in höherem Maß auf die Armenfürsorge angewiesen« (ebd.: 218).

Allerdings wäre es verkürzt, so kritisierten neulich die Herausgeberinnen eines Heftes der Zeitschrift *L'Homme* zum Thema »Fürsorge«, den entstehenden Sozialstaat nur als Agent patriarchalischer Interessen und als Verlängerung männlicher Interessenswahrung anzusehen. Denn »soziale Politiken knüpften seit dem 19. Jahrhundert am geschlechtsspezifisch unterschiedlichen oder gleichen, rechtlichen und sozialen Status der Geschlechter in geschlechtsspezifisch unterschiedlicher Weise an. Und sie formten im Zuge der Entstehung und Entwicklung des ›modernen Wohlfahrtsstaates‹ Lebenslagen und rechtliche Stellung von Frauen und Männern in bedeutendem, und lange Zeit stetig zunehmendem,

Maße mit« (B. Bolognese-Leuchtenmüller u. S. Zimmermann, in: *L'Homme*, 5. Jg., H. 2, 1994: 3). Soziale Politiken trugen und tragen somit – im Rahmen gegebener sozioökonomischer Entwicklungstrends und in gewisser Weise auch auf diese zurückwirkend – nicht nur das Potential zur Festschreibung, Unterstreichung und Neuformung geschlechtsspezifischer Hierarchien und Asymmetrien in sich, sondern können auch »Wege weisen zur Anhebung des rechtlichen und sozialen Status' von Frauen in der Gesellschaft, wobei eine solche Ausweitung der ›sozialen Staatsbürgerschaft‹ von Frauen Elemente der Differenz ebenso wie der Gleichheit beinhalten kann« (ebd.).

Dies betont auch Pat Thane in ihrem »partiellen Überblick zu Forschung, Theorie und Methoden« bezüglich des Themenfeldes »Wohlfahrt und Geschlecht« (Thane 1994). Sie zieht einer einseitig strukturalistischen Darstellung des Staates ein Konzept vor, das es erlaubt, divergierende und sich überlagernde Intentionen staatlichen Handelns zu erkennen – auch und gerade im Umgang mit Frauen bzw. mit weiblichen Bedürftigen. Am Beispiel der Witwen- und der Altersversorgung, die etwa der britische und der deutsche Staat des 19. Jahrhunderts unterschiedlich regeln, versucht sie zu zeigen, dass Sozialpolitik sehr unterschiedlichen staatlichen Zielen diente – und deshalb auch sehr unterschiedliche Wege ging und höchst unterschiedliche Wirkungen zeitigte. Ihrer Auffassung nach lässt sich deshalb der Sozialstaat aus geschlechtergeschichtlicher Sicht weder als »partnerschaftlicher Staat« noch als »patriarchaler Staat« beschreiben und verstehen. Es sind immer beide Dimensionen in der staatlichen Sozialpolitik angelegt, die indes von weiblichen und männlichen Akteuren unterschiedlich erfahren und auch »genutzt« werden konnten. Mit dem Erlangen des Stimmrechts änderte sich indes für Frauen der Zugang zur staatlichen Politik, wenn auch nicht abrupt und vollständig. Weit davon entfernt, sich nach Erreichen des Stimmrechtes in relative politische Passivität zurückzuziehen, trachteten sie im Gegenteil danach, »für sich eine Rolle als Bürgerinnen zu schaffen, insbesondere als Bürgerinnen mit einer Verantwortung für die Verbesserungen der sozialen Bedingungen, die in unterschiedlichem Ausmaß in jedem der Länder erschreckend waren, in dem Frauen [bis zur Mitte des 20. Jahrhunderts] das Stimmrecht erhielten« (ebd.: 15).

Dabei stellte die Fürsorge für bedürftige Mütter und der Kampf um Mutterschaftssicherung ein zentrales, wenn auch nicht das einzige Thema engagierter Frauen(bewegungen) in allen europäischen Ländern dar – womit, wie Pat Thane betont, eine wichtige Verlagerung des Blickwinkels verbunden war: War zum Erreichen des Stimmrechtes vor allem die Gleichheit zwischen Männern und Frauen betont worden, trat nun die Geschlechterdifferenz stärker zutage. Entgegen der in der feministischen Forschung weit verbreiteten Vorstellung, dass beide Strömungen – die, welche die Gleichheit betonte und die, welche die Differenz herausstrich – unvereinbar nebeneinander gestanden hätten, betont Pat Thane, dass »die beiden Stränge für viele Frauen sowohl vor als auch nach der Erlangung des Stimmrechts weniger streng getrennt« waren und von den meisten nicht als unvereinbar betrachtet wurden (ebd.: 17; vgl. auch die Beiträge in Bock/Thane 1991).

7.6 Militärwesen, (staatliche) Gewalt und Geschlecht

Die Geschichte des staatlichen Gewaltmonopols und seiner Institutionalisierung im Militärwesen galt lange Zeit als männliche Domäne *par excellence* – wenn auch nicht alle Forscherinnen und Forscher der Ansicht von Thomas Wanger folgten, Männerherrschaft sei *per se* Krieg gegen Frauen (Wanger 1992). Erst mit der allgemeinen Öffnung der Frauen- bzw. der Geschlechtergeschichte zur Männerforschung hin formierte sich hier ein neues Interesse, das mittlerweile auch wichtige Ergebnisse zeitigt (vgl. Hagemann 1998; 2008).

Zunächst in den USA, dann auch in der deutschsprachigen Geschlechterforschung hat sich in den letzten gut zehn Jahren die Männerforschung vielfach als Erforschung soldatischer Disziplinierung und Zurichtung von Männerkörpern und -seelen dargestellt, wobei hier die jüngere und jüngste Vergangenheit mit ihren beiden opferreichen Weltkriegen im Mittelpunkt des Interesses steht. So »männlich« stellt sich die Militärgeschichte in der Moderne dar, dass von hier aus auch wichtige Anregungen für »zivile« Männlichkeitskonzepte ausgegangen sind, wie etwa Ute Frevert in ihrer wegweisenden Studie über *Ehrenmänner* und das Duell in der bürgerlichen Gesellschaft nachgewiesen hat (Frevert 1991; allgemein Martschukant/Stieglitz 2008). Darüber sollte allerdings nicht vergessen werden, dass Kriegswesen und Militär selbst eine Geschichte haben, in der Männlichkeiten im Plural eine Rolle spielen, waren doch einerseits nicht immer alle Männer »waffenfähig« bzw. autorisiert, Waffen zu tragen und auch zu benutzen. Erst in der bürgerlichen Gesellschaft der Moderne mit ihrem allgemeinen Wahl- und Waffenrecht wird dieses als »Privileg der Männlichkeit« etabliert (vgl. Frevert 1996; Hagemann 2002; Opitz 2002: 173–191). Andererseits war das Militär von alters her weniger homogen männlich organisiert und strukturiert als dies eine ausschließlich auf männliche Akteure fokussierte Männerforschung suggeriert (vgl. Hagemann 1998) – ganz zu schweigen von der im 20. Jahrhundert in manchen Ländern eingeführten weiblichen Wehrpflicht oder Militärkarriere (Eifler 2001).

So ist zwar in der Tat »die Bedeutung von Geschlechterbildern bei der diskursiven Konstruktion von Soldaten- und Kriegerbildern wie bei der Mobilisierung von Kampf und Kriegsbereitschaft im Heer wie an der Heimatfront« von zentraler Bedeutung für eine geschlechtergeschichtliche Erforschung von Kriegs- und Militärwesen (Hagemann 1998: 17). Allerdings darf sich eine geschlechtergeschichtliche Analyse, so betont Karen Hagemann, nicht mit der Herausarbeitung von Männlichkeitsstereotypen und -normen allein begnügen – und, kontrastiv dazu, Frauen ausschließlich als Opfer von Krieg und Militärwesen betrachten. Vielmehr gilt es umgekehrt auch, die Bedeutung von Militärwesen und Krieg für die Ausformung von Geschlechterbildern und Geschlechterbeziehungen im »zivilen Leben« wie im militärischen Alltag zu beleuchten – der eben nicht nur als »verkehrte Welt des Krieges«, als Ausnahmezustand, betrachtet werden kann und darf, sondern auch als (jedenfalls in gewissen Epochen und historischen Räumen) zentraler Ort der »(Neu-)Ordnung der Geschlechter« (vgl.

Schulte 1998). Damit reicht die geschlechtergeschichtliche Untersuchung des Militärwesens in die Geschichte politischer Institutionen und Diskurse hinein, erweitert diese aber in signifikanter Weise und trägt dazu bei, beiden ein inhaltlich und methodisch erneuertes Forschungsinteresse zu sichern.

8. Das Geschlecht der Geschichte

Ein zentrales Anliegen der Geschlechtergeschichte ist es, die einseitige Perspektivierung bisheriger Geschichtsschreibung und -forschung sichtbar zu machen und durch eine umfassendere, beide Geschlechter berücksichtigende Geschichtsbetrachtung zu ersetzen. Gegen die Auffassung feministischer Vordenkerinnen, Frauen hätten keine Geschichte (gemacht), zog die »Frauengeschichte« ihre Rechtfertigung und ihre Energie aus der Erkenntnis, dass die Geschichtslosigkeit der Frauen durch eine praktisch ausschließlich von Männern betriebene Geschichts*schreibung* hergestellt wird und mit der realen historischen Erfahrung von Frauen in der Vergangenheit nichts zu tun habe. Diese Überzeugung wurde noch gestützt durch die sukzessive »Wiederentdeckung« von historiographischen Texten aus weiblicher Feder, die nicht selten durchaus andere Welt- und Geschichtsbilder und historiographische Traditionen bemühten als die »offizielle«, von Männern verfasste Geschichtsschreibung.

8.1 Männliche Geschichtsschreibung?

Der energischen Zurückweisung älterer Geschichtsbilder und der euphorischen Neuentdeckung »vergessener Frauen« der Vergangenheit, die die ersten beiden Jahrzehnte feministischer Forschung prägten, ist in den letzten Jahren eine intensive Beschäftigung mit historiographischen Traditionen gefolgt. Sie hat der Erkenntnis zum Durchbruch verholfen, dass Geschlechterbeziehungen und Geschlechterordnung zu allen Zeiten und an allen Orten Gegenstand der gesellschaftlichen Diskussion und der historiographischen Traditionsbildung waren. Erst der Prozess der Verwissenschaftlichung der Geschichtsschreibung seit dem 19. Jahrhundert hat aus der Geschichtsschreibung jene »männliche Institution« gemacht, wie sie den frühen Frauenforscherinnen – angefangen mit Simone de Beauvoir – dann allenthalben erschien.

Antike und mittelalterliche Heiligenviten verherrlichen ebenso heilige Frauen wie Männer, (Hof-)Chronisten haben zu allen Zeiten auch über Fürstinnen, Königinnen oder Herrscherinnen berichtet, und in Mythen und Märchen treten ebenso weibliche wie männliche Figuren auf. Ohne die Urmutter der Menschen, Eva, sowie die Gottesmutter Maria hätte darüber hinaus die gesamte christliche Heilsgeschichte nicht »funktioniert«.

Im Übrigen war auch die Autorschaft historiographischer Texte und Erzählungen bei weitem nicht so rein männlich, wie dies die ältere feministische Forschung behauptet und gesehen hatte. Schon Mitte der 1980er Jahre hatte sich zum Beispiel Natalie Zemon Davis auf die Suche nach Frauen als Geschichtsschreiberinnen gemacht und war zu erstaunlichen Ergebnissen gekommen (Davis 1984; vgl. auch Spongberg 2002). Von Christine de Pizan (vgl. S. 156 ff.), einer franko-italienischen Humanistin, die um 1400 am französischen Hof lebte und schrieb, bis zu Madame de Staël zu Beginn des 19. Jahrhunderts und Virginia Woolf am Anfang des 20. Jahrhunderts fand sie eine beachtliche Anzahl von Geschichtsschreiberinnen – allerdings weit weniger als männliche Historiographen im gleichen Zeitraum, da die Bedingungen für eine (historiographische) Schreibtätigkeit traditionell für Frauen kaum gegeben waren.

Braucht ein Historiker bzw. eine Historikerin zunächst Zugang zu »historischem Material« – entweder durch eigene Anschauung oder durch Bücher –, so war dieser für Frauen in früheren Zeiten sehr schwierig zu erlangen, wie Davis im Weiteren zeigt. Keine Frau war je Kanzler der Republik Florenz gewesen, wie etwa die Historiographen Leonardo Bruni oder Niccolò Macchiavelli, oder auch nur Botschafter an europäischen Höfen wie zum Beispiel Francesco Guicciardini, oder schließlich Parlamentsmitglied wie der Historiker und Jurist Étienne Pasquier. Und selbst wenn sie

Weibliche Geschichtsschreiber

als Ehefrauen, Witwen oder Töchter gelehrter Männer Zugang zu einigen gelehrten Abhandlungen und Geschichtsbüchern hatten, so waren ihnen doch die Bibliotheken der Männerklöster und Universitäten verschlossen. Auch durchliefen Frauen in der Regel nicht die Bildungsgänge, die ihren Brüdern, Ehemännern oder Söhnen offen standen, so dass sie nur indirekt erlernen konnten, wie eine »gute« Geschichtsdarstellung auszusehen hatte – und dies umso mehr, als viele der älteren Chroniken und gelehrten Abhandlungen auf Latein verfasst waren, eine Sprache, die Frauen in der Regel nicht erlernen durften.

Dies hatte zur Folge, so Davis, dass die meisten Frauen sich, wenn überhaupt, als Geschichtsschreiberinnen vor allem ihrem unmittelbaren persönlichen Umfeld zuwandten und eher eine Familienchronik oder auch die Biographie einer ihr bekannten Person – häufig die ihres Vaters, Ehemanns oder eines anderen männlichen Verwandten – verfassten. Nur in den seltensten Fällen fanden sich Frauen – wie etwa Christine de Pizan im 15. Jahrhundert oder Catherine MacCauley im frühen 18. Jahrhundert – dazu in der Lage, »allgemeine«, das heißt politische oder Weltgeschichte zu schreiben (Davis 1984: 154–157).

Die Historiographie im engeren Sinn blieb somit eine »männliche« Gattung, zu der Frauen nur ausnahmsweise bzw. unter ganz bestimmten Voraussetzungen Zugang erhielten. Die »Entdeckung« solcher Ausnahmefrauen war allerdings erst dann möglich, als nach einer ersten, resignativen Sicht auf die »männliche Geschichte« sukzessive zur Kenntnis genommen wurde, dass Geschichtsschreibung ein höchst vielfältiges Genre ist, das zudem noch stark von allgemeinen Weltbildern – etwa der religiösen oder konfessionellen Fundierung – abhängt. Die Wiederentdeckung von Frauen in der Geschichtsschreibung war infolgedessen begleitet von einer kritischen Reflexion des jeweiligen Stellenwertes und der jeweiligen rhetorischen und diskursiven Regeln für die Erzählung der Vergangenheit.

»Große Männer, große Frauen«   In einem breit angelegten und höchst informativen Aufsatz prüfte 1991 die italienische Historikerin Gianna Pomata die historiographische Tradition aus frauengeschichtlicher Sicht. Sie begann mit der griechischen Geschichtsschreibung der Antike.

Zwar fand sie bei Thukydides oder Polybios, den ältesten Historiographen der europäischen Geschichte, die altathenische Anstandsregel in die Schriftform umgesetzt, dass »der größte Ruhm [einer Frau] darin [besteht], von den Männern so wenig wie möglich genannt zu werden, und zwar im guten wie im schlechten« (Pomata 1991: 10). Dies führte dazu, dass es in ihren Schriften vor allem von Kriegsherren und männlichen Helden wimmelt, die die Agora oder andere Orte der politischen Herrschaft bevölkerten. Frauen kann man hier lange suchen. Doch daneben entstand bereits in der Antike ein anderes Modell, das Frauen durchaus als Gegenstand der Geschichte wahrnahm: das von Plutarch begründete Modell der »Großen Männer und Frauen« (»virum et mulierum virtutes«). Plutarch hatte in ausdrücklichem Widerspruch zu Thukydides die Forderung vertreten, die Geschichtsschreibung könne und müsse sowohl die weibliche als auch die männliche Tugend anerkennen und öffentlich loben (zu Plutarch siehe auch Quelle Nr. 1 unter www.historische-einfuehrungen.de). Er lieferte damit das Modell für eine biographische Historiographie, das auch Frauen die Möglichkeit bot, in die Sphäre der Memorabilia einzutreten: die Gattung der *vitae* – der Lebensbeschreibungen berühmter Frauen, die, so Natalie Zemon Davis, als die älteste Form der Frauengeschichte in der westlichen historiographischen Tradition anzusehen ist (Davis 1986). Leider gibt es noch keine Geschichte dieses historiographischen Genres, das die Geschlechterdimension systematisch mit einbezieht, doch ist bereits heute klar, dass dieses Genre mit kleineren und größeren Variationen über mehr als zwei Jahrtausende hin Bestand hatte und bis heute besteht (vgl. Reulecke 1993).

Die Biographie stand traditionell, mehr noch als andere Formen der Geschichtsschreibung, in einer Tradition der pädagogisch-moralischen Nutzanwendung, die mit unseren heutigen wissenschaftlichen Ansprüchen zwar nicht mehr vereinbar, aber weiterhin wichtig für moderne geschlechtergeschichtliche Anliegen ist. Denn an ihr ist sehr gut zu erkennen, »was als erinnerungswürdig im Leben von Frauen galt, und welches die wichtigsten Konventionen der Darstellung weiblicher Identität waren« (Pomata 1991: 11). Dies gilt auch für die hagiographische Tradition, in

Biographie und Hagiographie

der religiöse Autoren schon von alters her weibliche Heilige – als Märtyrerinnen, Missionarinnen oder Mystikerinnen, aber auch als vorbildliche Fürstinnen – in biographischer Form darstellten und sie so einer allgemeinen Erinnerungskultur zuführten. Auch hier hatten sich übrigens seit dem frühen Mittelalter neben vielen männlichen einige weibliche Hagiographen hervorgetan, die in teils autobiographischen Darstellungen Leben und Wunder vorbildlicher Christinnen in Wort und Schrift festhielten und überlieferten (vgl. dazu Schulenburg 1988; Wittern 1994; Goetz 1995).

Dennoch ist die Gattung der Biographie bzw. der *vitae* aus frauen- und geschlechtergeschichtlicher Sicht durchaus nicht unproblematisch. So hat Diane Owen Hughes vor einigen Jahren darauf hingewiesen, dass Frauen hier als »Ikonen« erscheinen, deren Handlungen lediglich als Belege für außerordentliche Tugenden und moralische Qualitäten und nicht als Zeugnis geschichtsmächtiger Aktivitäten gelten können (Hughes 1987). Doch Gianna Pomata betont hiergegen zu Recht, dass dies auch für die Männerbiographien gilt, die ebenfalls moralischen Wertvorstellungen folgen, wenn auch nicht unbedingt denselben wie diejenigen, die für die weiblichen Protagonisten gelten. Zudem hat, so Pomata, die Gattung der *vitae* seit dem Ende des Mittelalters dazu gedient, den Wert des weiblichen Geschlechts gegenüber misogynen Angriffen zu unterstreichen und zu verteidigen. Bei praktisch allen Renaissance- und Barockschriftstellerinnen und -schriftstellern, die sich an der *querelle des femmes* (siehe Kapitel 7), am Streit um die Frauen, beteiligten, finden sich Listen berühmter Frauen, die auf die eine oder andere Art beweisen sollen, dass die dem weiblichen Geschlecht von Sitte und Gesetz auferlegten Grenzen überschritten werden können und dass Frauen insgesamt weit mehr Fähigkeiten entfalten (können), als ihnen frauenfeindliche Autoren aller Zeiten zutrauten (Pomata 1991: 12 f.).

Dass es sich bei den Viten nicht um minderwertige »Geschichtserzählungen« oder »Fiktionen« handelt, sondern dass sie zu ihrer Zeit zu den angesehensten historiographischen Genres zählten, sollte dabei nicht vergessen werden. Über große Zeiträume der europäischen Geschichte hinweg waren die *vitae* keineswegs ein Randphänomen, im Gegenteil. Und auch ihre moralisch-didaktische Ausrichtung sprach keineswegs gegen, sondern für ihre historiographische Qualität. In einem kulturellen Kontext, in dem das Diktum *historia magistra mundi* (»Die Geschichte ist die Lehrmeisterin der Welt«) in praktisch aller Gelehrten Munde war, kam solchen biographischen Portraits (nicht nur) von Frauen eine erheblich größere Bedeutung zu als in der modernen Geschichtswissenschaft.

Die Herrscherin Zenobia (bzw. Bathzabbai, also: Tochter des Tabbai bzw. Zenobius) herrschte 267–271/72 über die Stadt Palmyra, einer wichtigen Handelsstation zwischen West und Ost, im heutigen Syrien gelegen, für ihren minderjährigen Sohn Vaballath. Eine der aussagekräftigsten Quellen über sie findet sich in der lateinisch verfassten Kaisergeschichte (Historia Augusta), *eine spätantike Sammlung von 30 Kaiserbiographien, deren Autorschaft bis heute umstritten ist. Dabei wird die »ausländische« Herrscherin als – negative – Abweichung von einem Ideal gezeichnet, das politische Herrschaft und Kriegswesen klar als männliche Unternehmungen betrachtet. Indirekt wird allerdings deutlich, dass es im Mittelmeerraum und im vorderasiatischen Raum auch »weibliche« Herrschertraditionen gab (etwa Kleopatra), auf die sich Herrscherinnen zu ihrer Legitimation stützen konnten.*

»Nun ist das Maß der Schande voll; ist es doch in dem erschöpften Staat so weit gekommen, dass während des schändlichen Treibens des Gallienus sogar Weiber trefflich regierten, und zwar Nichtrömerinnen. Hat doch eine solche, die schon vielfach genannte Zenobia, die sich ihrer Abkunft von Kleopatra und den Ptolemäern berühmte, als Nachfolgerin ihres Gatten Odenatus sich den Kaisermantel um die Schultern gelegt, sich wie Dido gekleidet, auch das Diadem angelegt und im Namen ihrer Söhne Herennianus und Timolaus länger, als es sich mit ihrem weiblichen Geschlecht vertrug, regiert. So hat denn diese stolze Frau zur Zeit, da Gallienus noch den Staat lenkte, das Herrscheramt ausgeübt; da dem Claudius durch die Kämpfe mit den Goten die Hände gebunden waren, wurde sie erst mit Mühe von Aurelian besiegt, und, im Triumph aufgeführt, der römischen Botmäßigkeit unterworfen. [...] (Zenobia) lebte in königlicher Pracht. Eher nach persischem Brauch ließ sie sich kniefällig begrüßen. Nach persischem Königsbrauch gestaltete sie ihre Tafel. Nach dem Brauch der römischen Kaiser erschien sie zu den Heeresversammlungen im Helm und in Purpur, an dessen unterstem Saum Juwelen hingen, während das Mittelstück mit einer Agraffe nach Frauenart mit einem schneckenförmigen Edelstein zusammengehalten wurde; die Arme ließ sie häufig unbedeckt. Ihre Gesichtsfarbe war bräunlich, die Hautfarbe dunkel; sie hatte ungewöhnliche lebendige schwarze Augen, besaß einen wunderbaren Geist und unglaublichen Charme.

Ihre Zähne waren so blendend weiß, dass viele sie für Perlen, nicht für gewöhnliche Zähne erklärten. Ihre Stimme klang hell und männlich. Wo es nottat, war sie streng wie ein Tyrann; wo es die Menschlichkeit erforderte, zeigte sie die Milde eines guten Fürsten. Sie wusste mit Bedacht zu spenden, hielt aber ihre Schätze besser zusammen, als von einer Frau zu erwarten stand. Sie benutzte einen zweirädrigen Wagen, selten einen vierrädrigen, häufiger ritt sie. Es heißt aber, dass sie nicht selten drei oder vier Meilen zu Fuß mit den Fußtruppen zurückgelegt habe. Der Jagdleidenschaft frönte sie wie ein Spanier. Oft trank sie im Kreis ihrer Generäle, während sie im allgemeinen enthaltsam war; sie trank auch Perser und Armenier unter den Tisch. Bei ihren Banketten bediente sie sich goldener, juwelenbesetzter Trinkgefäße, auch solcher, die von Kleopatra stammten. Sie ließ sich von älteren Eunuchen bedienen, kaum je von Mädchen. Ihre Söhne hielt sie an, lateinisch zu sprechen, was zur Folge hatte, dass sie Griechisch nur mit Mühe und selten sprachen. Sie selbst verstand nicht gerade viel Latein und sprach es nur schüchtern; dagegen war sie im Ägyptischen perfekt. In der alexandrinischen und orientalischen Geschichte war sie so bewandert, dass sie einen Auszug daraus verfasst haben soll; die römische Geschichte hatte sie in griechischer Fassung gelesen.

Als Aurelian sie nach ihrer Gefangennahme vor sich führen ließ und sie mit den Worten anherrschte: »Zenobia, wie konntest du dich nur erdreisten, römischen Kaisern Hohn zu sprechen?«, soll sie gesagt haben: ›Dich, den Siegreichen, erkenne ich als Kaiser an, einen Gallienus und Aureolus aber und die anderen Herrscher habe ich nicht anerkannt. Ich hätte gewünscht, mit Victoria, die ich als mir ebenbürtig erachte, die Herrschaft gemeinsam auszuüben, wäre es möglich gewesen.‹ So wurde sie denn im Triumph aufgeführt mit einem nie zuvor vom römischen Volk gesehenen Gepränge. Zunächst wurde sie mit einer solchen Masse von Juwelen behangen, dass sie unter der Last des Schmuckes fast zusammenbrach. Das sehr starke Weib soll nämlich immer wieder stehen geblieben sein und erklärt haben, sie vermöge die Last der Juwelen nicht zu tragen. Überdies trug sie an den Füßen goldene Fesseln und ebensolche auch an den Händen; auch hatte man ihr um den Nacken eine goldene Kette gelegt, an der ein persischer Possenreißer sie führte. [...] [Das Leben] hat Aurelian ihr geschenkt, sie soll danach mit ihren Kindern im Stil einer vornehmen römischen Dame auf einer ihr im Gebiet von Tibur angewiesenen Besitzung, die noch heute ihren Namen trägt, gelebt haben, in der Nähe vom Palast Hadrians und der Ortschaft, die Conca heißt.«

(Anonymus: Die Vita der Königin Zenobia *(etwa 2. Jh. n. Chr), zit. n.: Anja Wieber:* Die Augusta aus der Wüste – die palmyrische Herrscherin Zenobia, *in: Späth/ Wagner-Hasel [2000: 298–300; als Quelle Nr. 2 unter* www.historische-einfuehrungen.de; *siehe ebd. auch Quelle Nr. 3, Giovanni Bocaccio,* Von den berühmten Frauen*])*

In der Biographie waren Frauen nicht nur als Gegenstand historisch-biographischer Erzählungen präsent, sondern seit dem Mittelalter auch in wachsendem Maß als Autorinnen. So betont Pomata: »Auch wenn die ›Geschichte berühmter Frauen‹ ein Mittel gewesen sein mag, um die historische Bedeutung des weiblichen Geschlechts auf das Exzeptionelle zu beschränken, so war sie doch andererseits und vor allem in den Händen von Frauen ein Mittel, um [...] die Möglichkeit einzufordern, die Fesseln zu sprengen, die ihrem Handeln und besonders der Ausübung ihrer intellektuellen Fähigkeiten auferlegt waren« (Pomata 1991: 13).

Eine der frühesten Biographinnen und Historiographinnen war die Humanistin Christine de Pizan. Sie hatte als älteste Tochter eines Hofastronomen eine für Frauen ungewöhnlich breite Ausbildung genossen. Als junge Witwe widmete sie sich, nicht zuletzt aus wirtschaftlichen Erwägungen, weiter dem Studium und der Schriftstellerei. Eines ihrer frühesten Werke war ihr *Buch von der Stadt der Frauen*, das sie 1405 einer französischen Prinzessin widmete. Darin setzte sich Christine de Pizan mit der frauenfeindlichen Ideologie ihrer Zeitgenossen auseinander und stellte ihr eine positive Tradition weiblichen Schaffens und Handelns in der Vergangenheit gegenüber. Hierfür trug sie eine Vielzahl von Frauenviten zusammen, deren Protagonistinnen als heldenhafte, kluge, tapfere, treue usw. Vorbildgestalten eine allegorische »Stadt der Frauen« bevölkern, welche von der Himmelskönigin Maria regiert und von den tapferen Amazonen und anderen berühmten Kriegerinnen verteidigt werden soll (Zimmermann 1986). Die »Stadt der Frauen« bildet, trotz ihrer märchenhaft-allegorischen Form, nicht nur eine utopisch-imaginäre Fluchtburg für das verachtete weibliche Geschlecht, sondern auch eine erste »Frauengeschichte«. Mehrfach betont Christine de Pizan die Faktizität und »Wahrheit« ihrer biographischen Geschichten und zitiert ihre Quellen, um deutlich zu machen, dass sie sich ihre Kenntnisse auf dem für Historiographen üblichen Weg erworben hat (Opitz 1992).

»Die Stadt der Frauen«

Das Buch von der Stadt der Frauen *ist Teil einer zweibändigen Erziehungsschrift, die Christine de Pizan, Tochter eines toskanischen Gelehrten und »erste Berufsschriftstellerin Europas«, 1405 der jungen Herzogin von Burgund widmete. Die allegorisch-utopische »Stadt der Frauen« steht zwar nur auf dem Papier, aber sie dient als ideelle Schutzburg für alle zu Unrecht verfolgten Frauen. Ihre »Schutzmauern« bilden die großen (heidnischen) Fürstinnen der Weltgeschichte wie aber auch die wehrhaften Amazonen. Ihre Bewohnerinnen sind die guten christlichen Ehefrauen, Märtyrerinnen und Heiligen, an ihrer Spitze steht die Himmelskönigin Maria, die die »Stadt der Frauen« regiert. Die phantasievolle, bildreiche Darstellung Pizans zielt auf ein Publikum von (weiblichen) Laien. Dabei verfolgt Pizan durchaus »feministische« Ambitionen: Es geht ihr darum, Gerechtigkeit herzustellen und Frauen das Ansehen zu verschaffen, das ihnen von frauenfeindlichen Schriftstellern so lange vorenthalten wurde.*

»Als ich eines Tages meiner Gewohnheit gemäß, die meinen Lebensrhythmus bestimmt, umgeben von zahlreichen Büchern aus verschiedenen Sachgebieten, in meiner Klause saß und mich dem Studium der Schriften widmete, war mein Verstand es zu jener Stunde einigermaßen leid, die bedeutenden Lehrsätze verschiedener Autoren, mit denen ich mich seit längerem auseinandersetzte, zu durchdenken. Ich [...] fragte mich, welches der Grund, die Ursache dafür sein könnte, dass so viele und so verschiedene Männer, ganz gleich welchen Bildungsgrades, dazu neigten und immer noch neigen, in ihren Reden, Traktaten und Schriften derartig viele teuflische Scheußlichkeiten über Frauen und deren Lebensumstände zu verbreiten. Und zwar nicht nur einer oder zwei oder nur jener Matheolus, der in literarischer Hinsicht völlig unbedeutend ist und Lügengewäsch verbreitet, nein, allerorts, in allen möglichen Abhandlungen scheinen Philosophen, Dichter, alle Redner (ihre Auflistung würde zu viel Raum brauchen) wie aus einem einzigen Mund zu sprechen und alle zu dem gleichen Ergebnis zu kommen, dass nämlich Frauen in ihrem Verhalten und ihrer Lebensweise zu allen möglichen Formen des Lasters neigen.

Da mich diese Dinge sehr beschäftigten, machte ich mich daran, mich selbst und mein Verhalten als Wesen weiblichen Geschlechts zu prüfen; und in ähnlicher Weise diskutierte ich mit anderen Frauen, die ich traf: mit zahlreichen Fürstinnen, einer Unmenge von Frauen aus den verschiedenen sozialen Ständen, die mir liebenswürdigerweise ihre geheimsten Gedanken offenbarten, damit ich auf der Grundlage dieses Wissens und völlig unvoreingenommen abwöge, ob das, was so viele ehrenwerte Männer über die Frauen verbreiten, zutrifft. Aber trotz allem, was ich auf diesem Wege erfuhr, und obwohl ich äußerst gründlich beobachtete und prüfte, fand ich keinerlei Anhaltspunkte für solche abschätzigen Urteile über meine Geschlechtsgenossinnen und die weiblichen Stände. Dennoch bezog ich Position gegen die Frauen und meinte, es sei unvorstellbar, dass so bedeutende Männer – berühmte Gelehrte von beträchtlichem intellektuellen Format, scharfsinnig in jeder Hinsicht, wie jene es

zu sein schienen – dass diese Männer Lügen über die Frauen verbreitet hätten; und dies an so vielen Stellen, dass ich kaum einmal einen Band moralischen Schrifttums fand (ganz gleich, aus welcher Feder), ohne bereits nach kürzester Zeit auf frauenfeindliche Kapitel oder Aussprüche zu stoßen! Schon daraus schloß ich, dies müsse stimmen – auch wenn ich selbst in meiner Einfalt und Unwissenheit unfähig war, meine eigenen schlimmen Schwächen und die der anderen Frauen zu erkennen. Und so verließ ich mich mehr auf fremde Urteile als auf mein eigenes Gefühl und Wissen. [...]
Während ich mich mit so traurigen Gedanken herumquälte, den Kopf gesenkt hielt wie eine, die sich schämt, mir die Tränen in den Augen standen und ich den Kopf in meiner Hand barg, den Arm auf die Stuhllehne gestützt, sah ich plötzlich einen Lichtstrahl auf meinen Schoß fallen, als wenn die Sonne schiene. Und ich, die ich mich an einem dunklen Ort aufhielt, den zu dieser Stunde die Sonne gar nicht erhellen konnte, schreckte auf, gleich einer Person, die aus dem Schlaf hochfährt. Ich hob den Kopf, um die Lichtquelle zu suchen, und erblickte drei gekrönte Frauen von sehr edlem Aussehen, die leibhaftig vor mir standen. [...] Da redete die erste der drei Frauen mich lächelnd folgendermaßen an: ›Teure Tochter, erschrick nicht, denn wir sind nicht gekommen, um dir zu schaden oder dir Kummer zu bereiten, sondern um dich zu trösten und dich aus deiner Unwissenheit zu erlösen, weil uns deine Verwirrung dauert. Sie verdunkelt so sehr deinen Verstand, dass du das, was du mit Sicherheit weißt, abstreitest und glaubst, was du selbst nicht aus eigener Anschauung oder eigener Erfahrung, sondern lediglich aus den zahlreichen Meinungsäußerungen fremder Menschen weißt. Du gleichst dem Narren aus dem Schwank, dem man, während er in der Mühle schlief, Frauenkleider anzog und der beim Erwachen, weil seine Gegner ihm weismachten, er sei eine Frau, diesen Lügen mehr Glauben schenkte als der Gewissheit seiner Existenz. Wie geht das an, schöne Tochter? Wo hast du all deinen Scharfsinn gelassen? [...] Weißt du denn nicht, dass die höchsten Dinge zugleich die umstrittensten sind? Und wenn du dein Augenmerk auf die allerhöchsten Dinge, die Ideen, das heißt: die himmlischen Dinge richtest, so solltest du auch einmal erwägen, ob nicht die größten Philosophen aller Zeiten, die du gegen dein eigenes Geschlecht einsetzt, vielleicht falsche Schlüsse gezogen haben; und ob nicht der eine auf den anderen antwortet und sie sich wiederholen: genau das hast du ja selbst im Buch von der *Metaphysik* beobachtet, wo Aristoteles fremde Meinungen wiedergibt und sowohl Platon als auch andere wiederholt. Und bedenke ebenfalls, dass der heilige Augustin und andere Kirchenväter sogar Aristoteles korrigiert haben und damit den Fürsten der Philosophie, der in der Natur- und Moralphilosophie zu höchsten Erkenntnissen gelangt war. [...] Deshalb rate ich dir, ihre Werke in deinem Sinne zu lesen und die frauenfeindlichen Passagen, in welcher Absicht auch immer sie verfasst sein mögen, so zu verstehen. [...] Denn eines musst du wissen: alle Bosheiten, die allerorts über die Frauen

verbreitet werden, fallen letzten Endes auf die Verleumder und nicht auf die Frauen zurück.«

(aus Christine de Pizan, Das Buch von der Stadt der Frauen. Vollständige Ausgabe. Aus dem Mittelfranzösischen übertragen und mit einer Einleitung versehen von Margarete Zimmermann, München 1990, S. S. 35–40 und S. 72–73; als Quelle Nr. 4 unter www.historische-einfuehrungen.de)

Hofchronistik

Neben ihrer ersten »Weltgeschichte der Frauen« verfasste die Frühhumanistin Christine de Pizan allerdings auch noch andere historiographische Werke, so zum Beispiel eine Lebensbeschreibung des von ihr sehr verehrten, kunstsinnigen und gelehrten französischen Königs Charles V. (1338–1380). Damit betrat sie in der Tat Neuland. Die Hofchronistik galt bis zu diesem Zeitpunkt – im Unterschied etwa zur Klosterchronistik – als männliche Domäne. Schon die Zeitgenossen haben diese weibliche Chronistenstimme zuerst mit Erstaunen vernommen – und dann vergessen (vgl. Davis 1984: 160). Zeitgenossen wie Nachgeborene haben nur in seltenen Fällen die (wenigen) Werke weiblicher Chronisten in die Tradition und den Kanon der »allgemeinen Geschichte« aufgenommen.

Andererseits bildet gerade das Leben am Hof ein traditionell für die Historiographie wichtiges und interessantes Themengebiet, in dem auch Frauen durchaus prominent figurierten, seien dies regierende Fürstinnen, fürstliche Ehefrauen oder Mätressen, Hofdamen und schließlich Kammerzofen. Hier war die Grenze zwischen Familienleben und Politik, zwischen »Privatem« und »Öffentlichem« durchlässig bzw. anders gezogen als wir dies heute gewohnt sind, was auch Frauen den Weg in die Chroniken ebnete. Insbesondere in der Memoirenliteratur, die vor allem in Frankreich zwischen 1600 und 1800 blühte, finden wir eine Vielzahl weiblicher Akteure dokumentiert, ja, aus der Sicht der Memoirenschreiber erschien die fürstliche Politik der französischen Könige im Ancien Régime geradezu als »Weiberherrschaft«, nicht zuletzt dank des wachsenden Einflusses der *maitresses en titre*, der königlichen Mätressen, auf alle politischen Entscheidungen. Eines der prominentesten Beispiele hierfür ist der als Hofchronist und -kritiker des »Sonnenkönigs« Ludwig XIV. bekannt gewordene

Herzog von Saint-Simon, der um 1700 ein mehrbändiges Memoirenwerk vorlegte, in das weibliche und männliche Hofangehörige in gleichgewichtiger Weise Eingang fanden. Allerdings wurden seine Memoiren erst lange nach seinem Tode publiziert. Zu brisant war an vielen Stellen ihr Inhalt und zu standesbewusst waren die Nachkommen, um sich einen Affront gegen das Königshaus zu leisten (Massenbach 1991).

Im Übrigen waren Frauen auch als Verfasserinnen von Memoiren (insbesondere in Frankreich) stark vertreten. Schon um 1600 hatte eine französische Prinzessin, Marguerite de Valois, durch die Verschriftlichung ihrer Erinnerungen diese Gattung mit geprägt, und im Laufe der folgenden beiden Jahrhunderte hat sich eine Vielzahl von Adligen, Prinzessinnen, Hofdamen und sonst mit dem mondänen Leben Frankreichs verbundenen Frauen schriftlich zu Wort gemeldet, um Erinnerungen und Erlebnisse festzuhalten und der Nachwelt zu überliefern. Dass in diesen Werken nicht das »objektive« Nacherzählen der Ereignisse im Mittelpunkt stand und stehen sollte, wissen wir heute sehr wohl. Memoiren haben in der Regel eine stark apologetische Diktion – und, im Fall etwa der Marguerite de Valois, auch eine klar erkennbare apologetische Funktion (vgl. Probst 1999). Dies hat in der historischen Forschung dazu geführt, dass solchen »subjektiv gefärbten« Geschichtserzählungen (nicht nur von Frauen) wenig Wert zugemessen wurde, zumal nicht wenige von ihnen die Schwelle zur Fiktion vollends überschreiten und sich lesen wie ein historischer Roman.

Dass dies nicht der historiographischen Inkompetenz der Autorinnen zuzuschreiben ist, hat erst die jüngere literaturhistorische Forschung nachweisen können. Zum einen gilt das Verdikt der »subjektiven Färbung« und der apologetischen Tendenz ganz genauso für männliche Memoirenschreiber – allen voran den Hofkritiker Saint-Simon, dessen Darstellungen heute als zweifelhafte oder jedenfalls »tendenziöse« Quelle für die französische Hofkultur um 1700 gelten (vgl. Duindam 2004). Zum zweiten ist die scharfe Trennung zwischen Geschichtsschreibung und Fiktion, zwischen historischem Roman und Historiographie erst in späterer Zeit gezogen worden – und seit Hayden Whites *Metahistory*

Memoiren

wissen wir, dass diese Grenze ohnehin nie ganz so scharf gezogen war und ist, wie das viele Historiker gerne hätten (White 1991, engl. Original 1973; 1994).

Die »offizielle« Hofgeschichtsschreibung war deutlich weniger »geschlechterparitätisch« angelegt als die Memoirenliteratur, und das gilt ebenso für die frühneuzeitlichen Stadtchroniken. Denn je »politischer« im engeren Wortsinn die Zuspitzung der Historiographie wurde, desto weniger wurde darin über Frauen und weibliche Lebensbereiche berichtet, wie neulich Brigitte Mazohl-Wallnig anhand der Historiographie zur österreichischen Geschichte zeigte (Mazohl-Wallnig 1996). Immerhin konnte sich die Hofchronistik niemals gänzlich der »weiblichen Seite« verschließen, da im dynastischen Herrschaftssystem familiäre Tradition und Herrschaftssicherung eng verzahnt waren. Eheanbahnungen und Hochzeiten, Geburten und Tauffeiern, Todesfälle und Bestattungen mussten hier – auch von den und für die weiblichen Familienmitglieder – festgehalten und überliefert werden.

Hausbücher   Familienchroniken und »Hausbücher« sind die historiographischen Formen, in denen sich auch im städtischen Bürgertum Nachrichten über weibliche Familienangehörige und (freudige oder traurige) Familienereignisse erhalten haben und der Nachwelt überliefert wurden. Hier finden sich wiederum einige (wenige) Autorinnen oder eher: Mitautorinnen, denn häufig wurden Familienchroniken über mehrere Generationen hinweg tradiert und von mehreren Autorinnen und Autoren gemeinsam bzw. hintereinander verfasst. Hier gibt es im Übrigen auch deutliche regionale Unterschiede, die unter anderem den höchst unterschiedlichen sozialen Status von Ehefrauen und vor allem von Witwen widerspiegeln. Eine Rolle als »Haushaltsvorstand« war schließlich lange Zeit die Voraussetzung, um eine »Familienchronik« oder ein »Hausbuch« zu führen. Im Italien der Renaissance war dies nur in den seltensten Fällen eine Frau, wie Christiane Klapisch-Zuber zeigte, die in Florenz im 15. und 16. Jahrhundert ausschließlich männliche »Hausbuch«-Autoren fand, während Natalie Zemon Davis im frühneuzeitlichen Frankreich und England eine ganze Handvoll solcher »Familienchroniken« aus weiblicher Feder nachweisen konnte (Klapisch-Zuber 1994; Davis 1984).

Wenn Gianna Pomata auch mit Nachdruck die These vertritt, dass Frauen in der vormodernen Geschichtsschreibung durchaus vertreten waren und dort – je nach Genre – einen beachtlichen Platz (nicht zuletzt auch als Autorinnen) einnehmen konnten, so hegt auch sie keinen Zweifel an der »männlich-patriarchalen« Ausrichtung der Historiographie. Dafür gibt sie eine einleuchtende Erklärung: »Mehr als die literarischen Konventionen des historiographischen Diskurses oder die Normen für die Darstellung der Frau in der Geschichte, mehr als der Vorrang der politisch-militärischen Geschichte [...] ist der vorwiegend patrilineare Charakter der Familie in der europäischen Geschichte der eigentliche Schlüssel zum Verständnis der Position der Frauen als Gegenstand der historischen Überlieferung. Im patrilinearen Modell wird das Verhältnis zwischen den Generationen in der Praxis strukturiert und bildlich als geordnete Weitergabe von Namen, Besitz und Rang vom Vater auf den Sohn dargestellt. Es ist ein Modell der Sukzession, in der die männliche Linie als Garantie für das Überleben und die Kontinuität der Familienidentität gilt, und in dem Frauen zu bloßen Randfiguren der Genealogie verkommen« (Pomata 1991: 13).

Patrilineare Traditionsbildung

In der Tat ist das »genealogische Prinzip« schon in den mittelalterlichen Chroniken präsent; es prägt die frühneuzeitlichen Fürsten- und Familienchroniken ebenso wie die frühe Nationalgeschichtsschreibung. Laut Gabrielle Spiegel übt die Genealogie einen doppelten Einfluss aus: Einerseits liefert sie vom formalen Standpunkt aus der Chronistik ein Modell der narrativen Verknüpfung, das die Ereignisse zusammenhält, sie ist der »narrative Mythos« einer Chronik. Andererseits liefert sie vom konzeptuellen Standpunkt aus ein Interpretationsmodell der Ereignisse nach dem Grundsatz der Filiation, der direkten Ableitung – die Chronik wird als Folge von Biographien strukturiert, die untereinander durch das Prinzip der patrilinearen Erbfolge verbunden und damit in ihrer Abfolge in höchstem Maß legitimiert sind. Dieses Modell, dessen androzentrischer (das heißt auf Männer hin organisierter) Charakter unübersehbar ist, blieb weit über die mittelalterliche Chronistik hinaus wirksam und prägte insbesondere die politische Geschichte, die im Wesentlichen auf die Dynastiefolge hin festgeschrieben wurde (Spiegel 1994).

Einen weiteren Zusammenhang von männlicher Herrschaft und Geschichtsschreibung führt Brigitte Mazohl-Wallnig an. Sie zeigt, dass die Autoren von Dynastien- und Herrschaftsgeschichten als Hofchronisten oder Haushistoriographen meist der »männlichen Welt« der Gelehrsamkeit und der Universitäten nahe standen oder ihr entstammten. Und mehr noch: Insbesondere die politische Geschichte diente im Wesentlichen der Legitimierung von Herrschaftsansprüchen; das Studium der Vergangenheit war insofern ein nicht zu unterschätzendes Politikum und Herrschaftsinstrument. Und dieses Konzept der frühneuzeitlichen Hofhistoriographie wurde nahtlos auf den modernen Staat des 18. und 19. Jahrhunderts übertragen, in welchem das Fach sich zu einer wissenschaftlichen Disziplin auszubilden begann (Mazohl-Wallnig 1996).

Fromme Helden Doch auch herrschaftsfernere Gruppen und Institutionen pflegten das »genealogische Prinzip«, das in der Regel auf einer rein männlichen »linéage« aufbaut. So zeigte Ulrike Gleixner, »wie fromme Helden entstehen«. Es geht ihr in ihrem Beitrag darum, das *gendering* im Zusammenhang von Biographie, Traditionsbildung und Geschichtsschreibung im pietistischen Milieu Württembergs am Ende des 18. und im 19. Jahrhundert aufzuzeigen (Gleixner 2001). Sie macht deutlich, wie mit der »Spiritualisierung des Alltags« im pietistischen Bürgertum seit dem späten 17. Jahrhundert eine biographische Kultur entstand, die das Andenken an die Frömmigkeit eines jeden Familienmitglieds – Frauen wie Männern – nach ihrem Tod tradierte. Neben Lebensläufen gehörten »Letzte-Stunden-Berichte« vom seligen Sterben zum Kern dieses biographischen Schreibens. Insbesondere die Frauen waren für die Tradierung dieses Schrifttums zuständig. Sie trugen meist Sorge für die Sammlung der Dokumente, und noch im 19. Jahrhundert oblag es ihnen, die Überlieferungen jeweils zu sichten, abzuschreiben und diese zu Sammlungen, den »Memorabilien«, zusammenzustellen, die insbesondere die »Frommen« der jüngeren Generation beeindrucken und zu religiösem Leben inspirieren, aber auch die Gewissheit lebendig halten sollten, zu den Auserwählten zu gehören. Zu Beginn des 19. Jahrhunderts entstand allerdings aus diesen »Memorabilien« eine neue kirchengeschichtlich und gruppenöffentlich orientierte Tradition. Mit der Veröffentlichung der frommen Biographien und Erinnerungstexte änderte sich gleichzeitig ihr Inhalt. Vor allem das Leben einzelner männlicher Pietisten wurde nun mittels gedruckter Monographien herausgehoben – es entstanden »fromme Helden«, und die Überlieferung avancierte zu einem wahren »Väterkult«, der wiederum die Grundlage einer Historiographie abgab, die den »frommen Hintergrund« (mehr oder weniger) hinter sich ließ und sich »verwissenschaftlichte«. Die frommen Vormütter gerieten damit an den Rand der Erinnerungskultur und wurden im familiären Binnenraum gleichsam zurückgelassen – und mit ihnen jene »Memorabilien«-Sammlerinnen und (Ab-)Schreiberinnen, die bis dahin hauptsächlich für die Tradierung der frommen Erinnerungen zuständig gewesen waren.

Damit bestätigt sich auch an neueren Beispielen die von Spiegel und Pomata geäußerte Vermutung, das im Hochmittelalter entwickelte genealogisch-patriarchale Modell habe sich als langfristig höchst wirksam erwiesen – und es habe jedenfalls indirekt dazu geführt, dass Frauen aus der (politischen) Geschichtsschreibung ausgeschlossen blieben. Doch bringt Pomata hier einen wichtigen Einwand zum Tragen, wenn sie schreibt: »So scheint das Modell der patrilinearen Sukzession sowohl das Bild der Verwandtschaftsbeziehungen wie auch das Bild der Geschichte in den europäischen Kulturen strukturiert zu haben. Jedoch soll die Bedeutung und vor allem das tatsächliche Gewicht dieses Modells nicht übertrieben werden.« Und dies gilt für die Verwandtschaftsstrukturen – die sich in verschiedenen Epochen und Kulturräumen erheblich unterscheiden konnten –, wie auch für die Geschichtsschreibung: »Wir können [...] in verschiedenen Kontexten und Perioden erhebliche Abweichungen in der Darstellung der Frau als Objekt der Geschichte erwarten, je nachdem, in welchem Ausmaß Chronik und Genealogie die mehr oder weniger patrilineare oder bilaterale Struktur der Verwandtschaftsgruppen widerspiegeln« (Pomata 1991: 28). Und das lässt sich – etwa an englischen oder fränkischen Chroniken – dort belegen, wo weibliche Akteure als im politischen Raum durchaus handlungsfähig dargestellt und gewürdigt werden.

8.2 Verwissenschaftlichung als Vermännlichung der Geschichte

Wann also – und warum – sind die Frauen definitiv aus der Geschichtsschreibung verschwunden? Bereits 1987 hat Susan M. Stuart mit einer Gruppe von Kolleginnen den Versuch unternommen, diese Frage für die mittelalterliche Geschichte und Geschichtsschreibung zu beantworten. Stuarts Forschungen nach sind Frauen in den französischen Chroniken und Geschichtsbüchern – mit wechselndem Stellenwert – immer präsent, und zwar von der frühmittelalterlichen Chronistik bis hin zur romantischen Geschichtserzählung etwa bei Jules Michelet. Erst gegen Ende des 19. Jahrhunderts und mit dem Aufkommen der »wissenschaftlichen« Geschichtsschreibung »verschwinden die Frauen in einem schwindelerregenden Tempo aus den Geschichtsbüchern« (Stuart 1987: 59). Die neue akademische und professionelle Geschichtsschreibung musste sich, so vermutet Stuart, von der ihr vorausgegangenen literarischen Geschichtserzählung abheben, und die Nichterwähnung von Frauen war eines der Mittel, mit denen sich die Positivisten von den romantischen Historikern unterscheiden konnten.

Interessanterweise wird zum selben Zeitpunkt die Biographie von der Historiographie getrennt und fristet von nun an als (mehr oder weniger) populärwissenschaftliches oder literarisches Genre eine – von der akademischen Geschichtsschreibung und -forschung her gesehen – umstrittene Randexistenz (vgl. Smith 1998: 103–129; Spongberg 2002: 34–62; Epple/Schaser 2009: 7–27).

Die Professionalisierung und Verwissenschaftlichung der Geschichtsschreibung hatte im Übrigen auch Folgen für weibliche Historiker bzw. für Geschichtsschreiberinnen. In einem Aufsatz über den Beitrag der Frauen zur Historiographie von 1750 bis 1940 in Großbritannien, Frankreich und den USA hat Bonnie Smith nachgewiesen, dass die Professionalisierung der Geschichte in der zweiten Hälfte des 19. Jahrhunderts die weiblichen Historiographen in den Hintergrund drängte – und erst mit der Zulassung von Frauen zum Universitätsstudium kehrten einige wenige von ihnen zurück, wenn auch mit (bis heute) deutlich sichtbaren Behinderungen und Benachteiligungen (Smith 1984; vgl. auch Davis 1984; Scott 1988; Epple 2003).

Für die deutsche Geschichtswissenschaft, die mit Leopold von Ranke und Johann Gustv Droysen zwei Giganten der wissenschaftlichen Geschichtsschreibung hervorgebracht hat, hat diesen Vorgang Barbara Stollberg-Rilinger aufgezeigt. Dabei geht sie weniger von der »klassischen« Hof- und Staatschronistik und -geschichtsschreibung aus, sondern beginnt ihren Rundblick bei der Universalgeschichtsschreibung der Aufklärung, die – dezidiert gegen die »partikulären« Tendenzen der nationalen und der Hofgeschichtsschreibung gerichtet – eine universale »Geschichte des Menschengeschlechts« anstrebte, in welcher Einzelinteressen zurückgestellt und im Interesse der gesamten Menschheit Entwicklungen herausgestellt werden sollten, die die Menschheit zu (mehr) Freiheit, Gleichheit oder doch jedenfalls Zufriedenheit führen könnten. In dieser »Menschheitsgeschichtsschreibung« spielte jeweils das Geschlechterverhältnis eine nicht unbedeutende, ja bisweilen sogar zentrale Rolle zur Bestimmung des »Zivilisations-Fortschritts« einer Kultur oder eines Landes. Geschlecht galt als eine grundlegende anthropologische und damit – im Sinne des universalen Anspruchs der Geschichtsschreibung – historiographische Kategorie. In vielerlei Hinsicht lassen sich deshalb die Verfasser dieser »Menschheitsgeschichten«, die vor allem in der schottischen und englischen Aufklärung, aber auch in Deutschland aktiv waren, wie der Göttinger »Weltweise« Christoph Meiners, der 1788 eine Geschichte des weiblichen Geschlechts publizierte, als »Väter der Frauengeschichte« bezeichnen (Stollberg-Rilinger 1996).

Mit ihrer Verwissenschaftlichung und disziplinären Konsolidierung im 19. Jahrhundert grenzte sich die Geschichtsschreibung jedoch mehr und mehr von philosophischen und anthropologischen Ansätzen ab. Der Historismus mit seinem Interesse an den »großen« Themen und Ereignissen der Nationalgeschichte ließ dafür keinen Raum. Die Frauen- und/oder Geschlechtergeschichte wurde »in Nischen jenseits der Fachhistorie« abgedrängt: in die Lokalgeschichte, die Volkskunde, die

Väter der Frauengeschichte

populäre Kultur- und Sittengeschichte. Karl Weinhold, Wilhelm Heinrich Riehl, Johann Jacob Bachofen oder auch Jacob Burckhardt, die über die Rolle von Frauen in der Geschichte reflektierten, waren wissenschaftliche Außenseiter, die »oft auch methodisch in Opposition zum herrschenden Wissenschaftsstandard« standen. Sie vertraten »die Intuition als Methode und setzten Einfühlung und bewusste Parteinahme gegen den etablierten Objektivitätsanspruch« (ebd.: 66 f.; vgl. als Quelle Jacob Burckhardts Darstellung der Geselligkeit in der Renaissance, Quelle Nr. 8 unter *www.historische-einfuehrungen.de*). Die dem Historismus verpflichtete dominante Geschichtswissenschaft des 19. Jahrhunderts berücksichtigte dagegen frauengeschichtliche Fragestellungen nicht. Nur durch eine randständige, wissenschaftlich wenig anerkannte und häufig auch in fachfremden Disziplinen angesiedelte Traditionsbildung konnten solche Fragestellungen und Forschungsansätze überleben.

Allerdings hatte das Verschwinden der Frauen als Gegenstand der Historiographie durch die Verwissenschaftlichung paradoxe Züge, wie Gianna Pomata hervorhebt. Einerseits zwangen die strengeren Forschungskriterien zur Eliminierung der Frauen, da sich ihre Präsenz in den älteren Überblickswerken oft auf literarische oder chronikalische Quellen stützte und nicht auf archivalische Evidenz. Häufig auch wurden sie aus der Historiographie getilgt, weil die sie betreffenden Anlässe und Handlungsräume als »privat« eingeschätzt und damit für eine politische Geschichte als irrelevant beiseite gelassen wurden (Pomata 1991: 30). Andererseits aber förderten das kritische Quellenstudium und die Herausgabe von Quellensammlungen – vor allem zur Wirtschafts-, Wissenschafts- und Religionsgeschichte – ernsthafte dokumentarische Beweise für die Präsenz von Frauen in der Geschichte zutage.

Indes blieben diese Dokumentationen aufgrund der anders gearteten (man könnte auch sagen: eingeschränkten) Fragestellungen der meisten Historiker weitgehend ungenutzt – konnten dann aber den Grundstock für die Forschungsarbeiten neugieriger junger Historikerinnen und interessierter Laien beiderlei Geschlechts bilden. Bereits um 1900 traten die ersten weiblichen Historiker (wieder) auf, um, angeregt von der (Ersten) Frauenbewegung, weibliche Anliegen und Interessen auch aus der Geschichte heraus zu begründen und zu legitimieren (vgl. Spongberg 2002: 130-171). Diese Forschungen fanden indes kaum oder gar keinen Eingang in die »offizielle« Geschichtsschreibung und -wissenschaft, sondern sie fanden ihr Publikum in der Regel außerhalb der Universitäten. Hier sind erst die Frauen- und Geschlechterhistorikerinnen der Neuen Frauenbewegung im späten 20. Jahrhundert angetreten, um auch die akademische Geschichte »umzuschreiben«, ja, um den Begriff der Historiographie selbst neu zu definieren (vgl. Epple 2004; Epple/Schaser 2009).

8.3 Geschlechtergeschichte und »Allgemeine Geschichte«

Ist das Verschwinden der Frauen aus der Geschichtsschreibung zunächst ein Phänomen der positivistischen Geschichtsforschung und -betrachtung, so sind dennoch auch modernere Ansätze in der Geschichtswissenschaft nicht frei von solchen Ausgrenzungsmechanismen. So konstatierte Hanna Schissler zu Beginn der 1990er Jahre: »Unter dem Aspekt von Geschlechtergeschichte erscheint Geschichtswissenschaft insgesamt – die Sozial- und Gesellschaftsgeschichte nicht ausgenommen, obgleich sie eine, wie sich zeigen wird, Sonderrolle spielt – blind gegenüber den Regeln ihres Diskurses. Sie subsumiert Frauen unter Konzepte, die sie in der Regel unsichtbar machen« (Schissler 1991: 23).

Die begrifflichen Abstraktionen der Geschichtswissenschaft, und gerade auch die der Sozialgeschichte – wie Politik, Gesellschaft, Kultur, Nation, Region, Individuum, Gruppen, Klasse, Stände usw. –, seien in diesem Sinn nicht »geschlechtsneutral«, sondern immer schon sei in ihnen die Einseitigkeit und Parteilichkeit der am wissenschaftlichen Diskurs Beteiligten (das heißt der Männer) enthalten. Dies werde sich auch nicht ändern, so lange Frauen vom Diskurs ausgeschlossen seien. Doch reicht die »Mitsprache« von Frauen allein nicht aus, betont Schissler weiter.

Denn die Sozialgeschichte hat zwar die »Standortgebundenheit« und damit relative Parteilichkeit der Geschichtsschreibung aus sozialen bzw. Klasseninteressen heraus hinterfragt und aufzuheben versucht. Die Geschlechterinteressen seien jedoch nicht in gleicher Weise kritisch hinterfragt worden.

Herausforderung der Sozialgeschichte

»Die Sozialgeschichte ist im Prinzip durchaus in der Lage, die Ausgrenzung und Benachteiligung von Frauen zu beschreiben, sie tut dies aber in dem beschriebenen Rahmen, der ihre Erkenntnisse systematisch begrenzt, oder, wenn er denn tatsächlich konsequent auf Frauen ausgedehnt werden soll, sprengt. Ein Beispiel hierfür ist, dass man vor 1918 eben nicht vom allgemeinen Wahlrecht sprechen kann […]; ein weiteres Beispiel ist, dass die Beschreibung des Zugangs zur bürgerlichen Gesellschaft als durch Besitz und Bildung eben schlicht falsch ist und unter den hier entwickelten Problemstellungen sich das Verständnis dessen, was bürgerliche Gesellschaft ist, grundlegend wird ändern müssen« (ebd.: 28).

Dass sich »das Verständnis dessen, was die bürgerliche Gesellschaft ist«, bislang nicht geändert hat zugunsten eines systematischen Einbezugs der »weiblichen Seite der Geschichte«, führt Schissler einerseits auf Diskriminierung von Frauen durch die Sozialgeschichte und auf die Herrschaftsstrukturen zwischen den Geschlechtern zurück. Vor allem aber ist es, ihrer Auffassung nach, die »psychische Organisation von Frauen und Männern selbst«, die hier zum Vorschein kommt. »In der Reflexion der historischen Geschlechterbeziehungen treten Zusammenhänge zutage, die Frauen wie Männer dazu zwingen, über die eigene Geschlechtsidentität sowie die historischen wie gegenwärtigen Bedingungen des Mannseins und des Frauseins nachzudenken. […] Das Geschlechterverhältnis scheint weit in jenen Teil des *gesellschaftlich produzierten Unbewussten* zu reichen, der die Stabilität der Gesellschaft aufrechterhält, weshalb es – aus Gründen kollektiver wie individueller Angstminderung – so wichtig erscheint, das prästabilisierte Ungleichgewicht zwischen den Geschlechtern, soweit möglich, zu erhalten und ständig zu reproduzieren« (ebd.: 25). Dennoch sieht Schissler keinen anderen Weg, auf die »Herausforderungen der Geschlechtergeschichte« zu reagieren, als einen grundsätzlichen Perspektivenwechsel vorzunehmen. Die Frage jedoch, wie dies geschehen kann, ist heute, angesichts zahlreicher und tief sitzender Widerstände, weiterhin offen (vgl. dazu auch Bock 1988: 383–388).

> Das Bestreben, die Geschichte »umzuschreiben«, ist schon seit ihren Anfängen ein zentrales Anliegen der »Frauengeschichte« gewesen. Die feministische Kritik an der »männlichen« Geschichtsschreibung zielte ja darauf ab, aus einer »einseitigen« eine »umfassende« Geschichtsschreibung zu machen – sofern sie nicht ohnehin dazu neigte, die Geschichte als »Kampfplatz der Geschlechter« zu sehen, den die Frauen in der Regel als Verliererinnen des historischen Prozesses verließen. Die weniger pessimistische Idee, der traditionellen *his-story* eine *her-story* hinzuzufügen, schien diesem Projekt zunächst angemessen, bis diese Perspektive im Zeichen der Kritik an ontologisierenden Geschlechterbildern Ende der 1980er Jahre aufgegeben werden musste (vgl. Lerner 1995).

Schon früh wurde als Herausforderung der Frauengeschichte an die (vermeintlich) »Allgemeine Geschichte« die Frage nach der Tauglichkeit gängiger Geschichtsbilder und Periodisierungen gestellt – etwa durch Joan Kelly-Gadol, die problematisierte, ob bzw. inwiefern Frauen eine Renaissance gehabt hätten. Sie stellte damit weitergehend die Frage in den Raum, was eine Epoche oder einen Umbruch ausmacht, wenn ein großer Teil der Menschen in der Gesellschaft diese nicht oder zumindest anders erlebt hat als diejenigen, auf die der Blick gegenwärtig gerichtet ist (Kelly-Gadol 1989). Ähnliche Fragen kann und muss man auch stellen, wenn etwa von einem »allgemeinen Wahlrecht«, einer »allgemeinen Wehrpflicht« usw. die Rede ist, aber alle Frauen davon ausgeschlossen sind. Wenn eine Epoche oder ein historischer Ereigniszusammenhang – wie zum Beispiel die Renaissance oder die Französische Revolution – für Männer mit Individualisierung und Befreiung aus überkommenen Zwängen verbunden ist, für Frauen aber nicht – oder im Gegenteil noch zur Verschärfung von Abhängigkeit und Unmündigkeit führt, dann wird der Umbruch als solcher zwar bestätigt, muss aber doch völlig anders gedeutet werden. Es gibt insofern keine Geschichte des Fortschritts hin zu immer mehr Freiheit des (männlichen, europäischen usw.)

Individuums, wenn diese Freiheit erkauft wird durch eine gleichbleibende oder gar wachsende Unfreiheit vieler anderer Menschen und Gruppen (etwa der Frauen, der Nichteuropäer usw.). Damit wird deutlich, dass der Anspruch der Allgemeinen Geschichte, die Geschichte der Menschheit als Gesamtheit zu sein, eine Fiktion ist. Vielmehr zwingt der Versuch, die Geschichte aller zu schreiben, zur Abstraktion und somit zur Konstruktion des historischen »Normalsubjekts« – zu Denkmustern also, die in Auswahlprozessen und Relevanzhierarchien gründen. Geschichtsschreibung und Geschichtsbilder sind also Teil des historischen Prozesses, in den (auch) Geschlechterhierarchien und Machtkämpfe eingeschrieben sind – und treiben insofern entsprechende Hierarchisierungen, Ein- und Ausgrenzungen mehr oder weniger gezielt voran. Die logische Konsequenz des Versuchs, Universalgeschichte als Frauen- und Männergeschichte zu schreiben, ist also die Einsicht, dass zwei Geschlechter niemals *eine* Geschichte gehabt haben (Rosenhaft 1996; vgl. auch Pomata 1991).

Kritik der Metanarrative Die Idee vom »Umschreiben der Geschichte« bzw. das Projekt einer Kritik an homogenisierten Geschichtsbildern wurde indes auch seitens der postmodernen Theorieansätzen und Ideologiekritiken verpflichteten Geschlechtergeschichte nicht aufgegeben, im Gegenteil. Die Geschlechtergeschichte, die nicht nur traditionelle Vorstellungen von weiblichen Rollen und Identitäten in Frage stellt, sondern auch die von Männlichkeit, Mann-Sein und männlichen Identitäten, erscheint als ein weit besserer Weg, den Anspruch der feministischen Geschichtswissenschaft auf Infragestellung aller überkommenen Relevanzkriterien zu belegen als die Frauengeschichte, die ihrerseits auf eine identitätsstiftende, homogenisierte Geschichtsdarstellung abzielte. Ganz grundsätzlich kann man deshalb behaupten, dass »die Einführung des Begriffs Geschlecht als ein Versuch gedeutet werden kann, die Geschichte von Frauen für eine Universalgeschichte brauchbar zu machen« (Rosenhaft 1996: 262). Wie dies allerdings konkret vonstatten gehen kann und sollte, ist im Zeitalter postmoderner Kritik an den »Metanarrativen« bzw. den »großen Erzählungen« umstritten. So erlaubt zwar die Verlagerung des Forschungsinteresses – und damit auch der Geschichtsdarstellung – von den (vermeintlich) konkreten Handlungs- und Ereigniszusammenhängen hin zu deren (sprachlicher) Repräsentation und Wahrnehmung eine erleichterte Integration auch solcher Bereiche und Thematiken in die »große Geschichte«, die bislang dort keinen oder wenig Raum hatten – etwa der Bereich der Sexualität, der Gefühle, der »Reproduktion« usw. Auch ermöglicht die von Joan Scott formulierte, grundsätzlich auf Hierarchien zielende und für Hierarchien sensibilisierende Definition der Kategorie Geschlecht umgekehrt ein Einbeziehen von Frauen, Männern und Geschlechterbildern in die traditionell Frauen marginalisierende Geschichte des Politischen, des öffentlichen Raums.

Das hat allerdings »Folgekosten«, wie Eve Rosenhaft zeigt, die von einer »geschlechterpolitische[n] Ambivalenz dieser Strategie« spricht, die darin liege, dass »einerseits […] das Frauenleben als selbständiger, geschichtsrelevanter Gesellschaftsbereich aus dem Blick [verschwindet], indem das weibliche Geschlecht wieder über seine Beziehung zum männlichen, durch seinen Charakter als Relation schlechthin zur Geschichtsträchtigkeit gelangt.« Andererseits bedeutet die Orientierung auf Diskurse und symbolische Repräsentationen, die diesem geschlechterhistorischen Ansatz eng verbunden ist, eine Aufwertung weiblicher Erfahrung. Gerade dort, wo Menschen (Frauen) nicht zu handeln scheinen und somit aus der »Geschichte« ausgeblendet bleiben, hilft ein Ansatz, der davon ausgeht, dass auch Wünsche, Wahrnehmungen und Darstellungen Ereignisse sind. Der Preis der dadurch erlangten Sichtbarkeit von Frauen und weiblichen Belangen ist allerdings das »theoretische Zubehör« etwa des Dekonstruktivismus, das, wie Eve Rosenhaft schreibt, »eine gewisse Schwerfälligkeit und Unverbindlichkeit im Umgang mit der Sprache bedingt und selbst für manche feministische Historikerinnen befremdend wirkt« (ebd: 263).

Höchst skeptisch sieht auch die Pionierin der Frauen- und Geschlechtergeschichte in Deutschland, Karin Hausen, die Möglichkeiten für einen grundlegenden »Umbau« des »Hauses« der Allgemeinen Geschichte und plädiert dafür, aus der (national, okzidental und männlich konnotierten) »Allgemeinen Geschichte« eine Vielzahl von Geschichten entstehen zu lassen, in denen ver-

Nicht-Einheit der Geschichte

schiedene Perspektiven ihre Daseinsberechtigung hätten (Hausen 1998). Sie geht von der Beobachtung aus, dass die säkularisierte und synthetisierende Universalgeschichte als Projekt des 18. Jahrhunderts auf zwei weitreichenden »Erfolgsstrategien« basiert(e), nämlich einerseits auf der kulturvergleichend eingesetzten Erziehungsmetapher, die es erlaubte, die Europäer des christlichen Abendlandes als »Erwachsene« einzustufen, zu Erziehern der Menschheit, die sich von Menschen aus anderen Gruppen und Kulturen durch ihre Reife und Überlegenheit abhoben. Zum anderen wurden durch die Abtrennung einer »weiblichen Sonderanthropologie« diese »europäischen Erzieher« praktisch ausschließlich im männlichen Geschlecht verkörpert gesehen; demgegenüber wurde dem weiblichen Geschlecht eine spezifische Naturhaftigkeit und damit Sonderstellung in der Kultur zugewiesen. Diesen beiden Strategien zufolge ist das Projekt der Universalgeschichte nach Hausens Meinung von Grund auf sowohl euro- wie androzentrisch – und es braucht deshalb nicht nur kritische Umsicht bei der Quellenanalyse, sondern (und vielleicht mehr noch) bei der Weiterverwendung altbewährter Konzepte und Begriffe. Die Einheit der Geschichte ist Hausens Ansicht nach eine der wirkmächtigsten Fiktionen innerhalb der Geschichtswissenschaft, die grundsätzlich in Frage gestellt zu werden verdient – gerade auch aus der Sicht der Frauen- und Geschlechtergeschichte, der mit einem Konzept der »Vielheit« der Geschichte weit besser gedient wäre:

»Die Nicht-Einheit der Geschichte zu akzeptieren und in der Wissenschaft produktiv zu gestalten heißt, die vielen Geschichten lokaler ebenso wie weltweiter Prozesse des historischen Wandels gerade um ihrer Widersprüchlichkeit, um ihrer Uneinheitlichkeit, um ihrer Differenz willen zu vergegenwärtigen. Nicht nur die Uneinheitlichkeit von Zeiten und Räumen, sondern auch die nach Herkunft und Lebenssituation ausgeprägte Unterschiedlichkeit von jungen und alten Menschen, von Frauen und Männern zusammen mit der Vielfalt der Möglichkeiten und Interessen der im historischen Zeitverlauf handelnden und sinnstiftenden Subjekte gilt es sehr viel entschiedener als bisher zum Zentrum wissenschaftlich fundierter Geschichtsdarstellung zu machen. Dieses

Programm fordert dazu heraus, auf größere kritische Distanz zur bewährten Hilfskonstruktion der Kollektivsubjekte zu gehen und sich von der Meistererzählung zu verabschieden« (Hausen 1998: 35 f.).

Für die Frauen- und Geschlechtergeschichte bedeutet das konkret: erstens, »den mit der modernen Geschichtswissenschaft realisierten Ausschluß des weiblichen Geschlechts aus der Geschichte und die Überhöhung des männlichen Geschlechts zur Allgemeinheit des Menschengeschlechts selbst direkt zur Sprache zu bringen«. Es bedeutet zweitens, stärker als bisher präsent zu machen, »daß und mit welcher Intensität die familiale Organisation der Menschen und die Ordnung der Geschlechterverhältnisse unablässig gesellschaftspolitisch bearbeitet worden ist«. Damit muss sich »das historische Interesse verstärkt auf diese systematisch ausgeblendeten oder unterbelichteten Bereiche und Ebenen von Geschichte lenken«, um dadurch »der sogenannten allgemeinen Geschichte ihren bisherigen Platz streitig zu machen und deren jahrzehntelang eingeübte konsequente Fixierung auf männerdominierte Öffentlichkeit zu kritisieren und auszuhebeln«. Es bedeutet drittens, die Arbeitsteilung nach Geschlechtern, die bis heute in der allgemein genannten Geschichte kaum der Erwähnung für wert befunden ist, als zentrale historische Entwicklung und nicht als »ahistorische, natürliche Selbstverständlichkeit« zu behandeln und entsprechend zu untersuchen. Dabei wäre zu analysieren, »[m]it welcher Macht und um welchen Preis diese angebliche Natürlichkeit der Verhältnisse immer wieder dem historischen Wandel abgetrotzt worden ist, wer sich aus welchen Gründen und mit welchen Mitteln der Verteidigung dieser als natürlich erachteten Ordnung jeweils angenommen hat und welche Konsequenzen diese Arbeitsteilung nach Geschlechtern für die einzelnen Menschen und die Gesellschaft hatte« (ebd.: 44–49).

Nicht zuletzt aufgrund der für frauen- und geschlechterhistorische Forschungen, aber auch für postmoderne Fragestellungen und Kritik wenig offenen Historikerzunft in der Bundesrepublik kommt Hausen zu dem Schluss, dass die Schwierigkeiten für eine grundlegende Revision der Universalgeschichte – weg von der Nationalstaatsgeschichte, von der Abtrennung des (vermeintlich unwichtigen oder gar ahistorischen) Privaten vom Öffentlichen, von der Verschleierung der Geschlechterhierarchien usw. – allzu groß seien, so dass es eine vielversprechendere Strategie darstelle, für die Nicht-Einheit der Geschichte zu plädieren und damit Räume für andere »Geschichten« und »mehrsinnige Relevanzen« zu öffnen (ebd.: 57).

Close-ups und long shots

Dagegen sind andere Historikerinnen durchaus der Meinung, dass es eine fruchtbare Verschmelzung von Frauen- und Geschlechtergeschichte und »Allgemeiner Geschichte« geben könnte, ja, seit der Etablierung der Geschlechtergeschichte bereits gibt. Gianna Pomata etwa, die lange in den USA gelehrt hat und der Tradition der »Frauengeschichte« verpflichtet ist, befürchtet, dass mit der Aufsplitterung »der Geschichte« in viele Einzelgeschichten und -perspektiven »das Kind mit dem Bad ausgeschüttet« würde. Zwar sei es wohl die schwierigste anstehende Aufgabe, den Zusammenhang zwischen den diversen Geschichtsbildern herzustellen, doch ist sie überzeugt, dass es auch eine der wichtigsten Aufgaben der Historikerin oder des Historikers ist, zu synthetisieren und zu generalisieren. Sie greift deshalb das vom Filmtheoretiker Siegfried Kracauer entwickelte Bild von den *close-ups* und *long shots* auf – also etwa: »Nahaufnahme« und »Totale« – und betont die Bedeutung einer »mikrohistorischen« Perspektivierung der Historiographie (nicht nur, aber vor allem der von Männern und Frauen). Je weiter sich der Beobachter/die Beobachterin nämlich von den konkreten Ereignissen und Strukturen entfernt, desto mehr dominieren seine/ihre eigenen Vorurteile, desto weniger kann er oder sie sich auf Fremdes, Neues, Andersartiges einlassen. Doch umgekehrt sei auch eine rein mikrohistorische Perspektivierung unbefriedigend, denn die Makrohistorie sei mehr als die Summe vieler Mikroperspektiven. Es gilt also, beide Perspektivierungen zu verbinden, exemplarische Geschichte(n) in einem größeren Ganzen zu positionieren – und zwar weniger, um beide zu harmonisieren, sondern um die eine Perspektivierung durch die andere jeweils in Frage zustellen und kritisch zu prüfen. Dies wäre nicht ein »Aufstieg« vom Besonderen zum Allgemeinen, sondern ergäbe einen unendlichen dialektischen Prozess des Fokussierens und des Synthetisierens. Dabei müsste die Geschlechtergeschichte die Brücke bilden zwischen Frauen- und Männergeschichte und »Allgemeiner Geschichte« – wobei Pomata die Geschlechtergeschichte charakterisiert sieht durch eine Betonung der Strukturen der *longue durée*, während die Frauen- und die Männergeschichte eher die Handlungsebene fokussieren. Schlussendlich aber, so verschiebt Pomata die Frage des Verhältnisses von Geschlechtergeschichte und »Allgemeiner Geschichte«, müsste das Interesse weniger darauf gerichtet sein, wie Frauen- und Geschlechtergeschichte in die »Allgemeine Geschichte« integriert werden könnte, denn dies würde implizieren, dass die »Allgemeine Geschichte« eine für immer feststehende Größe wäre. Vielmehr sollte gefragt werden: Wie verändert(e) Frauen- und Geschlechtergeschichte die »Allgemeine Geschichte«? Ihre Antwort ist: Sie dekonstruiert falsche Generalisierungen und trägt damit dazu bei, neues Allgemeinwissen über Geschichte zu konstruieren (Pomata 1998).

Auch Lynn Hunt, eine der führenden Vertreterinnen der *new cultural history* in den USA, vertritt eine ähnliche Auffassung, zeigt aber noch konsequenter als Pomata die neuen Herausforderungen auf, die gerade in einer solchen Verschmelzung der Geschlechterforschung mit anderen modernen historiographischen Ansätzen liegen. Optimistisch beginnt sie ihren Beitrag mit der Feststellung: »Gender history is here to stay« (Hunt 1998a: 59). Gut zwei Jahrzehnte teilweise heftigen Widerstands von Seiten konservativer »Universalhistoriker« habe die Position der Geschlechtergeschichte eher gestärkt als geschwächt, nicht zuletzt, weil dadurch im Kontext der Geschlechtergeschichte wichtige methodologische Debatten entfacht oder zumindest mitgetragen wurden. Diese Debatten wären aber in vieler Hinsicht vergeblich, so Lynn Hunt, wenn sie nicht einhergingen mit einem Umschreiben der Geschichte. Denn der Verzicht auf neue »Metanarrative« korreliere mit einer fortgesetzten Marginalisierung der Frauen- und Geschlechtergeschichte innerhalb der Geschichtswissenschaft.

Bislang hätten sich Frauen- und Geschlechterforscherinnen und -forscher meist mit der kritischen Sichtung der »Allgemeinen Geschichte« begnügt, die sich bisweilen gesteigert hätte zu einer feindseligen Abwehrhaltung. Doch sei die Macht, »Metanarrative«

Neue Narrative

bzw. die »Allgemeine Geschichte« zu gestalten, dadurch vorzeitig preisgegeben worden – und damit auch wichtige Impulse für eine geschlechterpolitische Einflussnahme über den im engeren Sinn wissenschaftlichen Bereich hinaus. Hunts Auffassung nach müssten sich Geschlechterhistorikerinnen und -historiker dringend in diesem Feld engagieren, allerdings ohne dabei die kritische Distanz und die erworbenen methodologischen Erfahrungen zu verleugnen oder zu missachten.

Am Beispiel des »Metanarrativs« vom Modernisierungsprozess versucht Lynn Hunt zu belegen, wie eine »neue Geschichtserzählung« aussehen könnte, die die Geschlechterdimension mit einschließt. Dafür nennt sie drei grundlegende Denkbewegungen, die für ein »Um-Schreiben der Geschichte« ins Spiel gebracht werden müssten (und die sich übrigens von den Überlegungen Karin Hausens gar nicht so sehr unterscheiden): erstens eine kritische Beleuchtung und Neukonzipierung klassischer Kategorien der Moderne – wie etwa *public–private* – und die daraus erwachsenen Konsequenzen für die Frauen- und Geschlechtergeschichte. Zweitens sei die kritische Prüfung der bisherigen Periodisierungen erforderlich mit dem Ziel, weniger die großen Brüche zu betonen als vielmehr die Kontinuitäten, die insbesondere für die unterdrückten Gruppen in der Geschichte (»subaltern groups«) sinnvoller seien als die Betonung der Brüche. Und schließlich sei drittens eine verstärkte Beachtung nichtwestlicher historischer Entwicklungen vonnöten, durch die die Definition und der Gehalt von »Modernität« und vergleichbaren Kategorien ständig infrage gestellt und neu konturiert werden können (Hunt 1998a: 85 f.).

Nach Hunt wird es keine völlig neuen, »totalen« Metanarrative (also: allgemeine Geschichtserzählungen) geben können. Vielmehr sollte hier, so Hunt, ein neues Feld für historiographische Debatten eröffnet werden, in dem verschiedene »große Erzählungen« miteinander konkurrieren, sich ergänzen oder auch gegenseitig in Frage stellen können. Eine völlige Verweigerung der Geschlechtergeschichte in dieser Debatte – die ja nicht zuletzt auch ein Kampf um die Definitionsmacht ist und bleibt – ist aus ihrer Sicht auf jeden Fall kein zukunftsweisender Weg.

Gerade an Hunts Ausführungen wird indes deutlich, dass »Geschlecht« als historische Kategorie durch diese Art der »Verallgemeinerung« auch an Bedeutung oder jedenfalls Sichtbarkeit verliert. Das Verschmelzen von Geschlechtergeschichte und »Allgemeiner Geschichte« führt damit auch zu einer Relativierung von »Geschlecht« als historiographischer Kategorie – während im Gegensatz dazu das von Karin Hausen vorgeschlagene Modell der »eigenen Geschichte« erlaubt, am Primat des Geschlechts als historischer Kategorie festzuhalten, allerdings auch hier um den Preis einer Relativierung der Bedeutung der Geschlechtergeschichte als Erklärungsmodell für einen gesamtgesellschaftlich konzipierten historischen Prozess. Am ehesten scheint das von Gianna Pomata vorgeschlagene Modell die Ansprüche an eine geschlechtergeschichtlich fokussierte »Allgemeine Geschichte« zu erfüllen, in der innerhalb eines Buches, einer »großen Erzählung« oder einer »Metahistory« die Vielschichtigkeit und Differenziertheit historischer Perspektivierungen der Forscherin bzw. des Forschers, aber auch der Erfahrungen historischer Akteurinnen und Akteure zum Ausdruck kommen (können).

Insgesamt zeigt sich zu Beginn des dritten Jahrtausends, dass die geschlechtergeschichtliche Forschung genügend Ergebnisse und methodologische Erkenntnisse vorzuweisen hat, um die Grundlagen des historiographischen Denkens und Schreibens von einer institutionell verbesserten und methodologisch differenzierteren Position her zu befragen und, wo nötig, auch zu verändern oder ganz zu verwerfen.

Auswahlbibliographie

Albisthur, Maité/Daniel Armogathe (1977), *Histoire du féminisme français du moyen âge à nos jours*, Paris

Albrecht, Nele (2007), Tagungsbericht »Gender History in a Transnational Perspective«, 5.–6.10.2007, Berlin, in: H-Soz-u-Kult, 13.12.2007 (http://hsozkult.geschichte.hu-berlin.de/tagungsberichte/id=1801)

Anderson, Benedict (1983), *Die Erfindung der Nation. Zur Karriere eines folgenreichen Konzepts*, Frankfurt/M. (Neuauflage 2005)

Anderson, Bonnie/Judith P. Zinsser (1992), *Eine eigene Geschichte. Frauen in Europa*, 2 Bde., Zürich

Appich, Martina u. a. (Hg.) (1993), *Eine andere Tradition. Dissidente Positionen von Frauen in Philosophie und Theologie*, München

Asendorf, Manfred u. a. (Hg.) (1994), *Geschichte. Lexikon der wissenschaftlichen Grundbegriffe*, Reinbek b. Hamburg

Arni, Caroline (2004), *Entzweiungen. Die Krise der Ehe um 1900*, Köln u. a.

Bader, Benjamin Maria (2008), Juden, Frauen und Deutsche. Jüdische und deutsche Geschichtsschreibung in transatlantischer Perspektive, in: Karen Hagemann/Jean H. Quataert (Hg.), *Geschichte und Geschlechter. Revisionen der neueren deutschen Geschichte*, Frankfurt/M., S. 227–255

Barrett, Michèle (1982), Begriffsprobleme marxistisch-feministischer Analyse, in: *Das Argument* 24, S. 174–185

Barrow, Logie u. a. (Hg.) (1999), *Nichts als Unterdrückung? Geschlecht und Klasse in der englischen Sozialgeschichte*, Münster

Beauvoir, Simone de (1949), *Das andere Geschlecht. Sitte und Sexus der Frau*, Reinbek b. Hamburg

Bebel, August (1873), *Die Frau und der Sozialismus*, Leipzig

Beck, Rainer (1992), Frauen in der Krise. Eheleben und Ehescheidung in der ländlichen Gesellschaft Bayerns während des Ancien Régime, in: Richard van Dülmen (Hg.), *Dynamik der Tradition. Studien zur historischen Kulturforschung*, Frankfurt/M., S. 137–212

Bennett, Judith M. (1997), Confronting Continuity, in: *Journal of Women's History*, Bd. 9, Nr. 3, S. 73–94

Benson, Susan Porter (1986), *Counter Cultures: Saleswomen, Managers, and Customers in American Departement Stores, 1890–1950*, Urbana

Bleier, Ruth (1984), *Science and Gender: A Critique of Biology and its Theories on Women*, New York

Blom, Ida u. a. (Hg.) (2000), *Gendered Nations. Nationalism and Gender Order in the Long Nineteenth Century*, Oxford/New York

Bock, Gisela (1986), *Zwangssterilisation im Nationalsozialismus*, Opladen

– (1988), Geschichte, Frauengeschichte, Geschlechtergeschichte, in: *Geschichte und Gesellschaft* 14/3, S. 364–391

– (1991), Challenging Dichotomies, in: Karen Offen u. a. (Hg.), *Writing Women's History: International Perspectives*, Bloomington, S. 1–28

– (1997), »Querelle du féminisme« im 20. Jahrhundert. Gab es »Feminismus« in Spätmittelalter und Früher Neuzeit? Eine historiographische Montage, in: dies./Margarethe Zimmermann (Hg.), *Die europäische Querelle des Femmes. Geschlechterdebatten seit dem 15. Jahrhundert*, Stuttgart, S. 341–371

– (2000), *Frauen in der europäischen Geschichte*, München

– (Hg.) (2005), *Genozid und Geschlecht*, Frankfurt/M.

–/ Pat Thane (Hg.) (1991), *Maternity and Gender Policies. Women and the Rise of the European Welfare States 1880s–1950s*, London

Bock, Gisela/Margarethe Zimmermann (1997), Die Querelle des femmes in Europa. Eine begriffs- und forschungsgeschichtliche Einführung, in: dies. (Hg.), *Die europäische Querelle des Femmes. Geschlechterdebatten seit dem 15. Jahrhundert*, Stuttgart, S. 9–38

Bos, Marguérite u. a. (Hg.) (2004), *Erfahrung: Alles nur Diskurs? Zur Verwendung des Erfahrungsbegriffes in der Geschlechtergeschichte*. Beiträge zur 11. Schweizerischen Historikerinnentagung, Zürich

Brandstetter, Gabriele (2003), Staging Gender. Körperkonzepte in Kunst und Wissenschaft, in: Franziska Frei Gerlach u. a. (Hg.), *KörperKonzepte/ concepts du corps*, Interdisziplinäre Studien zur Geschlechterforschung, Münster/Berlin, S. 25–46

Bridenthal, Renate u. a. (Hg.) (1994), *When Biology became Destiny. Women in Weimar and Nazi Germany*, New York

Brooks, Ann (1997), *Postfeminisms: Feminism, Cultural Theory and Cultural Forms*, London

Buettner, Elizabeth (2004), *Empire Families. Britons and Late Imperial India*, Oxford

Burger, Glenn/Steven F. Kruger (Hg.) (2001), *Queering the Middle Ages*, Minneapolis

Burghartz, Susanna (1999), *Zeiten der Reinheit, Orte der Unzucht. Ehe und Sexualität in Basel während der Frühen Neuzeit*, Paderborn
- (2000), Wandel durch Kontinuität? Zur Moralpolitik von Reformation und Konfessionalisierung, in: *Traverse* 1, S. 23–34

Butler, Judith (1991), *Das Unbehagen der Geschlechter*, Frankfurt/M.
- (1997), *Körper von Gewicht. Die diskursiven Grenzen des Geschlechts*, Frankfurt/M.
- (2002), Performative Akte und Geschlechterkonstitution. Phänomenologie und feministische Theorie, in: Uwe Wirth (Hg.), *Performanz. Zwischen Sprachphilosophie und Kulturwissenschaften*, Frankfurt/M., S. 301–320

Bynum, Caroline Walker (1996), *Fragmentierung und Erlösung*, Frankfurt/M.
- (1996a), Geschichten und Symbole der Frauen – eine Kritik an Victor Turners Theorie der Liminalität, in: dies. (Hg.), *Fragmentierung und Erlösung*, Frankfurt/M., S. 27–60

Canning, Kathleen (1988), *Class, Gender and Working-Class Politics: The Case of the German Textile Industry 1890–1930*, Baltimore
- (1993), German Particularities in Women's History/Gender History, in: *Journal of Women's History*, Bd. 5.1, S. 102–114
- (1994), Feminist History after the Linguistic Turn: Historicizing Discourse and Experience, in: *Signs*, Bd. 19.2, S. 368–404
- (1999), The Body as Method? Reflections on the Place of the Body in Gender History, in: *Gender and History*, Bd. 11.3, S. 499–513
- (2002), Problematische Dichotomien. Erfahrung zwischen Narrativität und Materialität, in: *Historische Anthropologie*, 10. Jg., H. 2, S. 163–182
- (2006), *Gender History in Practice. Historical Perspectives on Bodies, Class, and Citizenship*, Ithaca/London
- (2008), Klasse, Staatsbürgerschaft und Wohlfahrtsstaat. Geschlechtergeschichte als Begriffsgeschichte, in: Karen Hagemann/Jean Quataert, *Geschichte und Geschlechter. Revisionen der neueren deutschen Geschichte*, Frankfurt/M., S. 181–204

Carroll, Berenice (Hg.) (1976), *Liberating Women's History*, Chicago/London
Clavin, Patricia (2005), Defining Transnationalism, in: *Contemporary European History*, Bd. 14, H. 4, S. 421–439
Cohen, Lizabeth (2003), *A Consumers Republic: The Politics of Mass Consumption in Postwar America*, New York
Connell, Robert W. (1999), *Der gemachte Mann. Konstruktion und Krise von Männlichkeiten*, Opladen
Conrad, Anne (1995), Mehr als die Hälfte der Geschichte – Frauenbewegungen und Frauengeschichte, in: Wolfgang Reinhard (Hg.), *Die fundamentalistische Revolution. Partikularistische Bewegungen der Gegenwart und ihr Umgang mit der Geschichte*, Freiburg i. Br., S. 305–325

Conrad, Sebastian/Shalini Randeria (Hg.) (2002), *Jenseits des Eurozentrismus. Postkoloniale Perspektiven in den Geschichts- und Kulturwissenschaften*, Frankfurt/M.
Corbin, Alain (Hg.) (1992), *Die sexuelle Gewalt in der Geschichte*, Berlin
Cott, Nancy F. (1987), *The Grounding of Modern Feminism*, New Haven/London
Crawford, Katherine (2007), *European Sexualities 1400–1800*, Cambridge
Crenshaw, Kimberlé (1989), Demarginalizing the Intersection of Race and Sex: A Black Feminist Critique of Antidiscrimination Doctrine, Feminist Theory and Antiracist Politics, in: *University of Chicago Legal Forum*, S. 139–167
- (1991), Mapping the Margins: Intersectionality, Identity Politics, and Violence against Women of Color, in: *Stanford Law Review*, Bd. 43, Nr. 6, S. 1241–1299

Daniel, Ute (1989), *Arbeiterfrauen in der Kriegsgesellschaft. Beruf, Familie und Politik im Ersten Weltkrieg*, Göttingen
Dauphin, Cécile u. a. (1986), Culture et pouvoir des femmes: Essai d'historiographie, in: *Annales E. S. C.* 2, S. 271–293
Dausien, Bettina (1996), *Biographie und Geschlecht. Zur biographischen Konstruktion sozialer Wirklichkeit in Frauenlebensgeschichten*, Bremen
- (2001), Erzähltes Leben – erzähltes Geschlecht? Aspekte der narrativen Konstruktion von Geschlecht im Kontext der Biographieforschung, in: *Feministische Studien*, 19. Jg., H. 2., S. 57–73
Davidoff, Leonore/Catherine Hall (1987), *Family Fortunes: Men and Women of the English Middle Class 1780–1850*, Chicago
Davidoff, Leonore (1993), »Alte Hüte«. Öffentlichkeit und Privatheit in der feministischen Geschichtsscheibung, in: *L'Homme*, 4. Jg., H. 2, S. 7–36
Davis, Belinda (2008), Das Private ist politisch. Geschlecht, Politik und Protest in der neuen deutschen Geschichte, in: Karen Hagemann/Jean Quataert, *Geschichte und Geschlechter. Revisionen der neueren deutschen Geschichte*, Frankfurt/M., S. 155–181
Davis, Natalie Zemon (1984), Gender and Genre: Women as Historical Writers, 1400–1820, in: Patricia H. Labalme (Hg.): *Beyond their Sex. Learned Women of the European Past*, New York/London, S. 153–182
- (1986), Gesellschaft und Geschlechter. Vorschläge für eine neue Frauengeschichte, in: dies., *Frauen und Gesellschaft am Beginn der Neuzeit. Studien über Familie, Religion und die Wandlungsfähigkeit des sozialen Körpers*, Berlin, S. 117–132
- (1987), Städtische Frauen und religiöser Wandel, in: dies., *Humanismus, Narrenherrschaft und die Riten der Gewalt*, Frankfurt/M., S. 75–105

- (1987a), Die aufsässige Frau, in: dies., *Humanismus, Narrenherrschaft und die Riten der Gewalt*, Frankfurt/M., S. 136–170
- (1990), Frauen im Handwerk. Zur weiblichen Arbeitswelt im Lyon des 16. Jahrhunderts, in: Richard van Dülmen (Hg.), *Arbeit, Frömmigkeit und Eigensinn. Studien zur historischen Kulturforschung*, Frankfurt/M., S. 43–74
- (1994), Frauen, Politik und Macht, in: Georges Duby/Michelle Perrot (Hg.), *Geschichte der Frauen*, Bd. 3, Frankfurt/M., S. 189–209
- (1996), *Drei Frauenleben. Glikl, Marie de l'Incarnation, Maria Sybilla Merian*, Berlin
- (1998), Neue Perspektiven für die Geschlechterforschung in der Frühen Neuzeit, in: Heide Wunder/Gisela Engel (Hg.), *Geschlechterperspektiven. Forschungen zur Frühen Neuzeit*, Königstein, S. 16–42

Degele, Nina/Gabriele Winker (2007), Intersektionalität als Mehrebenenanalyse, in: www.tu-harburg.de/agentec/winker/pdf/Intersektionalitaet-Mehrebenen.pdf/20.5.2009

De Grazia, Victoria/Ellen Furlough (Hg.) (1996), *The Sex of Things: Gender and Consumption in Historical Perspective*, Berkeley/California

Dekker, Rudolf/Lotte van de Pol (1989), *Frauen in Männerkleidern. Weibliche Transvestiten und ihre Geschichte*, Berlin

De Lauretis, Teresa (1993), Der Feminismus und seine Differenzen: in, *Feministische Studien*, 11. Jg., H. 2, S. 96–102

Dettenhofer, Maria H. (Hg.) (1994), *Reine Männersache? Frauen in den Männerdomänen der antiken Welt*, Köln u. a.

Dietrich, Anette (2007), *Weiße Weiblichkeiten. Konstruktion von »Rasse« und Geschlecht im deutschen Kolonialismus*, Bielefeld

Döring, Jörg (Hg.) (2008), *Spatial Turn: Das Raumparadigma in den Kultur- und Sozialwissenschaften*, Bielefeld

Downs, Laura Lee (1993), If »Woman« is Just an Empty Category, Then Why am I Afraid to Walk Alone at Night? Identity politics meets the postmodern subject, in: *Comparative Studies in Society and History*, Bd. 35, S. 414–451

Duby, Georges/Michelle Perrot (Hg.) (1993–1994), *Geschichte der Frauen*, 6 Bde., Paris (deutsch 1994–1995, Frankfurt/M.)

Duden, Barbara (1987), *Geschichte unter der Haut. Ein Eisenacher Arzt und seine Patientinnen um 1730*, Stuttgart
- (1993), Die Frau ohne Unterleib: Zu Judith Butlers Entkörperung. Ein Zeitdokument, in: *Feministische Studien*, 11. Jg. H. 2, S. 24–33
- /Karin Hausen (1979), Gesellschaftliche Arbeit – geschlechtsspezifische Arbeitsteilung, in: Annette Kuhn/Gerhard Schneider (Hg.), *Frauen in der Geschichte*, Bd. 1, Düsseldorf, S. 11–34

Duindam, Jeroen (2004), The Keen Observer versus the Grand Theorist:

Elias, Anthropology and the Early Modern Court, in: Claudia Opitz (Hg.), *Höfische Gesellschaft und Zivilisationsprozess. Norbert Elias' Werke in interdisziplinärer Perspektive*, Köln u. a., S. 87–104

Eifert, Christine (2008), Frauen und Geld – die Erfolgsgeschichte. Unternehmerinnen im 19. und 20. Jahrhundert im deutschen Südwesten, in: R. Johanna Regnath/Christine Rudolf (Hg.), *Frauen und Geld. Wider die ökonomische Unsichtbarkeit von Frauen*, Königstein/Ts. S. 115–138

– u. a. (Hg.) (1996), *Was sind Frauen? Was sind Männer? Geschlechterkonstruktionen im historischen Wandel*, Frankfurt/M.

Eifler, Christine (2001), Bewaffnet und geschminkt: Zur sozialen und kulturellen Konstruktion des weiblichen Soldaten in Russland und den USA, in: *L'Homme*, 12. Jg., H. 1, S. 73–97

Epple, Angelika (2003), *Empfindsame Geschichtsschreibung. Eine Geschlechtergeschichte der Historiographie zwischen Aufklärung und Historismus*, Köln

– (2004), Historiographiegeschichte als Diskursanalyse und Analytik der Macht: eine Neubestimmung der Geschichtsschreibung unter den Bedingungen der Geschlechtergeschichte, in: *L'Homme*, 15. Jg. H. 1, S. 77–96

–/Angelika Schaser (Hg.) (2009), *Gendering Historiography. Beyond National Canons*, Frankfurt/M.

Epstein, Julia/Kristina Straub (Hg.) (1991), *Body Guards. The Cultural Politics of Gender Ambiguity*, New York/London

Erikson, Erik H. (1980), *Identität und Lebenszyklus*, Frankfurt/M.

Erler Mary/Maryanne Kowalewski (Hg.) (1988), *Women and Power in the Middle Ages*, Athens

Faderman, Lilian (1990), *Köstlicher als die Liebe der Männer. Romantische Freundschaft und Liebe zwischen Frauen von der Renaissance bis heute*, Zürich

Farge, Arlette (1989), Praxis und Wirkung der Frauengeschichtsschreibung, in: Alain Corbin u. a., *Geschlecht und Geschichte. Ist eine weibliche Geschichtsschreibung möglich?*, Frankfurt/M., S. 29–46

Fauré, Christine (Hg.) (1996), *Encyclopédie politique et historique des femmes*, Paris

Foucault, Michel (1977), *Der Wille zum Wissen. Sexualität und Wahrheit I*, Frankfurt/M.

Fox Keller, Evelyn (1985), *Reflections on Gender and Science*, New Haven Connecticut

– (1986), *Liebe, Macht und Erkenntnis. Männliche oder weibliche Wissenschaft?*, München/Wien

Fraisse, Geneviève (1984), Singularité féministe: Historiographie critique de l'histoire du féminisme en France, in: Michelle Perrot (Hg.), *Une histoire des femmes est-elle possible?* Marseille, S. 190–204

- (1985), Feministische Singularität: Kritische Historiographie der Geschichte des Feminismus in Frankreich, in: *Feministische Studien*, 4. Jg., H. 2, S. 134–140
- (1989), *Muse de la Raison. La démocratie exclusive et la différence des sexes*, Paris
- (1991), *L'exercice du savoir et la différence des sexes*, Paris
- (1995), *Geschlecht und Moderne: Archäologien der Gleichberechtigung*, Frankfurt/M.

Frei Stolba, Regula u. a. (Hg.) (2003), *Les femmes antiques entre sphère privée et sphère publique*, Bern u. a.

Freund-Wider, Michaela (2003), *Frauen unter Kontrolle. Prostitution und ihre staatliche Bekämpfung in Hamburg vom Ende des Kaiserreichs bis zu den Anfängen der Bundesrepublik*, Münster

Frevert, Ute (1986), *Frauen-Geschichte. Zwischen Bürgerlicher Verbesserung und Neuer Weiblichkeit*, Frankfurt/M.
- (Hg.) (1988), *Bürgerinnen und Bürger. Geschlechterverhältnisse im 19. Jahrhundert. 12 Beiträge*, Göttingen
- (1991), *Ehrenmänner. Das Duell in der bürgerlichen Gesellschaft*, München
- (1991a), Männergeschichte oder: die Suche nach dem ersten Geschlecht, in: Manfred Hettling/Claudia Huerkamp u. a. (Hg.), *Was ist Gesellschaftsgeschichte? Positionen, Themen, Analysen*, München 1991, S. 31–43
- (1993), Männergeschichte als Provokation? in: *Werkstatt Geschichte 6*, S. 9–11
- (1995), Kulturfrauen und Geschäftsmänner. Soziale Identitäten im deutschen Bürgertum des 19. Jahrhunderts, in: dies., *»Mann und Weib und Weib und Mann«. Geschlechter-Differenzen in der Moderne*, München, S. 133–165
- (1996), Soldaten, Staatsbürger. Überlegungen zur historischen Konstruktion von Männlichkeit, in: Thomas Kühne (Hg.), *Männergeschichte – Geschlechtergeschichte. Männlichkeit im Wandel der Moderne*, Frankfurt/M., S. 69–87
- (2001), *Die kasernierte Nation. Militärdienst und Zivilgesellschaft in Deutschland*, München

Gabaccia, Donna R./Franca Iacovetta (Hg.) (2002), *Women, Gender and Transnational Lives: Italien Women Around the World*, Univ. of Toronto Press

Gehmacher, Johanna (2002), De/Plazierungen – zwei Nationalistinnen in der Hauptstadt des 19. Jahrhunderts. Überlegungen zu Nation, Geschlecht und Auto/biographie, in: *Werkstatt Geschichte 32*, 6–30
- (2005), Geschichte, Sprache, Symptombildung. Anmerkungen zu neueren Arbeiten zur Rassen- und Geschlechterpolitik des Nationalsozialismus, in: *L'Homme*, 16. Jg., H. 2, S. 86–95

Gerhard, Ute (1990), *Unerhört. Die Geschichte der deutschen Frauenbewegung*, Reinbek b. Hamburg
- u. a. (Hg.) (1990), *Differenz und Gleichheit. Menschenrechte haben (k)ein Geschlecht*, Frankfurt/M.
Gerhard, Ute (Hg.) (1997), *Frauen in der Geschichte des Rechts*, München
Gildemeister, Regine/Angelika Wetterer (1992), Wie Geschlechter gemacht werden. Die soziale Konstruktion der Zweigeschlechtlichkeit und ihre Reifizierung in der Frauenforschung, in: G.-A.Knapp/A. Wetterer (Hrsg.), *TraditionenBrüche. Entwicklungen feministischer Theorie*, Freiburg i.Br., S. 201–254.
Gleixner, Ulrike (1994), *»Das Mensch« und »der Kerl«. Die Konstruktion von Geschlecht in Unzuchtsverfahren der Frühen Neuzeit (1700–1760)*, Frankfurt/M.
- (2001), Wie fromme Helden entstehen. Biographie, Traditionsbildung und Geschichtsschreibung, in: *Werkstatt Geschichte* 30, S. 38–49
Glickman, Lawrence (Hg.) (1999), *Consumer Society in America: A Reader*, Ithaca/New York
Goetz, Hans-Werner (1995), *Frauen im frühen Mittelalter*, Weimar u. a.
Gössmann, Elisabeth (1998), Die Gelehrsamkeit der Frauen im Rahmen der europäischen »Querelle des Femmes«, in: dies. (Hg.), *Das wohlgelahrte Frauenzimmer* (Archiv für philosophie- und theologiegeschichtliche Frauenforschung, Bd.1), 2. überarb. Auflage München, S. 9–32
Goodman, Dena (1994), *The Republic of Letters: A cultural History of the French Enlightenment*, Ithaca/New York
Gottlieb, Beatrice (1985), The Problem of Feminism in the Fifteenth Century, in: Julius Kirshner/Suzanne F. Wemple (Hg.), *Women of the Medieval World. Essays in Honor of John H. Mundy*, Oxford, S. 337–364
Gouda, Frances (1993), Das »unterlegene« Geschlecht der »überlegenen« Rasse. Kolonialgeschichte und Geschlechterverhältnisse, in: Hanna Schissler (Hg.), *Geschlechterverhältnisse im historischen Wandel*, Frankfurt/M., S. 185–203
Gray, Marion W. (2000), *Productive Men, Reproductive Women. The Agrarian Household and the Emergence of Separate Spheres during the German Enlightenment*, New York/Oxford
Grewal, Inderpal/Caren Kaplan (Hg.) (2001), *An Introduction to Women's Studies: Gender in a Transnational World*, London
Griesebner, Andrea (1998), Geschlecht als mehrfach relationale Kategorie. Methodologische Anmerkungen aus der Perspektive der Frühen Neuzeit, in: Veronika Aegerter u. a. (Hg.), *Geschlecht hat Methode. Ansätze und Perspektiven in der Frauen- und Geschlechtergeschichte*. Beiträge der 9. Schweizerischen Historikerinnentagung 1998, Zürich, S. 129–137
- (2003), Geschlecht als soziale und analytische Kategorie, in: Johanna

Gehmacher/Maria Mesner (Hg.), *Frauen- und Geschlechtergeschichte. Positionen/Perspektiven*, Wien, S. 37–52
- (2005), *Feministische Geschichtswissenschaft. Eine Einführung*, Wien
Gubin, Eliane u. a. (Hg.) (2004), *Le siècle des féminismes*, Paris

Habermas, Jürgen (1990), *Strukturwandel der Öffentlichkeit*, Neuauflage, Frankfurt/M.
Habermas, Rebekka (1992), Frauen und Männer im Kampf um Leib, Ökonomie und Recht. Zur Beziehung der Geschlechter im Frankfurt der Frühen Neuzeit, in: Richard van Dülmen (Hg.), *Dynamik der Tradition. Studien zur historischen Kulturforschung*, Frankfurt/M., S. 109–136
- (2000), *Frauen und Männer des Bürgertums. Eine Familiengeschichte (1750–1850)*, Göttingen
Hacker, Hanna (2005), Nicht Weiß Weiß Nicht. Überschneidungen zwischen Critical Whiteness Studies und feministischer Theorie, in: *L'Homme*, 16. Jg. H. 2, S. 13–27
Hagemann, Karen (1990), *Frauenalltag und Männerpolitik. Alltagsleben und gesellschaftliches Handeln von Arbeiterfrauen in der Weimarer Republik*, Bonn
- (1998), Venus und Mars. Reflexionen zu einer Geschlechtergeschichte von Militär und Krieg, in: dies./Ralf Pröve (Hg.), *Landsknechte, Soldatenfrauen und Nationalkrieger. Militär, Krieg und Geschlechterordnung im historischen Wandel*, Frankfurt/M., S. 13–48
- (2002), »Mannlicher Muth und teutsche Ehre«. *Nation, Militär und Geschlecht zur Zeit der Antinapoleonischen Kriege Preußens*, Paderborn
- (2008), Krieg, Militär und Mainstream. Geschlechtergeschichte und Militärgeschichte, in: dies./Jean Quataert (Hg.), *Geschichte und Geschlechter. Revisionen der neueren deutschen Geschichte*, Frankfurt/M., S. 92–129
Hagemann-White, Carol (1993), Die Konstrukteure des Geschlechts auf frischer Tat ertappen? Methodische Konsequenzen einer theoretischen Erkenntnis, in: *Feministische Studien*, 11. Jg., H. 2, S. 68–78
Hall, Catherine (1992), *White, Male and Middle Class: Explorations in Feminism and History*, Cambridge
Harding, Sandra (1986), *The Science Question in Feminism*, Ithaca
- (1990), *Feministische Wissenschaftstheorie: Zum Verhältnis von Wissenschaft und sozialem Geschlecht*, Hamburg
Hark, Sabine (1993), Queer Interventionen, in: *Feministische Studien*, 11. Jg., H. 2, S. 103–109
Hassauer, Friederike (1994), *Homo. Academica. Geschlechterkontrakte, Institution und die Verteilung des Wissens*, Wien
- (2004), »Heiße« Reserve der Modernisierung. Zehn Blicke auf das Forschungsterrain der *Querelle des femmes*, in: Gisela Engel/Heide Wunder

(Hg.), *Geschlechterstreit am Beginn der europäischen Moderne*, Königstein/ Ts., S. 11–19

Hausen, Karin (1976), Die Polarisierung der »Geschlechtercharaktere«. Eine Spiegelung der Dissoziation von Erwerbs- und Familienleben, in: Werner Conze (Hg.), *Sozialgeschichte der Familie in der Neuzeit Europas*, Stuttgart, S. 363–393

- (1977), Historische Familienforschung, in: Reinhard Rürup (Hg.), *Historische Sozialwissenschaft. Beiträge zur Einführung in die Forschungspraxis*, Göttingen, S. 59–95
- (1992), Frauenräume in: dies./Wunder, *Frauengeschichte*, S. 21–25
- (1992b), Öffentlichkeit und Privatheit. Gesellschaftspolitische Konstruktionen und die Geschichte der Geschlechterbeziehungen, in: dies./ Wunder, *Frauengeschichte*, S. 81–88
- (1993), Wirtschaften mit der Geschlechterordnung, in: dies. (Hg.), *Geschlechterhierarchie und Arbeitsteilung*, Göttingen, S. 40–67
- (1998), Die Nicht-Einheit der Geschichte als historiographische Herausforderung. Zur historischen Relevanz und Anstößigkeit der Geschlechtergeschichte, in: Hans Medick/Anne-Charlott Trepp (Hg.), *Geschlechtergeschichte und Allgemeine Geschichte*, Göttingen, S. 15–55
-/ Helga Nowottny (Hg.) (1988), *Wie männlich ist die Wissenschaft?*, Frankfurt/M.

Hausen, Karin/Heide Wunder (Hg.) (1992), *Frauengeschichte – Geschlechtergeschichte*, Frankfurt a. M.

Hegel, G. W. Friedrich (1986), *Grundlinien der Philosophie des Rechts* (1821), Frankfurt/M.

Heidel, Wulf u. a. (Hg.) (2001), *Jenseits der Geschlechtergrenzen. Sexualitäten, Identitäten und Körper in Perspektiven von Queer Studies*, Hamburg

Heinsohn, Kirsten/Barbara Vogel/Ulrike Weckel (Hg.) (1997), *Zwischen Karriere und Verfolgung. Handlungsräume von Frauen im nationalsozialistischen Deutschland*, Frankfurt/M.

Heinsohn, Kirsten/Stephanie Schüler-Springorum (Hg.) (2006), *Deutschjüdische Geschichte als Geschlechtergeschichte. Studien zum 19. und 20. Jahrhundert*, Göttingen

Hergemöller, Bernd-Ulrich (2001), *Masculus et Femina. Systematische Grundlinien einer mediävistischen Geschlechtergeschichte*, Hamburg

Hertz, Deborah (1991), *Die Jüdischen Salons im alten Berlin 1780–1806*, Frankfurt/M.

Heywood, Leslie/Jennifer Drake (Hg.) (1997), *Third Wave Agenda: Being Feminist, Doing Feminism*, Minneapolis

Higginbotham, Evelyn B. (1992), African-American Women's History and the Metalanguage of Race, in: *Signs* 17/2, S. 251–274 (wieder in: Joan W. Scott (Hg.) (1996), *Feminism and History*, New York, S. 183–208)

Hoff, Joan (1993), Gender as a Postmodern Category of Paralysis, in: *Women's History Review*, Bd. 3, H. 2, S. 149–168

Honegger, Claudia (1991), *Die Ordnung der Geschlechter. Die Wissenschaften vom Menschen und das Weib*, Frankfurt/M.

–/Bettina Heintz (Hg.) (1991), *Listen der Ohnmacht. Zur Sozialgeschichte weiblicher Widerstandsformen*, Frankfurt/M.

Howell, Martha C. (1986), Women, the Family Economy and the Structures of Market Production in Cities of Northern Europe During the Late Middle Ages, in: Barbara A. Hanawalt (Hg.), *Women and Work in Preindustrial Europe*, Bloomington, S. 198–222

– (1986a), *Women, Production and Patriarchy*, Chicago

Hufton, Olwen (1992), *Women and the Limits of Citizenship in the French Revolution*, Toronto

– (1998), *Frauenleben. Eine europäische Geschichte 1500–1800*, Frankfurt/Main

Hughes, Diane O. (1987), Invisible Madonnas? The Italian Historiographical Tradition and the Women of Medieval Italy, in: Susan M. Stuard (Hg.), *Women in Medieval History and Historiography*, Philadelphia, S. 81–95

Hull, Isabel (1996), *Sexuality, State and Civil Society in Germany, 1700–1815*, Ithaca/London

Hunt, Lynn (1991), *The Family Romance of the French Revolution*, Ithaca/London

– (1992), Französische Revolution und privates Leben, in: Michelle Perrot (Hg.), *Geschichte des privaten Lebens*, Bd. 4: *Von der Französischen Revolution zum Großen Krieg*, Frankfurt/M., S. 19–50

– (1998), Psychologie, Ethnologie und »linguistic turn«, in: Hans-Jürgen Goertz (Hg.), *Geschichte. Ein Grundkurs*, Reinbek b. Hamburg, S. 671–693

– (1998a), The Challenge of Gender. Deconstruction of Categories and Reconstruction of Narratives in Gender History, in: Hans Medick/Anne-Charlott Trepp (Hg.), *Geschlechtergeschichte und Allgemeine Geschichte*, Göttingen, S. 59–97

Illich, Ivan (1983), *Genus. Zu einer historischen Kritik der Gleichheit*, Reinbek b. Hamburg

Imboden, Monika u. a. (Hg.) (2000), *Stadt – Raum – Geschlecht. Beiträge zur Erforschung urbaner Lebensräume im 19. und 20. Jahrhundert*, Zürich

Jordanova, Ludmilla (1989), *Sexual Visions: Images of Gender in Science and Medicine between the Eighteenth and Twentieth Centuries*, Harveter/Wheatshef

Joris, Elisabeth/Heidi Witzig (1991), Konstituierung einer spezifischen Frauen-Öffentlichkeit zwischen Familie und Männer-Öffentlichkeit im 19. und beginnenden 20. Jahrhundert, in: Othenin-Girard, Mireille u. a. (Hg.), *Frauen und Öffentlichkeit. Beiträge zur 6. Schweizerischen Historikerinnentagung*, Zürich, S. 143–160

Karant-Nunn, Susan C. (1998), Von Melanchtons Vision zur türkischen Amme, in: Wunder/Engel, *Geschlechterperspektiven*, S. 42–56

Keenan, Deirdre (2004), Race, Gender and Other Differences in Feminist Theory, in: Teresa A. Meade/Merry E. Wiesner-Hanks (Hg.), *A Companion on Gender History*, Malden/Oxford, S. 110–128

Kelly-Gadol, Joan (1989), Soziale Beziehungen der Geschlechter. Methodologische Implikationen einer feministischen Geschichtsbetrachtung, in: Barbara Schaeffer-Hegel u. Barbara Watson-Franke (Hg.), Männer, Mythos, Wissenschaft: Grundlagen zur feministischen Wissenschaftskritik, Pfaffenweiler 1989, S. 17–32

– (1989a), Gab es die Renaissance für Frauen?, in: Barbara Schaeffer-Hegel/ Barbara Watson-Franke (Hg.), *Männer, Mythos, Wissenschaft: Grundlagen zur feministischen Wissenschaftskritik*, Pfaffenweiler, S. 33–65

– (1992), Early Feminist Theory and the »querelle des femmes«, in: *Signs* 8, Nr. 1, S. 4–28

Kerber, Linda K. (1997), Separate Spheres, Female Worlds, Women's Place. The Rhetoric of Women's History, in: dies., *Toward an Intellectual History of Women*, Chapel Hill/London, S. 159–199

Kirkup, Gill (Hg.) (1992), *Inventing Women: Science, Technology and Gender*, Cambridge

Klapisch-Zuber, Christiane (1994), *Das Haus, der Name, der Brautschatz. Strategien und Rituale im gesellschaftlichen Leben der Renaissance*, Frankfurt/M.

Kleinau, Elke/Claudia Opitz (Hg.) (1996), *Geschichte der Mädchen- und Frauenbildung*, 2 Bde., Frankfurt/M.

Klinger, Cornelia (2000), Die Kategorie Geschlecht in der Dimension der Kultur, in: Christina Lutter/Andrea Griesebner (Hg.), *Beiträge zur Historischen Sozialkunde*, Sondernummer »Geschlecht und Kultur«, Wien, S. 3–7

Knapp, Gudrun-Axeli (2005), » Intersectionality« – ein neues Paradigma feministischer Theorie? Zur transatlantischen Reise von »Race, Class, Gender«, in: *Feministische Studien*, 23. Jg., H. 1, S. 68–81

– (2008), «Intersectionality»– ein neues Paradigma der Geschlechterforschung, in: Rita Casale/Barbara Rentdorff (Hg.), *Was kommt nach der Genderforschung? Zur Zukunft der feministischen Theoriebildung*, Bielefeld, S. 33–53

Kohlstedt, Sally G./Helen Longino (Hg.) (1997), *Women, Gender and Science: New Directions*, Chicago

Koonz, Claudia (1991), *Mütter im Vaterland. Frauen im Dritten Reich*, Freiburg

Kotthoff, Helga (1993), Kommunikative Stile, Asymmetrie und *doing gender*. Fallstudien zur Inszenierung von Expert(inn)entum in Gesprächen, in: *Feministische Studien*, 11. Jg., H. 2, S. 79–95

- (2003), Was heißt eigentlich *doing gender*? Differenzierungen im Feld von Interaktion und Geschlecht, in: Meike Penkwitt (Hg.), *Dimensionen von Gender Studies*, Freiburg, S. 125–162

Koven, Seth (1997), The Ambivalence of Agency: Women, Families and Social Policy in France, Britain, and the United States, in: *Journal of Women's History*, Bd. 9.1, S. 164–173

Kühne, Thomas (1996), »...aus diesem Krieg werden nicht nur harte Männer heimkehren«. Kriegskameradschaft und Männlichkeit im 20. Jahrhundert, in: ders. (Hg.), *Männergeschichte – Geschlechtergeschichte. Männlichkeit im Wandel der Moderne*, Frankfurt/M., S. 174–193

- (1998), Staatspolitik, Frauenpolitik, Männerpolitik: Politikgeschichte als Geschlechtergeschichte, in: Hans Medick/Anne-Charlott Trepp (Hg.), *Geschlechtergeschichte und Allgemeine Geschichte. Herausforderungen und Perspektiven*, Göttingen, S. 171–231

Kundrus, Birthe (Hg.) (2003), *Phanstasiereiche. Zur Kulturgeschichte des deutschen Kolonialismus*, Frankfurt/M.

- (2008), Blinde Flecken. Das Deutsche Reich und seine Kolonien in geschlechtergeschichtlicher Perspektive, in: Karen Hagemann/Jean H. Quataert (Hg.), *Geschichte und Geschlechter. Revisionen der neueren deutschen Geschichte*, Frankfurt/M., 130–154

Labouvie, Eva (1995), Frauen im Monopol- und Großhandel. Eine Regionalstudie im deutsch-französischen Grenzraum, in: *L'Homme*, 6. Jg. H. 1, S. 46–61

- (1998), *Andere Umstände. Eine Kulturgeschichte der Geburt,* Köln u. a.

Ladner, Joyce A. (1976), Racism and Tradition: Black Womanhood in Historical Perspective, in: Berenice A. Carrol (Hg.), *Liberating Women's History*, Urbana u. a., S. 179–193

Landes, Joan B. (1988), *Women and the Public Sphere in the Age of the French Revolution*, Ithaca/London

- (2003), Further Thoughts on the Public/Private Distinction, in: *Journal of Women's History*, Bd. 15, Nr. 2, S. 28–39

Landwehr, Achim (2008), *Historische Diskursanalyse,* Frankfurt/M.

Laqueur, Thomas (1992), *Auf den Leib geschrieben. Die Inszenierung der Geschlechter von der Antike bis Freud*, Frankfurt/M.

Lederman, Muriel/Ingrid Bartsch (Hg.) (2001), *The Gender and Science Reader*, London
Lerner, Gerda (1984), Eine feministische Theorie der Historie, in: Beatrix Bechtel u. a. (Hg.), *Die ungeschriebene Geschichte. Historische Frauenforschung. Dokumentation des 5. Historikerinnentreffens*, Wien, S. 404–411
- (1993), Die Entstehung des feministischen Bewusstseins, Frankfurt/M.
- (1995), Die Herausforderung der Frauengeschichte, in: dies., *Frauen finden ihre Vergangenheit. Grundlagen der 'Frauengeschichte*, Frankfurt/M., S. 163–175
- (1995a), Unterschiede zwischen Frauen neu gefasst, in: dies., *Frauen finden ihre Vergangenheit. Grundlagen der Frauengeschichte*, Frankfurt/M., S. 176–190
- (1995b), Afroamerikanerinnen und weiße Frauen in Interaktion und Konfrontation, in: dies., *Frauen finden ihre Vergangenheit. Grundlagen der Frauengeschichte*, Frankfurt/M., S. 93–109
Lindemann, Gesa (1993), Wider die Verdrängung des Leibes aus der Geschlechterkonstruktion, in: *Feministische Studien*, 11. Jg., H. 2, S. 44–54
Lipp, Carola (1992), Das Private im Öffentlichen. Geschlechterbeziehungen im symbolischen Diskurs der Revolution 1848/49, in: Karin Hausen/Heide Wunder (Hg.), *Frauengeschichte – Geschlechtergeschichte*, Frankfurt/M., S. 99–116
Liu, Tessie (1991), Teaching the Differences among Women from a Historical Perspective, in: *Women's Studies International Forum* 14, S. 265–276
Lorenz, Maren (2000), *Leibhaftige Vergangenheit. Einführung in die Körpergeschichte*, Tübingen
Löwy, Ilany (1999), Gender and Science, in: *Gender and History*, Bd. 11.3, S. 514–527
Loutfi, Anna (2008), Feminism, Biography and Cheshire Cat Stories. A Geopolitical Journey through a Biographical Dictionary, in: *L'Homme*, 19. Jg., H. 2, S. 131–146
Lutter, Christine (2004), Geschlecht. Wissen. Kultur. Mediävistik als historische Kulturwissenschaft, in: dies. u. a. (Hg.), *Kulturgeschichte – Fragestellungen, Konzepte, Annäherungen*, Innsbruck u. a., S. 117–138
Lutz, Alexandra (2006), *Ehepaare vor Gericht. Konflikte und Lebenswelten in der Frühen Neuzeit*, Frankfurt/M.
Lutz, Helma (1999), Von Grenzen, Pässen und Rechten: Europäische Szenerien, in: *L'Homme. Z. F. G.*, 10. Jg., H. 1, S. 63–78

MacCormack, Carol P. (1989), Natur, Kultur und Geschlecht: eine Kritik, in: Arbeitsgruppe Ethnologie Wien (Hg.), *Von fremden Frauen. Frausein und Geschlechterbeziehungen in nichtindustriellen Gesellschaften*, Frankfurt/M., S. 68–99

Martschukat, Jürgen/Olaf Stieglitz (2008), *Geschichte der Männlichkeiten*, Frankfurt/M.

Maß, Sandra (2002), Von der »schwarzen Schmach« zur »deutschen Heimat«. Die Rheinische Frauenliga im Kampf gegen die Rheinlandbesetzung, 1920–1929, in: *Werkstatt Geschichte* 32, 44–57

- (2006), *Weiße Helden – schwarze Krieger. Zur Geschichte kolonialer Männlichkeit in Deutschland 1918–1964*, Köln u. a.

Massenbach, Sigrid von (Hg.) (1991), *Die Memoiren des Herzogs von Saint-Simon (1691–1723)*, Ungekürzte Ausg. in 4 Bänden, Frankfurt/M./Berlin

Mayer, Tamar (Hg.) (2000), *Gender Ironies of Nationalism. Sexing the Nation*, London

Mazohl-Wallnig, Brigitte (1996), Männer Macht Geschichte, in: *L'Homme*, 7. Jg., H. 1, S. 6–33

Merchant, Carolyn (1980), *The Death of Nature*, San Francisco

- (1987), *Ökologie, Frauen und neuzeitliche Naturwissenschaft*, München

Meyer, Ursula (Hg.) (1995–1997), *Die Welt der Philosophin*, 3 Bde., Aachen

Moeller, Robert G. (2008), Unbenannt und allgegenwärtig. Die Familie in der deutschen Zeitgeschichtsschreibung, in: Karin Hagemann/Jean Quataert (Hg.), *Geschichte und Geschlechter. Revisionen der neueren deutschen Geschichte*, Frankfurt/M., 317–346

Mommertz, Monika (2004), Geschlecht als »tracer«: Das Konzept der Funktionenteilung als Perspektive für die Arbeit mit Geschlecht als analytischer Kategorie in der frühneuzeitlichen Wissenschaftsgeschichte, in: Michaela Hohkamp/Gabriele Jahncke (Hg.), *Nonne, Königin und Kurtisane. Wissen, Bildung und Gelehrsamkeit von Frauen in der Frühen Neuzeit*, Königstein/Ts., S. 17–38

–/Claudia Opitz (Hg.) (2008), *Das Geschlecht des Glaubens. Religiöse Kulturen Europas zwischen Mittelalter und Moderne*, Frankfurt/M.

Money, John (1980), *Love and Love Sickness: The Science of Sex, Gender Difference and Pair Binding*, Baltimore

Moscucci, Ornelle (1990), *The Science of Woman: Gynecology and Gender in England 1800–1929*, Cambridge

Mounsey, Chris (Hg.) (2007), *Queer people: Negotiations and Expressions of Homosexuality 1700–1800*, Lewisburg

Najmabadi, Afsaneh (2006), Beyond the Americas: Are Gender and Sexuality Useful Categories of Analysis, in: *Journal of Women's History*, Bd. 18.1, S. 11.21

Newman, Louise M. (1991), Critical Theory and the History of Women: What's at Stake in Deconstructing Women's History, in: *Journal of Women's History*, Bd. 2.3, S. 58–68

Newton, Judith L. (Hg.) (1983), *Sex and Class in Women's History*, London
Noble, David F. (1992), *A World Without Women*. *The Christian Clerical Culture of Western Science*, New York
Nolde, Dorothea/Claudia Opitz (Hg.) (2008), *Grenzüberschreitende Familienbeziehungen. Akteure und Medien des Kulturtransfers in der Frühen Neuzeit*, Köln u. a.

O'Donell, Katherine/Michael O'Rourke (Hg.)(2006), *Queer Masculinities 1500–1800: Siting Same Sex Desire in the Early Modern World*, Basingstoke NY
Offen, Karen (1988), Defining Feminism. A Comparative Historical Approach, in: *Signs*, Bd. 14, Nr. 1, S. 119–157
Offen, Karen (2000), *European Feminisms: A Political History*, Stanford
Opitz, Claudia (1992), Christine de Pizans »Buch von der Stadt der Frauen« und die spätmittelalterliche Geschichtsschreibung, in: Bea Lundt/Helma Reimöller (Hg.), *Von Aufbruch und Utopie. Perspektiven einer neuen Gesellschaftsgeschichte des Mittelalters*, Köln u. a., S. 251–264
– (1995), Hexenverfolgung als Frauenverfolgung? Versuch einer vorläufigen Bilanz, in: dies. (Hg.), *Der Hexenstreit. Frauen in der frühneuzeitlichen Hexenverfolgung*, Freiburg i. Br./Basel, S. 246–270
– (1995a), Streit um die Frauen. Die frühneuzeitliche »querelle des femmes« aus frauen- und sozialgeschichtlicher Sicht, in: *Historische Mitteilungen* 8, S. 15–27
– (1997), Hausmutter und Landesfürstin, in: R. Villari (Hg.), *Der Mensch des Barock*, Frankfurt/M., S. 344–370
– (2001), Gender – eine unverzichtbare Kategorie der historischen Analyse. Zur Rezeption von Joan W. Scotts Studien in Deutschland, Österreich und der Schweiz, in: Claudia Honegger/Caroline Arni (Hg.), *Gender. Die Tücken einer Kategorie*, Zürich, S. 95–115
– (2002), *Aufklärung der Geschlechter – Revolution der Geschlechterordnung. Studien zur Politik- und Kulturgeschichte des 18. Jahrhunderts*, Münster u. a.
– (2002a), Der aufgeklärte Harem. Kulturvergleich und Geschlechterbeziehungen in Montesquieus »Perserbriefen«, in: dies., *Aufklärung der Geschlechter*, S. 74–91
– (2002b), Kulturvergleich und Geschlechterbeziehungen in der Aufklärung: Lady Wortley Montagus »Briefe aus dem Orient«, in: dies., *Aufklärung der Geschlechter*, S. 92–107
– (2002c), Mutterschaft und (Un-)Gleichheit der Geschlechter in der Aufklärung. Ein kritischer Blick auf die Forschung, in: dies., *Aufklärung der Geschlechter*, S. 39–59
– (2003), Das Frauenzimmer – (k)ein Ort für Frauen? in: Barbara Duden u. a. (Hg.), *Geschichte in Geschichten. Ein historisches Lesebuch*, Frankfurt/M., S. 62–69

–/Ulrike Weckel (Hg.) (1998), *Ordnung, Politik und Geselligkeit der Geschlechter im 18. Jahrhundert*, Göttingen
Opitz-Belakhal, Claudia (2006), *Das Universum des Jean Bodin. Staatsbildung, Macht und Geschlecht im 16. Jahrhundert*, Frankfurt/M.
– (2008), Nach der Gender-Forschung ist vor der Gender-Forschung. Plädoyer für die historische Perspektive in der Geschlechterforschung, in: Rita Casale/Barbara Rendtorff (Hg.), *Was kommt nach der Gender-Forschung? Zur Zukunft feministischer Theoriebildung*, Bielefeld, S. 13–28
Orland, Barbara/Elvira Scheich (Hg.) (1995), *Das Geschlecht der Natur*, Frankfurt/M.
Ortner, Sherry (1974), Is Female to Male as Nature is to Culture?, in: Louise Lamphere/Michelle Z. Rosaldo (Hg.), *Women, Culture and Society*, Stanford, S. 67–88
Otis-Cour, Leah (2000), *Lust und Liebe. Geschichte der Paarbeziehungen im Mittelalter*, Frankfurt/M.

Pateman, Carole (1988), *The Sexual Contract*, Cambridge
Pernoud, Régine (1984), *La femme au Moyen Age*, Paris
Perrot, Michelle (1989), Die Frauen, die Macht und die Geschichte, in: Alain Corbin u. a., *Geschlecht und Geschichte. Ist eine weibliche Geschichtsschreibung möglich?*, Frankfurt/M., S. 225–248
– (Hg.) (1992), *Geschichte des privaten Lebens*, Bd.4: *Von der Revolution zum Großen Krieg*, Frankfurt/M.
Planert, Ute (Hg.) (2000), *Nation, Politik und Geschlecht. Frauenbewegungen und Nationalismus in der Moderne*, Frankfurt/M.
Pomata, Gianna (1983), Die Geschichte der Frauen zwischen Anthropologie und Biologie, in: *Feministische Studien*, 2. Jg., H. 2, S. 113–127
– (1991), Partikulargeschichte und Universalgeschichte, in: *L'Homme*, 2. Jg, H. 1, S. 5–44
– (1998), »Close ups« and »long shots«. Combining Particular and General in Writing the Histories of Women and Men, in: Hans Medick/Anne-Charlott Trepp (Hg.), *Geschlechtergeschichte und Allgemeine Geschichte*, Göttingen, S. 101–124
Poovey, Mary (1988), *Uneven Developments: The Ideological Work of Gender*, Chicago
Probst, Claudia (1999), Margarete von Valois (1553–1615), in: Margarete Zimmermann u. a. (Hg.), *Französische Frauen der Frühen Neuzeit. Dichterinnen, Malerinnen, Mäzeninnen*, Darmstadt, S. 109–126
Puff, Helmut (1998), Männergeschichten/Frauengeschichten. Über den Nutzen einer Geschichte der Homosexualität, in: Hans Medick/Anne-Charlott Trepp (Hg.), *Geschlechtergeschichte und Allgemeine Geschichte. Herausforderungen und Perspektiven*, Göttingen, S. 125–170

Rang, Brita (1986), Zur Geschichte des dualistischen Denkens über Mann und Frau. Kritische Anmerkungen zu den Thesen von Karin Hausen zur Herausbildung der Geschlechtercharaktere im 18. und 19. Jahrhundert, in: Jutta Dalhoff u. a. (Hg.), *Frauenmacht in der Geschichte. Beiträge des Historikerinnentreffens 1985 zur Frauengeschichtsforschung*, Düsseldorf, S. 94–204

Reulecke, Anne-Kathrin (1993), »Die Nase der Lady Hester«. Überlegungen zum Verhältnis von Biographie und Geschlechterdifferenz, in: Hedwig Röckelein (Hg.), *Biographie als Geschichte*, Tübingen, S. 117–142

Rich, Adrienne (2004), Reflections on »Compulsory Heterosexuality«, in: *Journal of Women's History*, Bd.16.1, S. 9–11

Richarz, Monika (1991), In Familie, Handel und Salon. Jüdische Frauen vor und nach der Emanzipation der deutschen Juden, in: Karin Hausen/ Heide Wunder (Hg.), Frauengeschichte – Geschlechtergeschichte, Frankfurt/M., S. 57–66

–/ Reinhard Rürup (Hg.) (1997), *Jüdisches Leben auf dem Lande. Studien zur deutsch-jüdischen Geschichte*, Tübingen

Röckelein, Hedwig/Hans-Werner Goetz (Hg.) (1996), *Frauen-Beziehungsgeflechte im Mittelalter* (Heft 1.2 der Zeitschrift *Das Mittelalter*), Berlin

Roper, Lyndal (1995), *Ödipus und der Teufel. Körper und Psyche in der Frühen Neuzeit*, Frankfurt/M.

– (1995a), *Das fromme Haus. Frauen und Moral in der Reformation*, Frankfurt/M.

– (1999), Jenseits des linguistic turn, in: *Historische Anthropologie* 7, H. 3, S. 452–466

Rosaldo, Michelle Z. (1980), The Use and Abuse of Anthropology. Reflections on Feminism and Cross-Cultural Understanding, in: *Signs* 5, S. 392–416

Rose, Sonja A. (1986), »Gender at Work«: Sex, Class and Industrial Capitalism, in: *History Workshop Journal* 21, S. 113–131

Rosenhaft, Eve (1996), Zwei Geschlechter – eine Geschichte? Frauengeschichte, Männergeschichte, Geschlechtergeschichte und ihre Folgen für unsere Geschichtswahrnehmung, in: Christiane Eifert u. a. (Hg.), *Was sind Frauen? Was sind Männer? Geschlechterkonstruktionen im historischen Wandel*, Frankfurt/M., S. 257–274

Ryan, Mary P. (2003), The Public and the Private Good. Across the Great Divide in Women's History, in: *Journal of Women's History*, Bd. 15, Nr. 2, S. 10–27

Rublack, Ulinka (1998), *Magd, Metz oder Mörderin. Frauen vor frühneuzeitlichen Gerichten*, Frankfurt/M.

Sarti, Raffaella (2006), Domestic Service: Past and Present in Southern and Northern Europe, in: *Gender and History*, Bd. 18.2, S. 222–245

Sauer, Birgit (2001), *Die Asche des Souveräns. Staat und Demokratie in der Geschlechterdebatte*, Frankfurt/M.

Schaeffer-Hegel, Barbara/Brigitte Wartmann (Hg.) (1984), *Mythos Frau. Projektionen und Inszenierungen im Patriarchat*, Berlin

Schaeffer-Hegel, Barbara (Hg.) (1984), *Frauen und Macht. Der alltägliche Beitrag der Frauen zur Politik des Patriarchats*, Berlin

–/ Barbara Watson-Franke (Hg.) (1989), *Männer, Mythos, Wissenschaft. Grundlagentexte zur feministischen Wissenschaftskritik*, Pfaffenweiler

Schaser, Angelika (2006), *Frauenbewegungen in Deutschland (1848–1933)*, Darmstadt

– (2008), Nation, Identität und Geschlecht. Nationalgeschichtsschreibung und historische Frauen- und Geschlechterforschung, in: Karin Hagemann/Jean Quataert (Hg.), *Geschichte und Geschlechter. Revisionen der neueren deutschen Geschichte*, Frankfurt/M., S. 64–91

Schiebinger, Londa (1993), *Schöne Geister. Frauen in den Anfängen der Wissenschaft*, Stuttgart

– (1993a), *Nature's Body. Gender in the Making of Modern Science*, Boston

– (1995), *Am Busen der Natur. Erkenntnis und Geschlecht in den Anfängen der Wissenschaft*, Stuttgart

Schissler, Hanna (1991), Geschlechtergeschichte. Herausforderung und Chance für die Sozialgeschichte, in: Manfred Hettling u. a. (Hg.), *Was ist Gesellschaftsgeschichte? Positionen, Themen, Analysen*, München, S. 22–30

Schmale, Wolfgang (1998), Einleitung: Gender Studies, Männergeschichte, Körpergeschichte, in: ders. (Hg.), *Mann-Bilder. Ein Lese- und Quellenbuch zur historischen Männerforschung*, Berlin

– (2000), Europa – die weibliche Form, in: *L'Homme*, 11. Jg., H. 2, S. 211–233

Schneider, Marion/Christina Vanja (1979), »Haben die Frauen keine Geschichte?« – Fragen einer Frauengruppe an die Geschichtswissenschaft, in: Kristine von Soden u. a. (Hg.), *70 Jahre Frauenstudium. Frauen in der Wissenschaft*, Köln, S. 152–159

Schötz, Susanne (2004), *Handelsfrauen in Leipzig. Zur Geschichte von Arbeit und Geschlecht in der Neuzeit*, Köln u. a.

Scholz-Williams, Gerhild (1998), *Hexen und Herrschaft. Die Diskurse der Magie und Hexerei im frühneuzeitlichen Frankreich und Deutschland*, München

Schüler-Springorum, Stephanie (2003), Deutsch-jüdische Geschichte als Geschlechtergeschichte, in: *transversaal* 1, S. 27–33

Schulenburg, Jane T. (1988), Female Sanctity: Public and Private Roles, ca. 550–1100, in: Mary Erler/Maryanne Kowalewski (Hg.), *Women and Power in the Middle Ages*, Athens, S. 102–125

Schulte, Regina (1998), *Die verkehrte Welt des Krieges. Studien zu Geschlecht, Religion und Tod*, Frankfurt/M.
- (Hg.) (2000), *Der Körper der Königin. Geschlecht und Herrschaft in der höfischen Welt seit 1500*, Frankfurt/M.
Scott, Joan W. (1988), American Women Historians 1884–1894, in: dies., *Gender and the Politics of History*, New York, S. 178–198
- (1991), The Evidence of Experience, in: *Critical Inquiry* 17, S. 773–797
- (1993), Von der Frauen- zur Geschlechtergeschichte, in: Hanna Schissler (Hg.), *Geschlechterverhältnisse im historischen Wandel*, Frankfurt/M., S. 37–58
- (1994), Gender: eine nützliche Kategorie der historischen Analyse, in: Nancy Kaiser (Hg.), *Selbst Bewusst. Frauen in den USA*, Leipzig, S. 27–75
- (1994a), Only Paradoxes to Offer. French Feminists and the Rights of Man, Ithaca/London
- (1998), Comment: Conceptualizing Gender in American Business History, in: *The Business History Review*, Bd. 72.2 »Gender and Business«, S. 242–249
- (1999), *Gender and the Politics of History*, Columbia (2. überarbeitete Auflage New York)
- (2001), Millenial Fantasies. The Future of »Gender« in the 21st Century, in: Claudia Honegger/Caroline Arni (Hg.), *Gender. Die Tücken einer Kategorie*, Zürich, S. 19–38
- (2001a), Die Zukunft von »Gender«. Fantasien zur Jahrtausendwende, in: Claudia Honegger/Caroline Arni (Hg.), *Gender. Die Tücken einer Kategorie*, Zürich, S. 39–64
- (2001b), Phantasie und Erfahrung, in: *Feministische Studien*, 19. Jg., H. 2, S. 74–88
- (2004), Feminism's History, in: *Journal of Women's History*, Bd. 16.2, S. 10–29
- (Hg.) (1996), *Feminism and History*, Oxford/New York
-/Louise A. Tilly (1978), *Women, Work and Family*, New York
- (1991), Familienökonomie und Industrialisierung in Europa, in: Claudia Honegger/Bettina Heintz (Hg.), *Listen der Ohnmacht. Zur Sozialgeschichte weiblicher Widerstandsformen*, Frankfurt/M., S. 99–137
Sedgwick, Eve Kosofsky (1993), *Tendencies*, Durham
Segalen, Martine (1980), *Mari et femme dans la société paysanne*, Paris
Smith, Bonnie G. (1981), *The Ladies of the Leisure Class. The Bourgeoisies of Northern France in the XIXth century*, Princeton
- (1984), The Contribution of Women to Modern Historiography in Great Britain, France and the United States, in: *American Historical Review*, Bd. 89.3, S. 709–732

- (1998), *The Gender of History. Men, Women and Historical Practice*, Cambridge/London
Smith, Hilda (1976), Feminism and the Methodology of Women's History, in: Berenice A. Carroll (Hg.), *Liberating Women's History*, Chicago/London, S. 369–384
Smith-Rosenberg, Caroll (1975), The Female World of Love and Ritual: Relations between Women in Nineteenth-Century America, in: *Signs* 1, S. 1–29
- (1984), »Meine innig geliebte Freundin!« Beziehungen zwischen Frauen im 19. Jahrhundert, in: Claudia Honegger/Bettina Heintz (Hg.), *Listen der Ohnmacht: zur Sozialgeschichte weiblicher Widerstandsformen*, Frankfurt/M., S. 242–77
Sombart, Werner (1922), *Liebe, Luxus und Kapitalismus. Über die Entstehung der modernden Welt aus dem Geist der Verschwendung*, Berlin repr. 1983
Späth, Thomas/Beate Wagner-Hasel Hg. (2000), *Frauenwelten der Antike: Geschlechterordnung und weibliche Lebenspraxis*, Stuttgart/Weimar
Spiegel, Gabrielle M. (1994), Geschichte, Historizität und die soziale Logik von mittelalterlichen Texten in: Christoph Conrad/Martina Kessel (Hg.), *Geschichte schreiben in der Postmoderne. Beiträge zur aktuellen Diskussion*, Stuttgart, S. 161–202
Spongberg, Mary (2002), *Writing Women's History Since the Renaissance*, Basingstoke/New York
Stedman, Gesa/Margarete Zimmermann (Hg.) (2007), *Höfe – Salons – Akademien. Kulturtransfer und Gender im Europa der Frühen Neuzeit*, Hildesheim
Stephan, Inge (2000), Gender, Geschlecht und Theorie, in: dies./Christina von Braun (Hg.), *Gender-Studien. Eine Einführung*, Stuttgart/Weimar, S. 58–96
Sterling, Ann Fausto (2000), *Sexing the Body. Gender Politics and the Construction of Sexuality*, New York
Stollberg-Rilinger, Barbara (1996), Väter der Frauengeschichte? Das Geschlecht als historiographische Kategorie im 18. und 19. Jahrhundert, in: *Historische Zeitschrift* 262, S. 39–71
Strasser, Ulrike (2000), Intime Antagonisten. Postmoderne Theorie, feministische Wissenschaft und die Geschichte der Frauen, in: *traverse* 7, H. 1, S. 37–49
Streubel, Christiane (2006), *Radikale Nationalistinnen. Agitation und Programmatik rechter Frauen in der Weimarer Republik*, Frankfurt/M.
Stuart, Susan M. (1987), Fashion's Captives: Medieval Women in French Historiography, in: dies. (Hg.), *Women in Medieval History*, Philadelphia 1987, S. 59–80

Studer, Brigitte (2000), Familiarisierung und Individualisierung. Zur Struktur der Geschlechterordnung in der bürgerlichen Gesellschaft, in: *L'Homme*, 11. Jg., H. 1, S. 83–104

Thane, Pat (1994), Wohlfahrt und Geschlecht in der Geschichte: Ein partieller Überblick über Forschung, Theorie und Methoden, in: *L'Homme*, 5. Jg., H. 2, S. 5–18
Thompson, Edward P. (1980), *Plebeische Kultur und Moralische Ökonomie*, Frankfurt/M./Berlin
Tilly, Charles (2002), Neuere angloamerikanische Sozialgeschichte, in: Joachim Eibach/Günther Lottes (Hg.), *Kompass der Geschichtswissenschaft*, Göttingen, S. 38–52
Trepp, Anne-Charlott (1996), *Sanfte Männlichkeit und selbständige Weiblichkeit. Frauen und Männer im Hamburger Bürgertum zwischen 1770 und 1840*, Göttingen
– (1996a), Männerwelten privat: Vaterschaft im späten 18. und beginnenden 19. Jahrhundert, in: Thomas Kühne (Hg.), *Männergeschichte – Geschlechtergeschichte. Männlichkeit im Wandel der Moderne*, Frankfurt/M., S. 31–50

Ulbrich, Claudia (1999), *Shulamit und Margarethe: Macht, Geschlecht und Religion in einer ländlichen Gesellschaft des 18. Jahrhunderts*, Wien u. a.
Uteng, Taun Priya (Hg.) (2008), *Gendered Mobilities*, Ashgate

Verdery, Katherine (1996), Wither ›Nation‹ and ›Nationalism‹?, in: Gopal Balakrishnan (Hg.), *Mapping the Nation*, London/New York, 226–234
Verdier, Yvonne (1982), *Drei Frauen. Das Leben auf dem Dorf*, Stuttgart
Vicinus, Martha (1983), Sexualität und Macht: ein Überblick über den gegenwärtigen Forschungsstand zur Geschichte der Sexualität, in: *Feministische Studien*, 2. Jg., Nr. 1, S. 141–156
Vickery, Amanda (1993), Golden Age to Separate Spheres? A Review of the Categories and Chronology of English Women's History, in: *The Historical Journal*, Bd. 36.2, S. 393–415
Vogel, Barbara/Ulrike Weckel (Hg.) (1991), *Frauen in der Ständegesellschaft*, Hamburg
Völker-Rasor, Anette (1993), *Bilderpaare – Paarbilder. Die Ehe in Autobiographien des 16. Jahrhunderts*, Freiburg
Wagner-Hasel, Beate (1988), »Das Private wird politisch«. Die Perspektive »Geschlecht« in der Altertumswissenschaft, in: Ursula A. Becher/Jörn Rüsen (Hg.), *Weiblichkeit in geschichtlicher Perspektive. Fallstudien und Reflexionen zu Grundproblemen der historischen Frauenforschung*, Frankfurt/M., S. 11–51

- (1998), »Le privé n'existe pas«: Quelques remarques sur la construction du privé par l'Altertumswissenschaft au XIX siècle, in: *KTEMA. Civilisations de l'Orient, de la Grèce et de Rome antiques* 23, S. 25–35
Walgenbach, Katharina (2005), *»Die weiße Frau als Trägerin deutscher Kultur«: Koloniale Diskurse über Geschlecht, ›Rasse‹ und Klasse im Kaiserreich*, Frankfurt/M.
- (2007), *Gender als interdependente Kategorie: Neue Perspektiven auf Intersektionalität, Diversität und Heterogenität*, Opladen
Walkowitz, Judith R. (1980), *Prostitution and Victorian Society: Women, Class and the State*, New York
- (1993), Gefährliche Formen der Sexualität, in: Georges Duby/Michelle Perrot (Hg.), *Geschichte der Frauen*, Bd. 4, Frankfurt/M., S. 417–450
Wanger, Thomas (1992), Männerherrschaft ist Krieg. Waffenkult und politischer Frauenausschluss, in: *L'Homme*, 3. Jg., H. 1, S. 45–63
Warner, Michael (1993), *Fear of a Queer Planet: Queer Politics and Social Theory*, Minneapolis
- (2000), *The Trouble with Normal: Sex, Politics and the Ethics of Queer Life*, Boston
Weckel, Ulrike (1998), *Zwischen Häuslichkeit und Öffentlichkeit. Die ersten deutschen Frauenzeitschriften und ihr Publikum*, Tübingen
Wetterer, Angelika (1995), *Die soziale Konstruktion von Geschlecht in Professionalisierungsprozessen*, Frankfurt/M.
White, Hayden (1991), *Metahistory. Die historische Einbildungskraft im 19. Jahrhundert in Europa*, Frankfurt/M.
- (1994), Der historische Text als literarisches Kunstwerk, in: Christoph Conrad/Martina Kessel (Hg.), *Geschichte schreiben in der Postmoderne. Beiträge zur aktuellen Diskussion*, Stuttgart, S. 123–160
Wierling, Dorothee (1987), *Mädchen für alles. Arbeitsalltag und Lebensgeschichte städtischer Dienstmädchen um die Jahrhundertwende*, Bonn
Wiesner-Hanks, Merry E. (1986), *Working Women in Renaissance Germany*, New Brunswick
- (1993), *Women and Gender in Early Modern Europe*, Cambridge
- (2001), *Gender in History*, Malden/Oxford
Wigger, Iris (2007), *Die «schwarze Schmach« am Rhein. Rassistische Diskriminierung zwischen Geschlecht, Klasse, Nation und Rasse*, Hamburg
Wijngaard, Marianne van (1997), *Reinventing the Sexes. The Biomedical Construction of Feminity and Masculinity*, Bloomington
Wilchins, Riki (2006), *Gender theory. Eine Einführung*, Berlin
Wilcox, Melissa M. (2009), *Queer women and religious individualism*, Bloomington
Windaus-Walser, Karin (1988), Gnade der weiblichen Geburt? Zum Um-

gang der Frauenforschung mit Nationalsozialismus und Antisemitismus, in: *Feministische Studien*, 6. Jg., H. 1, S. 102–115
- (1990), Frauen im Nationalsozialismus. Eine Herausforderung für feministische Theoriebildung, in: Lerke Gravenhorst/Carmen Tatschmurat (Hg.), *Töchter-Fragen. NS-Frauen-Geschichte*, Freiburg
Wischermann, Ulla (2003), Feministische Theorien zur Trennung von privat und öffentlich – ein Blick zurück nach vorn, in: *Feministische Studien*, 21. Jg., H. 1, S. 23–34
Wittern, Susanne (1994), *Frauen, Heiligkeit und Macht. Lateinische Frauenviten aus dem 4.- 7. Jahrhundert*, Stuttgart
Wobbe, Theresa (Hg.) (2002), *Frauen in Akademie und Wissenschaft. Arbeitsorte und Forschungspraktiken*, Berlin
- (Hg.) (2003), *Zwischen Vorderbühne und Hinterbühne. Beiträge zum Wandel der Geschlechterbeziehungen in der Wissenschaft vom 17. Jahrhundert bis zur Gegenwart*, Bielefeld
Wunder, Heide (1981), Zur Stellung der Frau im Arbeitsleben und in der Gesellschaft des 15.-18. Jahrhunderts, in: *Geschichtsdidaktik*, 6. Jg., H. 3, S. 239–251
- (1991), Überlegungen zum Wandel der Geschlechterbeziehungen im 15. und 16. Jahrhundert aus sozialgeschichtlicher Sicht, in: dies./Christina Vanja (Hg.), *Wandel der Geschlechterbeziehungen zu Beginn der Neuzeit*, Frankfurt/M., S. 12–26
- (1992), Geschlechtsidentitäten. Frauen und Männer im späten Mittelalter und am Beginn der Neuzeit, in: Hausen/Wunder, *Frauengeschichte – Geschlechtergeschichte*, S. 131–137
- (1992a), *Er ist die Sonn', sie ist der Mond. Frauen in der Frühen Neuzeit*, München
- (1997), Herrschaft und öffentliches Handeln von Frauen in der Gesellschaft der Frühen Neuzeit, in: Ute Gerhard (Hg.), *Frauen in der Geschichte des Rechts*, München, S. 27–54
- (Hg.) (2002), *Dynastie und Herrschaftssicherung in der Frühen Neuzeit. Geschlechter und Geschlecht*, Berlin
-/ Gisela Engel (Hg.) (1998), *Geschlechterperspektiven. Forschungen zur Frühen Neuzeit*, Königstein/Taunus

Yuval-Davis, Nira (1997), *Gender and Nation*, London u. a.

Zimmermann, Margarete (Hg.) (1986), *Christine de Pisan: Das Buch von der Stadt der Frauen*, Berlin
- (2002), *Christine de Pizan*, Reinbek b. Hamburg

Inhalt des Quellenteils unter
www.historische-einfuehrungen.de

Einführung: Quellen zur Historiographie der Frauen- und Geschlechtergeschichte

Textquellen
1. Plutarch: *Von den Tugenden der Frauen*
2. Anonymus: *Die Via der Königin Zenobia*
3. Giovanni Boccaccio: *Von den berühmten Frauen*
4. Christine de Pizan: *Das Buch von der Stadt der Frauen*
5. Comelius Agrippa von Nettesheim: *Von dem Vorzug und der Fürtrefflichkeit des weiblichen Geschlechts vor dem männlichen*
6. Die Memoiren des Herzogs von Saint-Simon (1691–1723): *Leben und Tod der Ninon de Lenclos*
7. John Millar: *Rangstufe und Situation der Frau in den verschiedenen Epochen*
8. Jakob Burckhardt: *Die Gleichheit der Frauen in der Kultur der italienischen Renaissance*
9. *Allgemeine deutsche Real-Encyklopadie für die gebildeten Stände*
10. August Bebel: *Die Frau und der Sozialismus*
11. Wemer Sombart: *Der Sieg des »Weibchens«*
12. Simone de Beauvoir: *Das andere Geschlecht*

Bildquellen
Abb. 1: Frontispiz zu Nicolas le Cat: *Traité de la couleur de la peau humaine*
Abb. 2: Lucas van Leyden: *Aristoteles und Phyllis*

Sachregister

Anthropologie, Historische siehe Historische Anthropologie
Antike 45, 108, 121, 124, 135, 140, 149 ff.
Alltag/spraktiken 26, 31, 64, 109, 114, 162
Arbeiter 22, 63, 65 f., 72, 81 f.
Arbeiterbewegung 72
Arbeiterin/nen 17, 64–67
Arbeiterklasse 67 f., 70
Armut 53
Ausbeutung 15, 40, 63 ff., 72, 82, 111, 117

Biographie 32, 150 ff., 155, 162, 164
Biologie 13, 46
Biologisierung 12

Diskriminierung 28, 35, 78, 80, 83, 85, 112, 168
Diskurs/e 14 ff., 18–23, 30 f., 33 f., 38 f., 47 f., 62, 65 f., 84 f., 91, 93 f., 96 f., 100, 114, 120, 138, 140, 147, 161, 167, 171
diversity 11
Domestizierung 113

Egalität 114
Ehe 71, 77, 81, 111–114, 133
Ehefrau 15, 71, 111–114
Ehemann 15, 71, 73, 111 f.

Ehe- und Arbeitspaar 71, 77, 112
Eheschließung 110
Emanzipation 77, 125
Erfahrung 10, 15–21, 24, 26, 30–33, 36, 38 ff., 46, 61, 65, 71, 74, 81–84, 97, 102 f., 110, 115, 122, 148, 171, 177
– männliche 81, 110
– weibliche 10, 16, 18 f., 24, 39 f., 46, 74, 82 f., 97, 102, 110, 122, 148, 171
Erzählung, große 90, 130, 176
Ethnizität 80

Familie 44, 50, 54, 64 f., 72 f., 90, 97–101, 109 ff., 114 ff., 136, 141, 161
Familienstand 37, 70
Familienstrukturen
Feminismus (siehe auch Frauenbewegung) 11, 13, 16 ff., 20 f., 23, 29, 39 f., 42, 49 f., 63–67, 74, 80, 82 ff., 91, 97, 106 f., 111, 122–149, 169 ff.
Frauenarbeit 9, 10, 62, 73, 77
Frauenbewegung 8, 10, 20, 26, 63, 65, 70, 82 f., 86, 90, 92, 96 f., 123–130, 132 ff., 143, 167
– alte 90, 132, 167
– neue 10, 20, 26, 97, 134, 167
– bürgerliche 86
Frauengeschichte 7, 10 ff., 18, 40, 64, 72, 102, 122 ff., 148, 151, 155, 165, 169 f.

Freiheit 71, 128, 141, 165, 169
Frühe Neuzeit 15, 51, 55 f., 71, 73, 76 f., 93, 108, 112 f., 115 f., 118 f., 130–134, 141, 160 ff.

gendering 11, 45, 52, 85, 89, 139 f., 162
Geschichtsbild/er 70, 83, 127, 148, 169 f., 174
Geschichtsschreibung siehe Historiographie
Geschichtsschreiber, weibliche 149 f., 164
Geschichtslosigkeit der Frau/en 148
Geschlechteranthropologie 40
Geschlechterbeziehungen 98, 100, 109 f., 114, 117, 133, 141, 146, 148, 108
Geschlechterbilder 23, 39, 45, 60, 90, 146, 169, 171
Geschlechterdifferenz 30, 32, 37, 42, 45, 60, 65 f., 87 f., 95, 128, 143, 145
Geschlechterdiskurs 23, 34
Geschlechterdualismus 41
Geschlechterforschung 86, 89, 98, 116 f., 123, 131, 138, 142, 145, 175
Geschlechterhierarchie/n 39, 42, 56, 70, 75, 78, 102, 125, 130, 170, 174
Geschlechterrolle/n 24, 45, 58 ff., 115, 137
Geschlechtersymbolik 54 f.
Geschlechtsidentität/en 15 f., 21, 24 f., 27 f., 30–33, 49, 56, 60, 68, 168
Gewalt, sexuelle 117
Gleichheit 35, 45, 57, 63, 71, 77, 125, 128, 131, 139, 144 f., 165

Haus 72, 100, 106, 109, 112
Haushalt 50, 71, 73, 79, 99, 101, 109, 112, 115
Hausmutter 115
Heiligenviten 149

Heteronormativität 25 f.
Heterosexualität 25 ff.
Homosexualität 25, 38, 101, 120 f.
Historiographie 12, 50 f., 89 ff., 103, 106 f., 123, 126 f., 130, 148–155, 158–177
Historische Anthropologie 7, 10 f.
Holocaust 86

Identität/en 12, 15–18, 20 ff., 24, 27, 32–35, 37, 40, 56 ff., 62, 65 f., 69, 80 f., 87–92, 94, 104, 125, 151, 170
– männliche 15, 57, 80 f., 104, 170
– nationale 87 ff., 91, 94
– weibliche 15–18, 57, 151, 170
Identitätspolitiken 26, 57
Intersektionalität/*intersectionality* 11, 34 ff.

Juden/Jüdinnen 85–89, 92

Kind/er 40, 44, 64, 109, 111 f.
Klasse 5, 35, 37, 60–84, 96, 167
Klassenbewusstsein 61, 65 f.
Klassenherrschaft 63
Klassenidentität 68–72
Körper 12, 19 ff., 24 f., 30, 33, 43, 46 f., 67, 110 f., 136
Körpergeschichte 49, 136
Kolonialismus 94, 96
Konfession 37, 92
Krieg/swesen 10, 145 f., 153
Kulturgeschichte, Neue 7, 10, 38

Liebe 43, 102, 118, 119

Männlichkeit 12, 38, 52, 59, 68, 146, 170
Markierung, geschlechtliche 22 f., 36 f., 81, 85
Medizin 39, 45, 49
Memoiren/literatur 158 ff.

Sachregister

Metahistory 159, 177
Metanarrative 170, 175 f.
Militär/wesen 10, 145 ff.
Militärgeschichte 146
Mittelalter (siehe auch Spätmittelalter) 55, 73, 76, 78, 80 f., 93, 108, 112, 118 f., 124, 130, 133, 135, 137, 149, 152, 155, 161, 163
Modernisierung 52, 108, 133, 176
Moderne 35, 39, 45 f., 51, 81, 88, 93, 102, 130, 134, 141, 146, 176
Mutter/Mütter 22, 43 f., 87, 105, 145
Mutterschaft 10, 21, 46

Nation 167
Nationalität 80, 88
Nationalismus 88–91, 93
Nationalstaat 89
Natur 12, 25, 39–42, 44 f., 48, 52, 56, 125
Naturrecht 41, 132, 139
Naturalisierung 12, 30, 39, 42, 75, 141
Naturwissenschaft 23, 39, 40, 42 f., 45, 49, 52, 56
Neuzeit, Frühe siehe Frühe Neuzeit

Öffentlichkeit/öffentlich 10, 97–121, 129, 140 f., 173

Performanz 26, 31
Patriarchat 64, 72, 75, 83, 122 f., 127, 134, 136
Politik 10, 23, 36, 54, 86, 97, 100, 104 ff.
Politikgeschichte 138
privat (vs. öffentlich) 97–121
Privatheit/Privatsphäre 97, 100, 102, 106 ff., 110, 115, 117, 141
Produktion/smittel 32, 56, 63 f., 67, 76, 109
Prostitution 38, 46, 117 f.

queer theory/studies 23–26, 38, 57, 117

Rassismus 83, 87, 94, 96
race 34 ff., 83 f.
Reformation 113
Repräsentation 13–16, 22, 36, 80, 84, 171
Reproduktion 10, 58, 64, 72, 74, 109, 171

Schwangerschaft 46
sex and gender 11, 24
Sexualität 21, 25 f., 46, 53, 60, 64, 74, 84 f., 102, 110, 116–121, 138, 171
Sklave/n 82, 95
Sklavenhalter/innen 82
Sklavin/nen 82
Sohn/Söhne 150, 161
Sozialgeschichte 7, 10, 38, 61 f., 64, 72, 117, 167, 168
Sozialstaat 139, 143 f.
Sozialpolitik 116, 128, 144
Spätmittelalter 73, 76, 81, 112
Staat 10, 22 f., 99 f., 144, 153, 162
Ständegesellschaft 70 f.
Subjekt 15, 19, 25, 28, 31, 34, 36, 127, 140, 170–173
Subjektivität 15, 17, 20, 22, 28

Tochter/Töchter 135, 150, 155

Unterdrückung 10 f., 16, 40, 62–65, 82 f., 85, 137, 178

Vater/Väter 15, 22, 73, 81, 105, 110, 115, 134, 150, 161, 163
Vormoderne 8, 46 f., 53 f., 56, 58, 70, 73, 76, 79, 92, 94, 105, 108, 110 f., 114 ff., 130, 138 f., 161

Weiblichkeit 12 f., 24, 57, 59, 68, 121
Widerstand, weiblicher 16, 122–147

Historische Einführungen

Martina Heßler
Kulturgeschichte der Technik
2012. 217 Seiten. Band 13
ISBN 978-3-593-39740-5

Thomas Etzemüller
Biographien
Lesen – erforschen – erzählen
2012. 195 Seiten. Band 12
ISBN 978-3-593-39741-2

Sylvia Hahn
Historische Migrationsforschung
2012. 233 Seiten. Band 11
ISBN 978-3-593-39398-8

Frank Bösch
Mediengeschichte
Vom asiatischen Buchdruck
zum Fernsehen
2011. 268 Seiten. Band 10
ISBN 978-3-593-39379-7

Gerd Schwerhoff
Historische Kriminalitätsforschung
2011. 234 Seiten. Band 9
ISBN 978-3-593-39309-4

Claudia Opitz-Belakhal
Geschlechtergeschichte
2010. 205 Seiten. Band 8
ISBN 978-3-593-39183-0

Jens Jäger
Fotografie und Geschichte
2009. 230 Seiten. Band 7
ISBN 978-3-593-38880-9

Benjamin Ziemann
Sozialgeschichte der Religion
Von der Reformation bis zur Gegenwart
2009. 189 Seiten. Band 6
ISBN 978-3-593-38916-5

Jürgen Martschukat, Olaf Stieglitz
Geschichte der Männlichkeiten
2008. 198 Seiten. Band 5
ISBN 978-3-593-38753-6

Achim Landwehr
Historische Diskursanalyse
2008. 187 Seiten. Band 4
ISBN 978-3-593-38451-1

Johannes Dillinger
Hexen und Magie
2007. 197 Seiten. Band 3
ISBN 978-3-593-38302-6

Christian Jansen,
Henning Borggräfe
**Nation, Nationalität,
Nationalismus**
2007. 212 Seiten. Band 1
ISBN 978-3-593-38449-8

campus
Frankfurt. New York

www.campus.de/wissenschaft